貸金業と過払金の半世紀

阿部芳久
阿部高明

［著］

青林書院

まえがき

　本書の執筆に至った経緯（骨子）を述べ、まえがきとする。

　著者の法律事務所（以下「著者事務所」）は、約半世紀前に設立され、一般民事商事のほか、専門分野の「独占禁止法」と「クレジットカード法」の実務を取り扱っていたが、直近の四半世紀は後者にのみ特化した。その理由は、次のとおりである。

　著者事務所の代表は、「独占禁止法」の専門書を公にし、その実務に従事していたが、平成17年法改正により導入された「リニエンシーに基づく減免申請」は、まさに「密告」そのものであった。強烈な生理的嫌悪感を禁じ得ず、独占禁止法とその実務に対する興味は全く消え失せた。

　筆者事務所は、長年、クレジットカード業（以下「カード業」）の事業者団体及び企業（以下「カード会社」）の法律顧問として、貸金業法と割賦販売法を主要根拠法とする「クレジットカード法」についての法律相談や訴訟事件に従事してきた。カード会社の担当者からは日々、カード業の現場で実際に発生した個別かつ微細な質問や問合せがなされてきた。しかるにその際、弁護士実務の観点から見た場合、参照する概説書は実際にほとんど役に立たなかった。このため著者事務所は、正確かつ迅速な回答を可能とすべく、独自の調査や関係先に対する必要な照会等を日常的に繰り返してきた。その結果、著者事務所には、クレジットカード法の実務的ノウハウが蓄積された。

　そんな中で平成10年以降、あるカード会社の依頼に基づき、いわゆる多重債務者からの過払金返還請求訴訟（以下「過払金訴訟」）に対処せざるを得なくなった。カード会社の代理人である以上、当然ながら、依頼者のカード会社の正当な主張を貫徹し、多重債務者側の根拠のない請求を悉く排斥することに傾注してきたが、その際、次の三つの視点を念頭に対処してきた。

　一つは、「倫理的価値判断」である。

　多くの原告（ないし代理人）は、単純に善と悪を峻別し、債務者の原告は被

まえがき

害者ですべて善人、被告の貸金業者は高利を得ていた悪人と断じ、過払金の返還請求は社会正義の実現である、と考えていた様子である。その結果、被告の貸金業者の従業員に罵詈雑言を浴びせる原告代理人もまま見受けられた。ちなみに、カード会社の従業員の多くはそれなりの大学を卒業し、家族や親類に多重債務者など皆無の健全な家庭を築き、真っ当な社会人として通常の市民生活を送っている。

しかしながら、この点は判決の是非とは無関係であり、単に当事者（ないしその代理人）の人間性の問題に過ぎず、仮に議論しても、キリスト教徒とイスラム教徒間の議論と同様、全く噛み合わず無意味なため、すべて黙殺してきた。

二つは、「事実認定の正確性」である。

ほとんどの原告（ないし代理人）が、本書で識別しているサラ金業者を代表とする「貸金専業者」と信販会社を代表とする「貸金兼業者」を一緒くたにし、両者の貸金業務の内容がすべて同一であると誤認した上での各主張を繰り返してきた。

しかしながら、貸金の利率や取引開始時期が異なれば請求金額も当然、異なってくるとおり、事実が異なれば結論も異なることはいうまでもない。この観点から、あらゆる貸金業者の社歴その他の歴史的事実、事業内容、貸金取引の実態等を全面的に調査し、依頼者であるカード会社の貸金取引の内容との相違点を詳細に識別し、有効な反論に努めてきた。

三つは、「法的解釈論の見極め」である。

原告（ないし代理人）は、最高裁判例に限らず、単なる簡裁レヴェルの判決であっても、それが債務者側に有利な判示であれば、直ちにそれに拡大解釈ないし類推解釈を行い、他の訴訟に平然と援用してくることが多かった。

しかしながら、判示の意義、すなわち判決の有効射程は極めて限定的なものであり、要件事実に限らず、たとえそれが間接事実であっても重要な点が異なれば、結論の法的解釈も異なってくるのが自明の理である。このため、前記の事実認定と同様、問題とされている判示の基礎となる要件事実ないし重要な間接事実の相違点を正確かつ明確に識別する作業を幾度となく繰り返

まえがき

し、実施してきた。

　以上述べた過払金訴訟への対応に基づき、著者事務所には、利息制限法・出資法・貸金業法に対する実務知識のほか、これに関する最高裁判例及び高裁・地裁の生きた判決例が順次、蓄えられていった。

　著者事務所の業務の変遷の過程で幸いだったことは、学生時代からクレジットカードに興味を抱いていた共同代表の阿部高明弁護士が、クレジットカード法の根幹である貸金業法と割賦販売法の研究に多くの時間を割き、その結果を相当量の未発表原稿として作成していたことである。

　当該研究に基づく著者両名の協議の結果、「クレジットカード法の全貌を体系的に明確にする著作物」を公にする企画が創出され、遂に平成28年9月から順次、その執筆に取り掛かった。

　本書は、上記企画の第一弾であるが、消費者金融業者を貸金専業者と貸金兼業者に大別し、その相違点を明確にし、平家物語の盛者必衰の理に従い消費者金融業の巨人が劇的に転落し、最終的にはクレジットカード業に収束していった歴史的事実と、それに決定的な働きをした最高裁判例の概要及び特定の貸金兼業者に対する判決例の要点を明らかにしたものであるが、少なくとも国会図書館が存続する限り、「資料」として永久に残存されてしかるべきものと確信している。

　本書は多くの方々の御助力の賜物であり、各人のお名前を個々に表記することは割愛するが、各位への深甚の謝意を表してまえがきを締める。

　　　平成29年（2017年）12月吉日

　　　　　　　　　　　代官山の自宅にて東京タワーとスカイツリーを眺めつつ
　　　　　　　　　　　　　　著者代表　阿　部　芳　久

参 考 文 献

※書名を「**太字**」にしたものは、特に推奨される文献。

- 『判例利息制限法〔増補〕』（1978年）森泉章著／㈱一粒社
- 『新銀行法の解説』（1981年）大蔵省銀行局内金融法研究会編／金融財政事情研究会
- 『日本銀行百年史第5巻』（1985年）日本銀行百年史編纂委員会
- 『適正金利論』（1988年）日本弁護士連合会消費者問題対策委員会
- 『**貸金業現代史（上・下）**』（1992年）沖野岩雄編著／信用産業新報社
- 『わが国クレジットの半世紀』（1992年）（社）日本クレジット産業協会
- 『プロミス30年史』（1994年）プロミス㈱
- 『わが国の金融制度』（1995年）黒田巌編／日本銀行金融研究所
- 『全訂銀行法』（1995年）小山嘉昭著／（財）大蔵財務協会
- 『消費者信用ビジネスと消費者保護』（1996年）江夏健一監修／㈱敬文堂
- 『消費者信用ビジネスの研究』（2001年）㈱ビーケイシー
- 『TAPALS白書／データ集（2001〜2007）』（2002〜2008年各3月）消費者金融連絡会
- 『**消費者金融市場の研究**』（2005年）堂下浩著／㈱文眞堂
- 『新・貸金業規制法〔第2版〕』（2006年）森泉章編著／㈱勁草書房
- 『利息制限法潜脱克服の実務』（2008年）茆原正道ほか著／㈱勁草書房
- 『**平成20（2008）年度版消費者金融白書**』（2009年）日本消費者金融協会（JCFA）
- 『利息制限法の理論』（2010年）小野秀誠著／㈱勁草書房
- 『新出資法』（2012年）齋藤正和編著／㈱青林書院
- 『詳解銀行法〔全訂版〕』（2012年）小山嘉昭著／（一社）金融財政事情研究会
- 『経済刑法』（2012年）山口厚編著／㈱商事法務
- 『クレジットカード社会の真実』（2015年）末藤高義著／㈱民事法研究会

目　次

まえがき
参考文献

第1章　貸金業者の栄枯盛衰

序 …………………………………………………………………………… 3
第1節　貸金業の開拓者（貸金専業者） ………………………………… 4
　Ⅰ　消費者金融（サラ金） ……………………………………………… 4
　　(1)　起業以降の経緯 ………………………………………………… 4
　　(2)　貸出金利 ………………………………………………………… 5
　　(3)　大手6社（TAPALS）の組織と概要 ………………………… 6
　　(4)　外資系消費者金融 ……………………………………………… 10
　Ⅱ　商工ローン …………………………………………………………… 11
　　(1)　開業以降の経緯 ………………………………………………… 11
　　(2)　寡占2社の概要 ………………………………………………… 11
　Ⅲ　「枯・衰」の原因 …………………………………………………… 13
第2節　貸金業の追随者（貸金兼業者等） ……………………………… 14
　Ⅰ　信販会社 ……………………………………………………………… 15
　　(1)　開業以降の経緯 ………………………………………………… 15
　　(2)　消費者金融への参入・貸出金利 ……………………………… 16
　　(3)　信販「大手7社」の概要 ……………………………………… 17
　Ⅱ　月賦百貨店（月賦小売業） ………………………………………… 20
　　(1)　開業以降の経緯 ………………………………………………… 20
　　(2)　消費者金融への参入・貸出金利 ……………………………… 21
　　(3)　4大月賦百貨店の概要 ………………………………………… 21
　Ⅲ　クレジットカード会社 ……………………………………………… 23

目　次

　　(1)　会社設立以降の経緯 …………………………………………………… *23*
　　(2)　消費者金融への参入・貸出金利 ……………………………………… *24*
　　(3)　銀行系カード会社の概要 ……………………………………………… *25*
　Ⅳ　クレジットカード業への収束 …………………………………………… *28*
　　(1)　業界の流れ ……………………………………………………………… *28*
　　(2)　クレジットカードの利用状況 ………………………………………… *29*
　　(3)　カード取扱高が上位20位内のクレジットカード会社 ……………… *29*
第3節　貸金業の新規参入者──銀行 ………………………………………… *32*
　Ⅰ　銀行と貸金業者（業種の別異性）に対する法規制の峻別 …………… *32*
　　(1)　「銀行（金融機関）」に対する法規制 ………………………………… *32*
　　(2)　貸金業者に対する法規制 ……………………………………………… *33*
　　(3)　業種の別 ………………………………………………………………… *34*
　Ⅱ　従前の貸金業（消費者金融）の担い手 ………………………………… *34*
　Ⅲ　銀行の貸金業（消費者金融）への進出 ………………………………… *35*
　　(1)　当初の個人ローン ……………………………………………………… *35*
　　(2)　クレジットカード会社のキャッシング ……………………………… *36*
　　(3)　貸金業者との共同参加 ………………………………………………… *36*
　　(4)　貸金業者の支配 ………………………………………………………… *36*
　　(5)　銀行のカードローンによる直接進出 ………………………………… *36*
　Ⅳ　都市銀行と中小・地方銀行 ……………………………………………… *37*
　　(1)　銀行協会 ………………………………………………………………… *37*
　　(2)　金融庁の監督指針 ……………………………………………………… *38*
　　(3)　3メガバンク …………………………………………………………… *38*

第2章　貸金規制の変遷

第1節　旧「利息制限法」等による規制（戦前・戦後～昭和28年） ……………………………………………………………………………… *43*
　Ⅰ　貸金業者の規制 …………………………………………………………… *43*

(1)　旧「利息制限法」（明治10年（1877年）9月11日太政官布告第66号） ……………………………………………………………………… *43*
　(2)　「貸金業等の取締に関する法律」（昭和24年（1994年）5月31日公布／以下「取締法」という） ……………………………… *44*
Ⅱ　金融機関（普通銀行）の規制 ………………………………………… *45*
　(1)　「銀行条例」（明治23年（1890年）8月25日公布／11ヵ条） ……… *45*
　(2)　旧「銀行法」（昭和2年（1927年）3月30日公布／37ヵ条） ……… *46*
　(3)　「臨時金利調整法」（昭和22年（1947年）12月13日公布／12ヵ条） …… *46*

第2節　「利息制限法」と「出資法」による規制（昭和29年～昭和57年） ……………………………………………………………… *47*
Ⅰ　貸金業者の規制 ………………………………………………………… *47*
　(1)　新「利息制限法」の制定（昭和29年（1954年）5月15日公布／以下「新利限法」という） ……………………………………… *47*
　(2)　出資法の制定（昭和29年（1954年）6月23日公布） …………… *48*
　(3)　「貸金業者の自主規制の助長に関する法律」（昭和47年6月24日公布） ………………………………………………………………… *51*
Ⅱ　信販業者の規制 ………………………………………………………… *52*
　(1)　「割賦販売法」の制定（昭和36年（1961年）7月1日） ………… *52*
　(2)　昭和43年の法改正（昭和43年（1968年）5月29日） …………… *52*
　(3)　昭和47年の法改正（昭和47年（1972年）6月16日） …………… *53*
Ⅲ　金融機関（銀行）の規制 ……………………………………………… *54*
　(1)　銀行の「付随業務」の拡張 ………………………………………… *54*
　(2)　銀行の「消費者ローン」（貸金業）への進出 …………………… *54*
　(3)　今後の課題 …………………………………………………………… *54*

第3節　「貸金業規制法」と改正「出資法」による規制（昭和58年～平成11年） ……………………………………………………… *55*
Ⅰ　「貸金業規制法」の制定（昭和58年（1983年）5月13日法律第32号／同年11月1日施行） ……………………………………… *55*
　(1)　「貸金業」と「貸金業者」の定義（2条） ………………………… *55*
　(2)　届出制から「登録制」への変更等（第2章「登録」3条～12条） …… *56*

目　次

　　　(3)　業務規制の厳格化（第3章「業務」13条〜24条）…………………… *56*
　　　(4)　「貸金業協会・全国貸金業協会連合会」の設立（第4章25条〜35条）………………………………………………………………………… *56*
　　　(5)　監督（第5章36条〜42条）…………………………………………… *56*
　　　(6)　「みなし弁済」規定の新設（43条）………………………………… *57*
　　II　「出資法」の改正（昭和58年（1983年）5月13日法律第32号・第33号／同年11月1日施行）………………………………………… *57*
　　　(1)　罰則の強化（5条1項・8条1項2号）…………………………… *57*
　　　(2)　貸金業者に対する高金利処罰規定の新設（5条2項・8条1項2号）………………………………………………………………………… *58*
　　　(3)　次の各条項の「削除」…………………………………………………… *58*
第4節　「利息制限法・出資法・貸金業規制法」による規制（平成12年〜18年）……………………………………………………………………… *58*
　　I　「商工ローン問題」に対する平成11年法改正（平成11年（1999年）12月17日法律第155号／平成12年6月1日施行）………………… *58*
　　　(1)　「貸金業規制法」の改正………………………………………………… *58*
　　　(2)　「利息制限法」の改正…………………………………………………… *59*
　　　(3)　「出資法」の改正………………………………………………………… *59*
　　II　「ヤミ金問題」に対する平成15年法改正（平成15年（2003年）8月1日法律第136号／平成16年1月1日施行）……………………… *59*
　　　(1)　「出資法」の改正………………………………………………………… *60*
　　　(2)　「貸金業規制法」の改正………………………………………………… *60*
　　　(3)　「最高裁第三小法廷平成20年6月10日判決」（判例時報2011号3頁）……………………………………………………………………… *60*
第5節　改正「利息制限法・出資法・貸金業法（名称変更）」による規制（平成19年以降）……………………………………………………… *61*
　　I　「利息制限法」の改正……………………………………………………… *62*
　　　(1)　最高裁判例の具体化……………………………………………………… *62*
　　　(2)　営業的金銭消費貸借の特則…………………………………………… *62*
　　II　「出資法」の改正…………………………………………………………… *63*

(1)　「グレーゾーン刑罰金利」の消滅（5条2項） ……………… *63*
　(2)　「罰則規定」の新設 …………………………………………… *63*
　Ⅲ　「貸金業法」の改正（名称も変更） ……………………………… *63*
　(1)　「任意に支払った場合のみなし弁済」の消滅 ………………… *63*
　(2)　次の「機関」の新設 ………………………………………… *63*
第6節　貸金規制の今後の問題点 ……………………………………… *64*
　Ⅰ　銀行カードローンによる「高利貸し」の是正 ………………… *64*
　(1)　多重債務問題に対する平成18年の法改正 …………………… *64*
　(2)　銀行の「カードローン」 ……………………………………… *64*
　(3)　日弁連の「銀行等による過剰貸付の防止を求める意見書」（2016年（平成28年）9月16日） ………………………………… *65*
　(4)　全銀協の「銀行による消費者向け貸付けに係る申し合わせ」（2017年（平成29年）3月16日） ………………………………… *66*
　(5)　金融庁の「立ち入り検査」 …………………………………… *66*
　(6)　銀行のカードローンの真の問題点──「高利貸し」 ………… *66*
　Ⅱ　ヤミ金撲滅の具体策──「高利貸金業」の容認 ……………… *68*
　(1)　ヤミ金融 ………………………………………………………… *68*
　(2)　貸金業者の急激な減少と資金需要の増大 …………………… *68*
　(3)　法定の「高利貸金業」制度の導入 …………………………… *69*

第3章　過払金訴訟の最高裁判決

第1節　利息制限法の解釈論 …………………………………………… *73*
　Ⅰ　過払金の「元本の充当」の可否──「No.1最判・No.2最判」 …… *73*
　(1)　明治10年の旧「利息制限法」と大審院判決 ………………… *73*
　(2)　昭和29年の新「利息制限法」 ………………………………… *73*
　Ⅱ　過払金の返還請求の可否──「No.5最判・No.6最判」 ……… *75*
　(1)　平成18年改正前の利息制限法1条2項 ……………………… *75*
　(2)　最高裁による返還請求の肯定 ………………………………… *75*

目　次

　　Ⅲ　利率の特約がない場合（利息の利率の約定あり）の遅延損害金の利率──「No.3最判・No.4最判」 77
　　Ⅳ　①弁済充当の順序の特約がある場合の充当関係、②連帯債務者による制限超過部分の求償の可否──「No.4最判」 78
　　Ⅴ　借入残高が増減した場合の利息制限法1条1項の「元本」の額──「No.38最判・No.48最判」 79
　　Ⅵ　みなし利息──「No.11最判・No.12最判・No.13最判」 81
　　Ⅶ　過払金の「他の貸金債務への充当」 82
　　Ⅷ　貸金契約上の地位（過払返還債務）の移転・承継 92
　　　(1)　貸金債権等の資産の一括譲渡（存続貸主＝CFJ合同会社） 92
　　　(2)　国内の消費者金融業を営む子会社の再編（残存貸主＝プロミス㈱） 93

第2節　不当利得（民法703条） 96
　　Ⅰ　過払金の消滅時効 96
　　　(1)　消滅時効期間──「10年」 96
　　　(2)　消滅時効の起算点──「取引終了時」 97
　　Ⅱ　利息・損害賠償（民法704条） 99
　　　(1)　民法704条前段の利息の利率──「民法所定の年5分」 99
　　　(2)　利息の発生時──「過払金発生時」 100
　　　(3)　法定利息の新たな借入金への充当 100
　　　(4)　損害賠償責任 101
　　Ⅲ　悪意の受益者の認定 102

第3節　不法行為（民法709条） 107
　　Ⅰ　貸主からの訴訟の提起 107
　　Ⅱ　取引履歴の非開示 109
　　Ⅲ　過払金の支払請求・受領 111

第4節　貸金業規制法43条の「みなし弁済」 112
　　Ⅰ　法43条の趣旨 113
　　　(1)　例外事案での解釈論 113
　　　(2)　厳格な解釈が基本 114

	(3) 天引きへの不適用	*115*
Ⅱ	「任意に支払った」の意味	*115*
	(1) 例外事案での解釈論	*115*
	(2) 期限の利益の喪失特約がある場合	*116*
Ⅲ	法17条書面	*117*
Ⅳ	法18条書面	*121*
	(1) 口座への振込みの際の記載事項	*121*
	(2) 書面交付の時期	*123*
	(3) 内閣府令への法の委任の無効	*124*
Ⅴ	最高裁によるみなし弁済の全否定	*125*

第4章 貸金兼業者に対する過払金訴訟の判決例

序		*129*
第1節	A社の主業	*130*
Ⅰ	サラ金との業態の相違（物販先行・キャッシング兼業）	*130*
Ⅱ	物販債務と貸金債務の別についての立証責任	*130*
第2節	貸金業の内容	*136*
Ⅰ	小口消費者ローンの開始	*136*
	(1) 開始時期	*136*
	(2) 取引内容	*136*
	(3) リボ払い方式の導入	*137*
Ⅱ	A社とサラ金業者との相違	*138*
	(1) 相違点	*138*
	(2) 判決例の非妥当性	*138*
Ⅲ	貸金についての事実認定	*139*
第3節	発行カードの意義	*142*
Ⅰ	カードの必要性	*142*
	(1) 与信関係の発生	*142*

目　次

　　　(2)　非対人取引 ……………………………………………………… *143*
　　　(3)　カード発行 ……………………………………………………… *143*
　　　(4)　カードによる本人確認 ………………………………………… *143*
　　Ⅱ　カードの機能 ……………………………………………………… *143*
　　Ⅲ　カード発行と貸金取引の関係 …………………………………… *144*
第4節　取引履歴（業務帳簿） …………………………………………… *146*
　　Ⅰ　制定当初の「貸金業の規制等に関する法律」（以下「貸金業
　　　規制法」という）の規制 ………………………………………… *146*
　　　(1)　貸金業規制法と施行規則の内容 ……………………………… *146*
　　　(2)　A社の対応 ……………………………………………………… *146*
　　　(3)　A社判決の事実認定 …………………………………………… *148*
　　Ⅱ　平成11年改正貸金業規制法（平成12年施行）の規制 ………… *149*
　　　(1)　施行規則の変更 ………………………………………………… *149*
　　　(2)　A社の対応 ……………………………………………………… *149*
　　Ⅲ　判決の事実認定 …………………………………………………… *151*
　　Ⅳ　貸金業法の業務帳簿と商業帳簿（会計帳簿） ………………… *164*
　　　(1)　商法（平成17年改正前）の「商業帳簿」（会計帳簿） …… *164*
　　　(2)　A社の会計帳簿及び会計システム …………………………… *165*
　　　(3)　商法の「商業帳簿」と貸金業法の「業務帳簿」の関係 …… *167*
　　　(4)　「保存期間」の相違 …………………………………………… *168*
　　　(5)　業務帳簿と会計帳簿についての結論 ………………………… *168*
　　　(6)　A社判決の判示 ………………………………………………… *169*
　　Ⅴ　実施してきた推定計算 …………………………………………… *170*
　　　(1)　「支払金の二面性」と「主張立証責任」 …………………… *170*
　　　(2)　推定計算に基づく和解 ………………………………………… *170*
　　　(3)　推定計算の基本的性格 ………………………………………… *171*
　　　(4)　A社の推定計算の合理性 ……………………………………… *171*
第5節　不当利得(1)（民法703条） ……………………………………… *174*
　　Ⅰ　過払金の主張立証責任 …………………………………………… *174*
　　　(1)　責任の負担――「過払金の請求者にあり」 ………………… *174*

(2)　立証の程度——「相当の合理性」…………………………………… *176*
　　(3)　開示履歴より以前の取引部分の主張立証についての「顕著な事
　　　　実」……………………………………………………………………… *178*
　　(4)　「立証責任の転換・軽減」という主張 ………………………………… *179*
　　(5)　「証明妨害」という主張 ………………………………………………… *180*
　Ⅱ　根拠のない過払金の算出手法 ……………………………………………… *182*
　　(1)　「記憶（陳述書）」のみに基づく請求 ………………………………… *182*
　　(2)　「冒頭0計算」による請求 …………………………………………… *192*
　　(3)　「弁済のみ列挙」による請求 ………………………………………… *201*
　　(4)　「架空取引」（非常識な取引内容）による請求 ……………………… *203*
　Ⅲ　過払金の物販債務への非充当 ……………………………………………… *206*
　　(1)　最高裁判例 ……………………………………………………………… *206*
　　(2)　「一連計算・横飛ばし計算」という特異な主張 …………………… *206*

第6節　不当利得(2)（民法704条） ……………………………………… *222*
　Ⅰ　過払利息（前段） …………………………………………………………… *222*
　Ⅱ　損害賠償（後段）——「弁護士費用」…………………………………… *223*

第7節　不法行為（民法709条）…………………………………………… *227*
　Ⅰ　「平成17年7月19日最高裁第三小法廷判決」の意義 ………………… *227*
　Ⅱ　取引履歴 ……………………………………………………………………… *230*
　　(1)　「非開示」に対する損害賠償請求 …………………………………… *230*
　　(2)　「廃棄」に対する損害賠償請求 ……………………………………… *243*
　Ⅲ　「架空請求」——不法行為の主張 ………………………………………… *252*
　Ⅳ　その他の損害賠償請求 ……………………………………………………… *253*
　　(1)　「過払金の不返還等」の主張 ………………………………………… *254*
　　(2)　「保護義務違反」の主張 ……………………………………………… *254*
　　(3)　「取引履歴の二段階の開示方法」の主張 …………………………… *255*
　　(4)　「長期間の違法な利息の請求」の主張 ……………………………… *256*
　　(5)　「制限超過利息の収受・詐欺」の主張 ……………………………… *256*
　　(6)　「弁済日の誤記」の主張 ……………………………………………… *256*
　　(7)　「充当計算なしの支払請求」の主張 ………………………………… *257*

目　次

第8節　その他の判示 ……………………………………………… *257*
　Ⅰ　過払金の供託の有効性 …………………………………………… *257*
　Ⅱ　民事調停法17条決定 ……………………………………………… *259*
第9節　文書提出命令申立事件の決定 …………………………… *260*
第10節　訴訟審理上の問題点 ……………………………………… *261*
　Ⅰ　訴訟当事者としての「調査義務」等の不履行 ……………………… *261*
　　⑴　改正民事訴訟法（平成10年施行）に基づく裁判所と当事者の責務 ……………………………………………………………………… *261*
　　⑵　誠実追行義務の不履行 ………………………………………… *261*
　　⑶　調査義務の不履行 ……………………………………………… *262*
　　⑷　自由心証主義の対象（民事訴訟法247条）…………………… *262*
　Ⅱ　釈明権（民事訴訟法149条）の誤解 …………………………… *262*
　　⑴　正確な意義 ……………………………………………………… *262*
　　⑵　単なる質問や依頼 ……………………………………………… *263*
　　⑶　法定の正当な諸手続 …………………………………………… *263*

巻末付録

　資料Ⅰ　貸金業者数の長期的な推移 ………………………………… *267*
　資料Ⅱ　貸付上限金利と出資法上限金利の推移 …………………… *268*
　資料Ⅲ　クレジットカード会社収束一覧表 ………………………… *269*
　資料Ⅳ　クレジット関係団体の推移（㈱シー・アイ・シー作成）……… *270*
　資料Ⅴ　最高裁判決一覧表（No.1～No.48）………………………… *271*
　資料Ⅵ　地裁・高裁判決一覧表（No.1～No.60）…………………… *272*
　資料Ⅶ　文書提出命令申立事件の決定一覧表 ……………………… *274*

事項索引

第1章

貸金業者の栄枯盛衰

序

　既に半世紀以上もの歳月が経過し、各社の個別的内部資料も散逸し、その実務担当者も既に引退ないし逝去しているため、必要な情報の入手は極めて困難な状況になりつつある。

　また、関係者の追跡が可能であった場合でも、過去にマスコミばかりか世間一般から囂々たる非難や叱責を浴びせられ続けたため、情報の開示となる過去の話をするには心理的な抵抗感があり、多くの場合、拒否の姿勢を示される。

　このため、数字によるデータ等の入手はいうまでもなく、客観的かつ具体的な根拠を得るのが困難なため、明確な論証を展開するのも極めて難しい状況となっている。

　よって、以下で取り上げられる対象は、現在でも資料やデータが残存されており、その入手が容易な世間的に有名な上位業者（サラ金の大手6社（TAPALS）など）に絞らざるを得なかった。

第1章　貸金業者の栄枯盛衰

第1節　貸金業の開拓者（貸金専業者）

I　消費者金融（サラ金）

(1)　起業以降の経緯

(a)　誕生（昭和30年代）

衰退した「質屋」に代わって登場した「サラリーマン等の一般消費者を対象とした小口、高金利、無担保・無保証、即時融資」という基本的性格を有する「庶民金融」は、昭和30年代以降、日本各地に次々と誕生した。

客が「団地」に住む上場企業の「サラリーマン」であったことから「団地金融」とか「サラリーマン金融」と呼ばれたが、その実質は、侮蔑的意味合いが込められたその言葉どおり、「金貸し」あるいは「高利貸し」に他ならなかった。

(b)　業績拡大（昭和40年代以降）

後記(3)のサラ金「大手6社」の開業時期は「1959年（昭和34年）～1967年（昭和42年）」であるが、この当時のグレーゾーン上限金利は「年109.5％」であるところ、大手6社を含むサラ金業者は、ほぼ上限金利に近い金利で貸し出し、昭和40年代に業績を急拡大した。

また、昭和52年～55年には、「外資系消費者金融の10社」が日本に上陸し、消費者金融業に参入してきた。

(c)　「貸金業者の自主規制の助長に関する法律」

貸金業を規制すべく1972年（昭和47年）6月に制定されたが、強制力のない任意加入の「庶民金融業協会」を通じた自主規制に期待したにすぎないため、その実効性は皆無であった。

(d)　サラ金批判

サラ金に対する侮蔑的なイメージは、サラ金問題の3K、すなわち「高金利・過剰融資・過酷な取立て」に象徴されているが、サラ金問題は1976年（昭和51年）には「国会での質疑」に取り上げられるほど社会問題化し、それ

第1節　貸金業の開拓者（貸金専業者）　Ⅰ　消費者金融（サラ金）

以降、メディアによるサラ金批判キャンペーンが繰り返された。

(e)　「貸金業規制2法」（「貸金業規制法」の制定・「出資法」の改正）

遂に1983年（昭和58年）5月13日にサラ金問題に対する法規制が実施され、前記(c)の法律が廃止され、従前の「届出」ではなく「登録」制が採用されたが、昭和59年度〜平成28年度の貸金業者の登録数は、巻末付録資料Ⅰの「貸金業者数の長期的な推移」に記載されたとおりである。

なお、グレーゾーン刑罰金利の上限は、昭和58年11月1日以降、昭和29年以降の「年109.5％」から「年73％」に低減された。

(f)　大銀局長通達「金融機関のいわゆるサラリーマン金融向け融資について」

前記(d)の社会問題への対応の一環として、上記(e)と同年の6月30日に上記通達が出されたが、金融機関がこれに基づきサラ金に対する融資の回収に動いたためサラ金倒産がラッシュし、当時23万社であった業者が激減し、サラ金業界が「整理・淘汰の時代」に入り、サラ金「冬の時代」ともいわれた。

翌1984年（昭和59年）には、準大手のヤタガイクレジット（東京）とエサカ（大阪）が倒産したが、その救済と立て直しに向かう者は、皆無だった。

(g)　大手6社の発展

大手6社のうち、プロミス、武富士、アイフル及びアコムの4社は、1996年（平成8年）から2000年（平成12年）までの間に東証一部に上場し、また2002年（平成14年）から翌年にかけて経団連会員となり、その社会的地位は絶頂を極めたが、これと同時に、消費者金融業も、新規産業の有力な一角を形成してきた。

なお、「金融業者の貸付業務のための社債の発行等に関する法律」（ノンバンク社債法）が1999年（平成11年）5月に施行され、これによる調達資金を貸付業務に使用することが可能となったため、調達金利の低下に伴う貸出金利の低減が容易となった。

(2)　**貸出金利**

大手6社の開業時期は1959年（昭和34年）〜1967年（昭和42年）であるが、その後の金利の流れは、次のとおりである。

第1章　貸金業者の栄枯盛衰

　(a)　米国金融会社アブコが進出した1977年（昭和52年）当時の金利

　その当時の出資法の上限金利は「年109.5％」であったが、国内の大手各社の金利は「年96％」であった。ちなみに、日本上陸した米国系会社に対しては、その半分の「年48％」が設立条件として指示された、といわれている。

　また、アコム・プロミス・レイクの3社は「73％」、武富士は「77.9％」（『個人金融市場の現状と展望』㈱矢野経済研究所発行）であり、それ以前は「年95.73％」であった、ともいわれている。

　(b)　1982年（昭和57年）以降の大手6社の貸付上限金利の推移

　巻末付録資料Ⅱ（サラ金大手5社の「貸付上限金利と出資法上限金利の推移」（消費者金融連絡会データ集2007））に記載のとおりである。

　なお、上記資料の「1982年」欄の大手5社の「貸付上限金利の数字」は、その4年前の「1978年」以降、同一のままである。

(3)　大手6社（TAPALS）の組織と概要

　(a)　レイク以外のサラ金大手5社は、1997年（平成9年）2月に「消費者金融5社連絡会」を結成していたが、同年5月にレイクが加入し、同会の名称は「消費者金融連絡会」と改められた。

　なお、レイクは、1998年（平成10年）にGEコンシューマー・クレジットが事業を承継し、その後2003年（平成15年）4月には連絡会から脱退した。外資系企業としては、連絡会の実態が独占禁止法違反（カルテルないし事業者団体規制）の責任追及を危惧したものと推測される。

　大手6社は、1999年（平成11年）に民放テレビ局がサラ金に課していた「広告時間帯制限」を解除したため、消費者金融の無計画な利用を啓発するテレビコマーシャルを放送した。当該CM中の登場人物が「TAPALS（タパルス）博士」（6社の社名の頭文字を各社の本店所在地を東から西の順に並べたもの）である。

　(b)　大手6社の社歴等は、次のとおりである。

　㈦　三洋信販㈱（TAPALSの「S」）→消滅

　創業者──椎木正和

第1節　貸金業の開拓者（貸金専業者）　Ⅰ　消費者金融（サラ金）

1959年（昭和34年）10月：北九州市小倉に設立した三洋商事が消費者金融業を開始
1964年（昭和39年）7月：㈲三洋商事設立（その後、㈲三洋プロミス→三洋プロミス㈱と社名変更）
1971年（昭和46年）3月：本店を福岡市博多駅東に移転
1972年（昭和47年）5月：三洋信販㈱に商号変更
1988年（昭和63年）3月：上場のため金利を29.2％に引下げ
1993年（平成5年）　：株式店頭公開
1994年（平成6年）12月：東証2部上場
2010年（平成22年）10月：プロミス㈱に吸収合併され法人格消滅

(ロ)　アコム㈱（TAPALSの「A」）→MUFG傘下入り
創業者——木下政雄（前身は神戸で創業した「丸糸呉服店」）
1960年（昭和35年）3月：㈱丸糸（その後、丸糸㈱→マルイト㈱）が神戸市中央区にてサラリーマン層を対象にした小口無担保の「勤め人信用貸し」（サラリーマン金融）を開始
　　　　　　　　　　　　（いわゆる「サラ金」の名称の元祖）
1978年（昭和53年）10月：マルイト㈱が東京都中央区日本橋に消費者金融業のアコム㈱を設立——消費者金融業を開始
1989年（平成元年）　：上場のため金利を40％から29.2％に引下げ
1993年（平成5年）　：株式店頭公開
1994年（平成6年）12月：東証2部上場
1996年（平成8年）9月：東証1部上場
2002年（平成14年）　：経団連加盟
2008年（平成20年）12月：三菱UFJフィナンシャル・グループ（MUFG）の連結子会社化（上場は維持）

(ハ)　プロミス㈱（TAPALSの「P」）→現「SMBCコンシューマーファイナンス㈱」
創業者——神内良一
1962年（昭和37年）3月：大阪に関西金融㈱設立（その後、関西商工㈱→関西プ

ロミス㈱と改称）
1963年（昭和38年）４月：消費者金融業を開始（その後、プロミス㈱→プロミストラスト㈱と改称）
1978年（昭和53年）３月：金利を73％から47.45％に引下げ
1980年（昭和55年）１月：関連会社を合併してプロミス㈱に改称
1985年（昭和60年）４月：本店を大阪市から東京都へ移転
1989年（平成元年）：上場のため金利を29.2％に引下げ
1993年（平成５年）：株式店頭公開
1994年（平成６年）12月：東証２部上場
1996年（平成８年）９月：東証１部上場
2002年（平成14年）：経団連加盟
2010年（平成22年）10月：三洋信販を吸収合併
2012年（平成24年）４月：三井住友フィナンシャルグループ（SMBC）の完全子会社化→７月に商号を「SMBC コンシューマーファイナンス㈱」に変更

㈡　㈱レイク（TAPALS の「L」）→消滅

創業者――浜田武雄

1964年（昭和39年）１月：大阪に設立した㈱パーソナルリースとして創業
1998年（平成10年）：米国 GE キャピタルに営業権譲渡――E コンシューマー・ファイナンス㈱が事業承継
2008年（平成20年）：新生銀行の子会社化
2009年（平成21年）：新生フィナンシャルへ社名変更
2011年（平成23年）10月１日以降
：「レイク」の商標と店舗網が親会社の新生銀行が承継――レイクは新生銀行カードローンのブランドとしてのみ存在

㈭　㈱武富士（TAPALS の「T」）→消滅

創業者――武井保雄

1966年（昭和41年）９月：富士商事㈲設立――「奥様に融資します」の団

第1節　貸金業の開拓者（貸金専業者）　Ⅰ　消費者金融（サラ金）

地金融開始
1968年（昭和43年）6月：㈲武富士商事に商号変更
1974年（昭和49年）12月：㈱武富士に商号変更
　　　　　　　　　　　　この当時の貸付残高は17億7000万円→1977年（昭和52年）には100億円突破→1980年（昭和55年）には646億円で業界トップ
1996年（平成8年）　　　：株式店頭公開
1998年（平成10年）　　 ：東証1部上場
2002年（平成14年）　　 ：経団連加盟
2003年（平成15年）3月：貸付残高は約1兆7000億円——同年末頃の株式時価総額は約9000億円で大手都市銀行と同一レベル
2010年（平成22年）9月：東京地裁に会社更生申立て
2012年（平成24年）　　 ：消費者金融事業は吸収分割手続後に㈱ロプロ（現「日本保証」）が承継し、会社は実質的に消滅

(ヘ)　アイフル㈱（TAPALSの「A」）→事業継続中

創業者——福田吉孝
1967年（昭和42年）4月：個人経営の「松原産業」で消費者金融を創業
1978年（昭和53年）2月：京都に㈱丸高を設立
1982年（昭和57年）5月：丸高が関連会社を吸収合併してアイフル㈱と商号変更
1993年（平成5年）　　　：株式店頭公開
1997年（平成9年）10月：東証2部上場
2000年（平成12年）3月：融資残高1兆円達成——東証1部上場
2003年（平成15年）1月：経団連へ加盟

(c)　大手6社の栄枯盛衰の結末

「三洋信販・レイク・武富士」の3社は消滅し、「プロミスとアコム」の2社はメガバンクの子会社となり、自主独立を維持してきたのは唯一、「アイフル」1社だけである。

第1章　貸金業者の栄枯盛衰

(4)　外資系消費者金融

(a)　1977年（昭和52年）7月、「日本アブコ・ファイナンス・サービス」が外資系消費者金融業者の第1陣として日本に上陸したが、これに引き続き、1978年（昭和53年）～1980年（昭和55年）の間に、次の外資系9社が日本に進出してきた。

上記10社の親会社は、すべて、世界的な大企業グループの一員である豊富な資金力を有する米国大手銀行であった。

① 日本ベネフィシャル・ファイナンス
② ジャパン・ハワイ・ファイナンス
③ 日本セキュリティ・パシフィック・ファイナンス
④ 日本ハウスホールド・ファイナンス
⑤ シティコープ・クレジット
⑥ ユナイテッド・ファイナンス
⑦ 日本エスアイシー
⑧ 日本アソシエイツ・ファイナンシャルサービス
⑨ ゼネラルエレクトリックファイナンス

(b)　上記(a)の外資系企業による日本進出の際、外資系100パーセントの子会社設立の条件として「貸出金利の上限年利は48％」とされたが、その理由は、当時の出資法の上限金利は年109.5％で国内大手貸金業者が96％で営業していたところ、世論から高金利批判がなされ、これに対する大蔵省の対策として、国内業者に対する金利引下げの揺さぶり策の一手段として、国内大手の半分の金利が提示された、といわれている。

(c)　日本に進出した外資系会社は、1979年（昭和54年）8月、国内の信販会社と共同で信用情報機関「セントラルコミュニケーションビューロー(CCB)」を設立し、業績拡張に努めたが、下記(d)のアイク1社を除く残りの9社が1986年（昭和61年）までに日本市場から撤退した。

(d)　国内大手6社程度の企業規模となったアイク㈱（CFJ㈱）

外資系10社の中で最後に進出した「日本アソシエイツ・ファイナンシャル・サービス」は、1986年（昭和61年）に「アイク㈱」に社名変更し、2003

年（平成15年）1月にディック及びユニマットライフと合併（DICはブランドのみ残存）して「CFJ㈱」に商号変更し、国内大手6社と匹敵する規模の会社となった。

　しかるに、最高裁判例（後記第3章参照）に基づく借主からの過払金返還請求訴訟に持ち堪えることができず、遂に2008年（平成20年）6月に新規貸付けを停止し、同年11月に「CFJ合同会社」に商号変更した後、その業務を終了し、日本市場から撤退した。

II　商工ローン

　商工ローンとは、「中小零細個人企業向け・短期・小口・保証付き・手形貸付業」であるが、これについても、本節直前の「序」に述べたサラ金業者に係る事情がそのまま妥当するため、以下、客観的な資料やデータが残存し、かつその入手が容易な「寡占2社」に限定して述べることとする。

(1)　開業以降の経緯

(a)　零細個人企業は、バブル経済崩壊後の銀行の「貸し渋り」により資金繰りに苦しんでいた。商工ローンは、その資金繰りを支援する必要性のため、1990年代に爆発的に拡大してきた。当時の商工ローン業界は全国で5～6千社といわれているが、ほとんどが1都市だけを営業基盤にした零細業者にすぎなかった。

(b)　商工ローン業界の中で、後記(2)の日栄と商工ファンドの2社だけが急成長を遂げ、これに次ぐ3位以下10位までの貸出残高を総計しても、商工ファンド1社の3分の2にしかならず、商工ローン市場の実態は、上記2社による完全な寡占市場となった。

(c)　その後、昭和50年代の「サラ金問題」と同様、1999年（平成11年）に「商工ローン問題」が国会で議論の対象となり、大きな社会問題化し、遂に同年12月に「利息制限法・出資法・貸金業規制法」の貸金三法が強化改正（施行は2000年（平成12年）6月）された。

(2)　寡占2社の概要

第1章　貸金業者の栄枯盛衰

(a)　㈱日栄（後に「㈱ロプロ」）

創業者──松田一男

1964年（昭和39年）　　　：個人経営の金融業を開始
1970年（昭和45年）3月：会社設立
1978年（昭和53年）1月：保証付き手形貸付・不動産担保貸付を開始
1984年（昭和59年）2月：貸金業法施行により貸金業者の登録
1991年（平成3年）5月：100％出資の子会社日本信用保証㈱を設立──日栄の手形貸付けに対する債務保証を付与させる機能
1995年（平成7年）3月：東証2部上場
1996年（平成8年）3月：東証1部上場
1999年（平成11年）9月：当時の貸出残高は4039億円
2002年（平成14年）11月：㈱ロプロに商号変更
2006年（平成18年）4月：100％出資の子会社である日本信用保証㈱を吸収合併
2009年（平成21年）11月：東京地裁に会社更生手続の開始申立て
2010年（平成22年）7月：会社更生計画認可決定
　　　　　　　　　　　9月：Jトラスト㈱が全株式取得
　　　　　　　　　　　12月：会社更生手続終結

(b)　㈱商工ファンド（後に「㈱SFCG」）

創業者──大島憲伸

1978年（昭和53年）12月：会社設立──商業手形割引を開始
1980年（昭和55年）2月：保証人付き貸付けを開始
1984年（昭和59年）1月：貸金業法施行により貸金業者登録
　　　　　　　　　　　7月：不動産担保貸付を開始
1997年（平成9年）10月：東証2部上場
1999年（平成11年）7月：東証1部上場──当時の貸出残高は4282億円
2002年（平成14年）11月：㈱SFCGに変更
　　　　　　　　　　　　2006年（平成18年）12月の貸金業法改正などによ

第1節　貸金業の開拓者（貸金専業者）　Ⅲ　「枯・衰」の原因

り過払金返還請求の増加に伴う多額の資金流出と引当金の計上により資金需要が増加したが、サブプライムローン問題を発端とした金融危機により資金調達が困難なため、自主再建を断念。
2009年（平成21年）2月23日：東京地裁に民事再生申立て
3月24日：民事再生手続廃止決定
4月21日：破産手続開始決定――負債は過払金債務約2100億円を含め約5500億円

Ⅲ　「枯・衰」の原因

　栄華を極めた「サラ金大手6社」の中で生き残ったのは、唯一「アイフル」1社だけであり（前記Ⅰ(3)）、勇躍わが国に進出してきた「外資系消費者金融」は全滅し（同(4)）、また「商工ローン」の大手2社は法的手続により消滅した（前記Ⅱ(2)）。
　その理由ないし原因を一々挙げたら限りがないが、要するに次の点に尽きると思われる。
　第1点は、貸金業（消費者金融）に対する根源的な問題であるが、テレビ番組の時代劇で見られるような悪辣非道な「金貸し・高利貸し」という誇張された悪者イメージが、どうしても抜き難いことである。
　当該悪印象に重なり、貸金業界にて社会的に非難される言動が実際に多発したため、長期にわたりマスコミからターゲットにされ続け、悪や負のイメージが拡大・固定化したことである。
　第2点としては、人材の問題である。
　「就活」で人気が高い銀行、商社、損保等の会社と企業規模や収益等で相並んだとはいえ、前記第1点に基づき、大卒若手の優秀な人材が集まらない反面、企業規模の拡大に伴いスタッフ数も増加し続けたものの、もっぱら離合集散した同業者からの転職者がほとんどであり、前記第1点の負の体質ともいうべき貸金業者の血がよりいっそう濃厚になっただけであった。

第1章　貸金業者の栄枯盛衰

かかる同一血筋のスタッフ集団のため、他の業種への新規参入や、革新的な新規事業の開発・転換等の前向きの諸策を適切かつ有効に取ることができず、ただ貸金業に固着するだけの結果に終わった。

第3点は、後記第3章に詳述する過払金請求訴訟に係る最高裁判決に象徴されるとおり、三権の司法部門から目の敵にされ続けながら、他の立法と行政の部門からも、何らめぼしい援護がないままに終わったことである。

サラ金にしろ商工ローンにしろ、そのスタートは超零細個人企業にすぎなかったにもかかわらず、「サラ金大手6社」及び「商工ローン寡占2社」に限っていえば、創業者達の天才的な商才に基づき、都市銀行や損保会社と匹敵する規模の大企業にまで成長し、東証一部に上場し、うち何社かは経団連会員にまでなっている。

当該事実は、消費者金融業が時代に適った事業であり、その悪や負の面を巧みに訂正・削除していけば、将来に向けて約束された新規産業分野となり得たはずだったのである。仮に、司法・立法はともかく、少なくとも実行力ある行政部門からだけでもそれ相応の援護があったなら、最終結末は別であったはずで、それなりに豊かなニュー・フロンティアの産業分野に発展していたはずである。

しかるにその結末は、あまりにも非生産的かつ不経済な最終処理となってしまったが、返す返すも残念至極なことである。

第2節　貸金業の追随者（貸金兼業者等）

昭和30年代から40年代には、消費者金融は未だ成長途上にすぎず、法規制の主眼は、貸金規制ではなく、急速に成長してきた割賦販売（信用販売）を行う信販会社、月賦百貨店等（前払式割賦販売業者）の物品販売に対するものであった。

すなわち、昭和30年代以降、割賦販売（信用販売）が急速に発展し、割賦販売による消費の誘発や、消費者に不利な条件による割賦販売の横行などが問題となってきたため、昭和36年（1961年）に悪質業者の排除及び割賦販売

条件の比較・選択を容易ならしめることを主眼に「割賦販売法」(昭和36年7月1日)が制定され、「割賦販売」及び「割賦購入あっせん」(現在の「包括信用購入あっせん」)に対する規制が加えられることとなった。

　前者の「割賦販売」については、割賦販売価格の明示、契約書面の作成、契約解除及びその際の損害賠償額の制限等、現在の割賦販売制度の基本的骨組みを明確にしたことに加え、その一種である「前払式割賦販売」について登録制が導入された。

　後者の「割賦購入あっせん」については、「登録制」が採用されただけで、対消費者規制は特に定められなかった。

　なお、前節直前の「序」において「貸金専業者(サラ金)」に述べたことと同一の理由に基づき、以下、ほぼ半世紀経過後の現在でも資料等の入手が比較的に容易な大手会社に限って述べることとする。

I　信販会社

(1)　開業以降の経緯

(a)　「専門店会」や「月賦百貨店」の成長発展と同時期に、間接割賦(月賦)販売システムを採用した「信販会社」として、1951年(昭和26年)に「日本信用販売㈱」(後記(3)(a))が設立された。これに引き続き、昭和30年代にかけて、日本各地に次々と信販会社が設立された。

　1958年(昭和33年)1月には「全国信用販売事業者連合会」(その後「(社)全国信販協会」→最終的に「(一社)日本クレジット協会」)が設立されたが、その発足時の加盟者数は、59業者であった。

(b)　しかるに、1958年9月5日に出された「通産省企業局長通達」により、103の百貨店業者に対する割賦販売の自粛が要望され、かつ、翌1959年(昭和34年)10月24日には、103の百貨店業者と17の信販会社に対する「百貨店業者の割賦販売の自粛について」と題する「通産大臣通達」(いわゆる「34年通達」)が出され、遅くとも1960年(昭和35年)1月1日から実施するよう指示された。

第1章　貸金業者の栄枯盛衰

　複数の都道府県で事業展開する信販会社は、34年通達により、その営業に重大な支障が生じた。日本信販についていえば、開設済みの名古屋支店等を閉鎖せざるを得なくなった。

　さらに1961年（昭和36年）に「割賦販売法」が成立したが、これらにより信販会社は、「割賦購入あっせん業者」として登録義務を負うこととなった。

　(c)　前記(b)の諸規制にもかかわらず、間接割賦販売業を行う信販会社は、昭和30年代に急激に増加していった。

　その過程で特筆すべきことは、1963年（昭和38年）に日本信販が開発した「債権買取業務（ショッピングクレジット）」制度であるが、他の信販会社もこれに追随し、当該制度は昭和40年代にいっそうの発展を遂げ、間接割賦販売事業の主流となった。

　また、1977年（昭和52年）には、オリエントファイナンスが「34年通達」に違反しない広域で流通可能なカードを発行したが、他の大手信販会社もこれに追随し、各自のカードの広域流通化が進行していった。

(2)　消費者金融への参入・貸出金利

　(a)　信販「大手7社」は、いずれも消費者金融業に参入したが、「クレジットカード」を利用したキャッシングサービスの「開始時期／金利」（但し、1979年（昭和54年）3月末当時の実質年利）は、次のとおりである。

(イ)　日本信販㈱（現「三菱UFJニコス㈱」）

不明／36％

(ロ)　㈱ジャックス

不明／31.5％

(ハ)　㈱大信販（現「㈱アプラス」）

1962年（昭和37年）10月／30％〜41.5％

(ニ)　㈱セントラルファイナンス（現「㈱セディナ」）

1969年（昭和44年）4月／24.0％（1回払い）

(ホ)　㈱オリエントファイナンス（現「㈱オリエントコーポレーション」）

1972年（昭和47年）10月／19.2％〜29.5％

第2節　貸金業の追随者（貸金兼業者等）　Ⅰ　信販会社

(ヘ)　㈱ライフ
1972年（昭和47年）12月／19.25％〜29.75％

(ト)　国内信販㈱
1972年（昭和47年）4月／21.75％（1回払い）・37.5％（10回払い）

(b)　貸金業規制法（昭和58年5月13日）は、その2条1項で「貸金業」を定義し、かつ、3条1項により「貸金業を営もうとする者」に「登録義務」を課したが、この点につき、当時の主務官庁の大蔵省は、その通達により、「サラ金業者」のほか「クレジットカード会社」と「信販会社」が含まれることを明示していた。

(3)　信販「大手7社」の概要

各社の設立以降の経緯等は、次のとおりである。

(a)　日本信用販売㈱（現「三菱UFJニコス㈱」）

1951年（昭和26年）6月：設立（東京）
1958年（昭和33年）　　：会員数24万人超・売上高32億円
1961年（昭和36年）　　：東証2部上場
1963年（昭和38年）　　：ショッピングクレジット（個品あっせん）開始
1966年（昭和41年）5月：「日本信販㈱」に名称変更
　　　　　　　　　10月：クレジットカード発行
1969年（昭和44年）2月：全会員のカード化
1970年（昭和45年）2月：東証1部上場
2004年（平成16年）7月：キャッシングの上限金利26.28％
2005年（平成17年）　　：㈱UFJカードと合併――「㈱UFJニコス」に名称変更
2007年（平成19年）　　：㈱ディーシーカードと合併――「三菱UFJニコス㈱」に名称変更

(b)　デパート信用販売㈱（現「㈱ジャックス」）

1954年（昭和29年）6月：会社設立（函館市）
1959年（昭和34年）7月：「北日本信用販売㈱」に名称変更
1969年（昭和44年）3月：債権買取業務（ショッピングクレジット）を開始

1976年（昭和51年）4月：「㈱ジャックス」に名称変更
　　　　　　　　　　11月：東証2部上場
1978年（昭和53年）9月：東証1部上場
1997年（平成9年）2月：カードキャッシングの実質年率18％に引下げ
2008年（平成20年）3月：㈱三菱東京UFJ銀行の子会社化

(c) 大阪信用販売㈱（現「㈱アプラス」）

1956年（昭和31年）10月：会社設立
1960年（昭和35年）2月：昭和34年通産大臣通達に基づき、日本信販から同社の大阪支店の営業権を譲受
1962年（昭和37年）9月：ショッピングクレジット（個品斡旋）開始
　　　　　　　　　　10月：キャッシングサービス開始
1972年（昭和47年）10月：クレジットカード業務開始
1978年（昭和53年）9月：「㈱大信販」に名称変更
1992年（平成4年）4月：「㈱アプラス」に名称変更
2004年（平成16年）9月：㈱新生銀行と全面提携
2013年（平成25年）7月：東証1部上場

(d) 中部日本信販㈱（現「㈱セディナ」）

1960年（昭和35年）1月：会社設立（名古屋市）（昭和34年通産大臣通達に基づき、日本信販の名古屋支店の業務を引き継ぐ目的のため）
1962年（昭和37年）8月：個品あっせん業務開始
1969年（昭和44年）4月：クレジットカードによるキャッシングの開始
1971年（昭和46年）　：「中日信販㈱」に名称変更
1977年（昭和52年）3月：「㈱セントラルファイナンス」に名称変更
1980年（昭和55年）10月：東証2部上場
1982年（昭和57年）9月：東証1部上場
2009年（平成21年）4月：㈱オーエムシーカード・㈱クオークと合併／「㈱セディナ」に名称変更
2011年（平成23年）5月：㈱SMFGカード＆クレジットの子会社化

(e) 広島信用販売㈱（現「㈱オリエントコーポレーション」）

第2節　貸金業の追随者（貸金兼業者等）　Ⅰ　信販会社

1961年（昭和36年）8月：会社設立
1967年（昭和42年）5月：「広島信販㈱」に名称変更
1969年（昭和44年）4月：割賦債権買取（個品あっせん）を開始
　　　　　　　　　　11月：クレジットカード発行
1972年（昭和47年）10月：キャッシングサービス開始
1974年（昭和49年）4月：「㈱オリエントファイナンス」と合併・名称変更
1977年（昭和52年）10月：東証2部上場
1979年（昭和54年）9月：東証1部上場
1981年（昭和56年）3月：キャッシング（リボルビング方式）専用カード発行
1989年（平成元年）10月：「㈱オリエントコーポレーション」に名称変更
2004年（平成16年）7月：キャッシングの上限金利27.6％
2007年（平成19年）8月：東証2部に指定替え
2011年（平成23年）3月：東証1部再上場

(f) ㈱職域互助会（現「ライフカード㈱」）
1961年（昭和36年）10月：会社設立（広島市）（前身は1952年（昭和27年）10月の任意組合「全職域指定店会」→1961年（昭和36年）6月の「広島職域指定店協同組合」）
1967年（昭和42年）5月：「㈱チケットひろしま」に名称変更
1970年（昭和45年）6月：個品あっせん業務開始
1972年（昭和47年）12月：キャッシングサービス開始
1976年（昭和51年）4月：「㈱ライフ」に名称変更——クレジットカード発行
2010年（平成22年）7月：「ライフカード㈱」設立
2011年（平成23年）7月：㈱ライフ→ライフカード㈱へ事業承継

(g) 信用開発㈱（旧「国内信販㈱」）
1963年（昭和38年）4月：会社設立（鹿児島市）（前身は「鹿児島信用販売協同組合」）
1964年（昭和39年）7月：「鹿児島信販㈱」に名称変更
1972年（昭和47年）4月：磁気カードを採用・キャッシングサービスを開

第1章　貸金業者の栄枯盛衰

　　　　　　　　　　　　始
1974年（昭和49年）12月：鹿児島信販㈱が福岡市に「国内信販㈱」を設立
1978年（昭和53年）10月：上記2社が合併して「国内信販㈱」
2005年（平成17年）6月：楽天㈱が過半数の株式取得・「楽天KCカード」
　　　　　　　　　　　　に名称変更・その後、最終的に「YJカード㈱」

Ⅱ　月賦百貨店（月賦小売業）

(1)　開業以降の経緯
(a)　月賦販売の再開

1950年（昭和25年）6月の朝鮮戦争の勃発により、戦争特需景気となった。

昭和24年の緑屋に引き続き、業界大手の「4大月賦百貨店」（後記(3)参照）と称された丸井ほかの小売業者が昭和25年中に相次いで月賦販売を開始し、その業績を拡大し続けた。

1960年（昭和35年）当時の4大月賦百貨店の店舗数は、緑屋が18店、丸井が14店、丸興が7店、大丸百貨店が5店であった。

(b)　全国組織

昭和30年代にかけて月賦百貨店の開業が引き続いたが、1957年（昭和32年）4月に389店の月賦販売業者が参加した「全国月賦百貨店組合連合会」が設立された。

また、割賦販売業界の団体として、1963年（昭和38年）1月に「割賦制度協議会」が発足し（その後「(社)日本割賦協会」・最終的に「(一社)日本クレジット協会」）、その信用情報機関としては、1965年（昭和40年）9月に任意団体の「信用情報交換所」が設立され、最終的に「㈱シー・アイ・シー」になったが、その経緯は巻末付録資料Ⅳに記載のとおりである。

(c)　「割賦販売法」（昭和36年7月1日）による規制

月賦百貨店は、同法により、「割賦販売業者」として割賦販売条件の明示等が義務づけられた。

(d)　上　　場

第2節　貸金業の追随者（貸金兼業者等）　Ⅱ　月賦百貨店（月賦小売業）

4大月賦百貨店のうち、丸井、緑屋及び丸興の3社は、昭和40年、43年及び45年に、それぞれ東証1部に上場した。

(e)　現　　況

緑屋は「㈱西武クレジット→㈱クレディセゾン」、丸興は「㈱ダイエーファイナンス→㈱オーエムシー→㈱セディナ」、大丸百貨店は「㈱井門エンタープライズ」と商号変更し、いずれも最終的には、創業時の月賦販売（リテール事業）から撤退したが、これに反して丸井は、その子会社を通じながらも百貨店小売業を継続し、かつクレジットカード事業を展開していった。

(2)　消費者金融への参入・貸出金利

(a)　4大月賦百貨店のうち、緑屋と丸興が1978年（昭和53年）の5月と10月に、また丸井は1981年（昭和56年）2月に、それぞれキャッシングサービスを開始し、貸金業に参入した。

(b)　1979年（昭和54年）3月当時の緑屋と丸興の貸出金利は、1回払いで「年36％」であったが、丸井の金利は、1981年（昭和56年）2月のキャッシングの開始以降、2007年（平成19年）3月16日に「年17.7％」に引き下げるまで、一貫して「年27％」であった。

(3)　4大月賦百貨店の概要

各社の創業以降の社歴等は、次のとおりである。

(a)　渋谷の「緑屋」(現「㈱クレディセゾン」)

創業者──岡本虎二郎

1946年（昭和21年）　9月：三軒茶屋で「和洋家具岡本商店」開店

1947年（昭和22年）11月：㈲岡本商店設立

1949年（昭和24年）10月：「月賦販売」開始

1950年（昭和25年）　　　：「㈲緑屋」に商号変更

1951年（昭和26年）　5月：「㈱緑屋」を設立──「ホームビルの緑屋」のキャッチフレーズでチェーン展開

1963年（昭和38年）　7月：東証2部上場

1968年（昭和43年）　6月：東証1部上場

1972年（昭和47年）10月：クレジットカード発行

第1章　貸金業者の栄枯盛衰

1975年（昭和50年）3月：西武百貨店と資本提携／西武グループ入り
1978年（昭和53年）5月：キャッシングサービスを開始
1980年（昭和55年）8月：「㈱西武クレジット」に商号変更
1983年（昭和58年）3月：セゾンカードを発行
1989年（平成元年）10月：「㈱クレディセゾン」に商号変更
2004年（平成16年）7月：キャッシングの上限金利25％
2005年（平成17年）10月：会社分割したユーシーカード㈱からイシュアー事業会社の株式譲受
2007年（平成19年）6月：キャッシングの金利上限を18％以下に切下げ

(b)　中野の「丸井」（現「㈱丸井グループ」）

創業者——青井忠治

1937年（昭和12年）3月：「㈱丸井」を設立
1946年（昭和21年）8月：中野で店舗再開
1947年（昭和22年）2月：中野駅前の本店を再開
1950年（昭和25年）12月：「月賦販売」再開
1960年（昭和35年）1月：「月賦」という言葉を「クレジット」に変更・信用調査機関「丸井クレジットセンター」を設立
　　　　　　　　　　3月：「クレジットカード」と表記したカードを発行
1963年（昭和38年）4月：東証2部上場
1965年（昭和40年）6月：東証1部上場
1981年（昭和56年）2月：キャッシングサービスを開始
1991年（平成3年）9月：クレジットカード「エムワンカード」を発行
2006年（平成18年）3月：クレジットカード「エポスカード」を発行（但し、発行者は子会社の㈱エポスカード）
2007年（平成19年）10月：「㈱丸井グループ」に商号変更・純粋持株会社に移行（百貨店小売業は㈱丸井／クレジットカード業は㈱エポスカードが事業承継）

(c)　亀戸の「丸興」（現「㈱セディナ」）

1950年（昭和25年）9月：東京亀戸に「㈱丸興」を設立、「月賦販売」を開

第 2 節　貸金業の追随者（貸金兼業者等）　Ⅲ　クレジットカード会社

　　　　　　　　　　始
1961年（昭和36年）8月：東証2部上場
1970年（昭和45年）7月：東証1部上場
1972年（昭和47年）9月：クレジットカード発行
1978年（昭和53年）10月：「キャッシングサービス」を開始
1983年（昭和58年）2月：ダイエーの傘下入り
1987年（昭和62年）9月：「㈱ダイエーファイナンス」に名称変更
2002年（平成14年）9月：「㈱オーエムシーカード」に名称変更
2004年（平成16年）7月：キャッシングの上限金利26.8％
2009年（平成21年）4月：㈱セントラルファイナンス・㈱クオークと合併
　　　　　　　　　　　　──「㈱セディナ」に商号変更
2011年（平成23年）4月：東証1部上場廃止
　　　　　　　　　　5月：㈱SMFGカード＆クレジットの完全子会社化

(d)　ライフアップ「大丸」（現「㈱井門エンタープライズ」）

創業者──井門冨士逸（1922年（大正11年）に品川に大丸商会を創業）
1935年（昭和10年）5月：「㈱大丸百貨店」（通称、井門大丸）を設立
1947年（昭和22年）7月：品川区南品川で「大丸百貨店」の店舗再開
1950年（昭和25年）9月：蒲田店を開設し「月賦販売」開始
1981年（昭和56年）　　：「キャッシングサービス」を開始
1983年（昭和58年）1月：「㈱井門エンタープライズ」に商号変更

Ⅲ　クレジットカード会社

　以下、「銀行系カード会社」に限定して述べるが、「流通系カード会社」については、前記Ⅱ(3)(a)「緑屋→クレディセゾン」・(c)「丸興→セディナ」参照。

(1)　会社設立以降の経緯

　(a)　1950年（昭和25年）に米国で誕生した「ダイナースクラブ」とその後に生まれた「アメックス」という2つのカードが成功したため、米国銀行に

よるカード発行が相次いでいた。

(b) 1960年（昭和35年）12月に、わが国で最初のクレジットカードである「ダイナースクラブ」の発行会社となる「㈱日本ダイナースクラブ」が設立され、さらにその翌年の1961年（昭和36年）1月に、2番目のクレジットカード発行会社となる「㈱日本クレジットビューロー」が三和銀行と日本信販の同時出資により設立された。

(c) 昭和40年代に入り、わが国の銀行も米国と同様、カード業界への進出を望んだが、銀行が直接、カードを発行することは、銀行法上の「周辺業務の規制」に抵触するため、認められずに終わった。

このため、昭和40年代当時は、都市銀行自身ではなく、その子会社的な存在として「銀行系のクレジットカード会社」が次々と設立され、カード会社間の競争が激化した。

(d) 1969年（昭和44年）2月に銀行系カード会社の「5社会」が設立され、その後UCカードも参加して「6社会」が設立されたが、1984年（昭和59年）10月に銀行系カード会社により「日本クレジットカード協会」（JCCA）が設立された（その当時の会員数は83社・平成18年4月現在の会員数は148社）。

なお、上記カード会社の業務は、各自が開拓した「加盟店」での物品購入と役務受領の利用のみで、割賦販売法の規制があるだけであり、その後にキャッシングサービスの提供が開始されるまでは、貸金3法（利息制限法・出資法・貸金業規制法）とは無関係であった。

(e) 1983年（昭和58年）制定の「貸金業規制法」（昭和58年5月13日）は、「貸金業」を定義した上、「貸金業を営もうとする者」に「登録義務」を課したが、主務官庁の大蔵省の通達は、「サラ金業者」のほか、「クレジットカード会社」も登録義務を負うことを明示した。

(2) 消費者金融への参入・貸出金利

各カード会社のキャッシング開始時期とその当時（ないし他の時期）の貸出金利は、次のとおりであった。

(a) 日本ダイナースクラブ

1967年（昭和42年）9月：月1回支払の手数料（実質的な月利）2％

第2節 貸金業の追随者（貸金兼業者等）　Ⅲ　クレジットカード会社

(b)　JCBカード
1968年（昭和43年）　　　：当時の手数料は不明
1979年（昭和54年）　　　：3月末の月1回支払の手数料（実質的な月利）3％
2004年（平成16年）　　　：7月の上限金利27.8％

(c)　DCカード
1967年（昭和42年）12月：月1回支払の手数料（実質的な月利）2％
1979年（昭和54年）　　　：3月末当時の月1回支払の手数料（実質的な月利）3％

(d)　住友クレジットカード（住友ビザカード）
1968年（昭和43年）7月：月1回支払の手数料（実質的な月利）2％
1979年（昭和54年）　　　：3月末当時の手数料（実質的な月利）3％
2004年（平成16年）　　　：7月当時の上限金利27.8％

(e)　ミリオンカード
1968年（昭和43年）3月：月1回支払の手数料（実質的な月利）2％
1979年（昭和54年）　　　：3月末当時の月1回支払の手数料年利9％（保証料込み）

(f)　UCカード
1969年（昭和44年）6月：当時の金利は不明
1979年（昭和54年）　　　：3月末当時の月1回支払の手数料（実質的な月利）3％

(3)　銀行系カード会社の概要
(a)　ダイナースクラブ（現社名「三井住友トラストクラブ㈱」）
1960年（昭和35年）12月：「㈱日本ダイナースクラブ」設立（日本交通公社）
1961年（昭和36年）12月：ラミネート加工のプラスチックカード（世界初）を使用
1962年（昭和37年）1月：カード会員が開設した富士銀行の「預金口座からの自動引き落とし制度」を実施
1967年（昭和42年）9月：クレジットカードによる「キャッシングサービス」（月1回支払の手数料（実質的な月利）2％）を開

第1章　貸金業者の栄枯盛衰

　　　　　　　　　　　　　始
2000年（平成12年）2月：シティコープの子会社が全株式取得（100％外資会社）
　　　　　　　　　9月：「シティコープダイナースクラブジャパン㈱」に商号変更
2015年（平成27年）12月：三井住友信託銀行㈱が全株式取得し子会社化——商号を「三井住友トラストクラブ㈱」に変更

(b)　JCBカード（現社名「㈱ジェーシービー」）
1961年（昭和36年）1月：「㈱日本クレジットビューロー」設立（三和銀行）
　　　　　　　　　3月：汎用型クレジットカード発行（日本初）
1962年（昭和37年）4月：ダイナースクラブに倣いプラスチックカードを使用
1968年（昭和43年）　：「キャッシングサービス」を開始（当時の貸出手数料は不明）
　　　　　　　　　6月：㈱大阪クレジットビューロー（OCB）と合併
　　　　　　　　　7月：三井、協和、大和、神戸の4銀行が出資参加
1978年（昭和53年）6月：「㈱ジェーシービー」に社名変更
1979年（昭和54年）3月末：キャッシングサービスの月1回支払の手数料（実質的な月利）は3％
2004年（平成16年）7月：キャッシングの上限金利27.8％

(c)　DCカード（合併により会社消滅→「三菱UFJニコス㈱」）
1967年（昭和42年）12月：「ダイヤモンドクレジット㈱」設立（三菱銀行）
　　　　　　　　　　　キャッシングサービス（月1回支払の手数料（実質的な月利）2％）を開始
1979年（昭和54年）3月末：キャッシングサービスの月1回支払の手数料（実質的な月利）は3％
1984年（昭和59年）　：ダイヤモンドカードからDCカードにカード名変更

第2節　貸金業の追随者（貸金兼業者等）　Ⅲ　クレジットカード会社

1989年（平成元年）　4月：「㈱ディーシーカード」に社名変更
2007年（平成19年）　　　：UFJニコス㈱と合併──社名を「三菱UFJニコス㈱」に変更──DCカードのブランドは存続
(d)　住友クレジットカード（住友ビザカード）（現社名「三井住友カード㈱」）
1967年（昭和42年）12月：「㈱住友クレジットサービス」を設立（住友銀行）
1968年（昭和43年）　6月：バンカメと提携し住友クレジットカード発行（国内用）
　　　　　　　　　　7月：キャッシングサービス（月1回支払の手数料（実質的な月利）2％）を開始
1979年（昭和54年）　3月末：キャッシングサービスの月1回支払の手数料（実質的な月利）は3％
1980年（昭和55年）　2月：住友ビザカード発行（国内外共通）
　　　　　　　　　　5月：VISA統括機関として「ビザ・ジャパン㈱」設立
1983年（昭和58年）　9月：ビザ・ジャパン㈱を「ビザ・ジャパン協会」に組織変更
1989年（平成元年）　4月：マスターカード取扱い開始（VISAとマスターのデュアル化）
1992年（平成4年）10月：リボルビング払い開始
2001年（平成13年）　4月：「三井住友カード㈱」に商号変更
2004年（平成16年）　7月：キャッシングの上限金利27.8％
2006年（平成18年）　4月：ビザ・ジャパン協会の名称を「VJA」に変更
(e)　ミリオンカード（合併により会社消滅）
1968年（昭和43年）　3月：「㈱ミリオンカード・サービス」設立（東海銀行）
　　　　　　　　　　　　「キャッシングサービス」（月1回支払の手数料（実質的な月利）2％）を開始
1979年（昭和54年）　3月末：キャッシングサービスの月1回支払の手数料は年利9％（保証料込み）
1981年（昭和56年）　　　：国内外共通のカード発行
2002年（平成14年）　　　：㈱フィナンシャルワンカードと合併──「㈱

27

第1章　貸金業者の栄枯盛衰

　　　　　　　　　　　　　UFJカード」誕生
　　2007年（平成19年）　：日本信販㈱と合併──「UFJニコス㈱」誕生（その後「三菱UFJニコス㈱」）
（f）　UCカード（現社名「ユーシーカード㈱」）
　　1969年（昭和44年）6月：「ユニオンクレジット㈱」設立（第一、日本勧業、富士、三菱、太陽、埼玉の6行が出資）──「キャッシングサービス」開始
　　1979年（昭和54年）3月：キャッシングサービスの月1回支払の手数料（実質的な月利）は3％
　　1994年（平成6年）　　：「ユーシーカード㈱」に商号変更
　　2005年（平成17年）10月：会社分割しイシュア──事業会社の株式を㈱クレディセゾンに譲渡──UCカードの業務はアクワイアラのみ

Ⅳ　クレジットカード業への収束

(1)　業界の流れ

（a）　まず第1に挙げるべきことは、従前、金貸しや高利貸しとして蔑視されていた貸金業（一般大衆（庶民）相手の消費者金融業）が急速に成長し、その企業規模が銀行や保険会社にまで匹敵するようになり、当該事業分野が極めて有力な新規産業となってきたことである。

（b）　次に第2としては、貸金業とは別途、直接又は間接に物販業を主力として成長してきた信販会社等が、次々と貸金業に参入し、それまでの物販業を継続しつつ貸金兼業者としてきたことである。

（c）　その結末は、次のとおりである。

　後記第2章及び第3章に述べるとおり、貸金業を対象とする貸金三法が変遷すればするほど貸金業への諸規制が厳格化し、かつ一連の最高裁判決により貸金業者に不利な判例が累積した。

　その結果、「貸金専業者」の多くは、稀有の例外を除き、平家物語と同

第2節　貸金業の追随者（貸金兼業者等）　Ⅳ　クレジットカード業への収束

様、悲惨な結末に終わったが、これに反し「貸金兼業者」は、物販と貸金の両者を伴うクレジットカード業に衣替えし、未来に向けた展望を保持し続けている。その概要は、巻末付録資料Ⅲ「クレジットカード会社収束一覧表」のとおりである。

(2)　クレジットカードの利用状況

(a)　クレジットカードは、現在、社会人ばかりか大学生までもが所持し、利用しており、また一般消費者と直接の取引関係をもたざるを得ない企業のほとんどが、その有効な決済手段としてクレジットカードの取扱いを受け入れており、要するにクレジットカードは、一般消費者ばかりか、その取引相手となる企業側にとっても必需品であり、それはいわば「社会生活上のパスポート」と称されても過言ではないという状況になっている。

ちなみに、わが国での発行枚数（平成28年3月末時点）は「2億6600枚」に、またその取扱高（平成27年の1年間）は「49兆8341億円」にまで達している（日本クレジット協会のホームページ）。

(b)　さらに付言すれば、政府は、割賦販売法の改正等、2020年に向けてわが国におけるクレジットカード取引を推進するとともに、その安全性の確立（クレジットカード取引のIC化）も目標に掲げており、クレジットカードは、わが国の政策課題上も、最重要のキーワードとなっている。

(3)　カード取扱高が上位20位内のクレジットカード会社

以下のとおりであるが、①～③（但し、グループ全体）のクレジットカードの取扱高（平成15年度）は金10兆円超、④～⑰（単体）は金1兆円超であるが、⑱以下は金1兆円以下である。なお、前記ⅠからⅢに掲記した会社の経緯は省略してある。

①　㈱ジェーシービー（前記Ⅲ(3)(b)参照）
②　三井住友カード㈱（前記Ⅲ(3)(d)参照）
③　三菱UFJニコス㈱（「日本信販」（前記Ⅰ(3)(a)）参照）
④　㈱クレディセゾン（「緑屋」（前記Ⅱ(3)(a)）参照）
⑤　ユーシーカード㈱（前記Ⅲ(3)(f)参照）
⑥　イオン銀行㈱――「イオンカード」

第1章　貸金業者の栄枯盛衰

1758年（宝暦8年）：岡田屋創業
1926年（大正15年）：㈱岡田屋呉服店設立
1959年（昭和34年）：㈱岡田屋に商号変更
1970年（昭和45年）：ジャスコ㈱に商号変更
1976年（昭和51年）：東証1部上場
1981年（昭和56年）：「日本クレジットサービス㈱」設立・ジャスコカード営業開始
1988年（昭和63年）：VISAと提携
1989年（平成元年）：マスターカード・JCBと提携／グループ名称を「ジャスコ」から「イオン」に変更
2001年（平成13年）：ジャスコ㈱がイオン㈱に商号変更
2013年（平成25年）：日本クレジットサービス㈱がイオンフィナンシャルサービス㈱に商号変更し、㈱イオン銀行とイオンクレジットサービス㈱の持株会社化／「イオン銀行」がイオンカードを発行

⑦　楽天カード㈱――「楽天カード」

2001年（平成13年）：あおぞらカード㈱設立
2004年（平成16年）：楽天クレジット㈱に商号変更
2011年（平成23年）：楽天カード㈱に商号変更

⑧　トヨタファイナンス㈱――「ティーエスキュービックカード」

1937年（昭和12年）：トヨタ自動車工業㈱設立
1937年（昭和12年）：トヨタ自動車販売㈱設立
1982年（昭和57年）：工業と販売が合併・トヨタ自動車㈱発足
1988年（昭和63年）：「トヨタファイナンス㈱」設立
2001年（平成13年）：クレジットカード事業開始・TS CUBICカード発行
2011年（平成23年）：クレジットカードの有効会員数1000万人突破

⑨　㈱JALカード

1984年（昭和59年）：会社設立

⑩　㈱セディナ（「丸興」（前記Ⅱ(3)(c)参照））

第２節　貸金業の追随者（貸金兼業者等）　Ⅳ　クレジットカード業への収束

⑪　㈱オリエントコーポレーション（前記Ⅰ(3)(e)参照）
⑫　㈱ビューカード
2009年（平成21年）：会社設立
⑬　㈱セブン・カードサービス――「セブンカード」
1920年（大正9年）：合資会社羊華堂開業
1958年（昭和33年）：㈱ヨーカ堂に組織・商号変更
1965年（昭和40年）：㈱伊藤ヨーカ堂に商号変更
1971年（昭和46年）：㈱イトーヨーカ堂が㈱伊藤ヨーカ堂を吸収合併
1973年（昭和48年）：東証1部上場
2001年（平成13年）：「㈱アイワイ・カード・サービス」設立
2002年（平成14年）：JCBと提携・アイワイカード発行
2006年（平成18年）：持株会社㈱セブン＆アイ・ホールディングス設立
2010年（平成22年）：㈱セブンカードサービスに商号変更
2011年（平成23年）：セブンカード発行開始
⑭　㈱エポスカード
2004年（平成16年）：㈱マルイカード設立
2006年（平成18年）：㈱エポスカードに商号変更
2007年（平成19年）：旧丸井（前記Ⅱ(3)(b)参照）から事業承継
2014年（平成26年）：㈱ゼロファーストを合併
⑮　㈱ジャックス――「北日本信用販売」（前記Ⅰ(3)(b)参照）
⑯　出光クレジット㈱
1986年（昭和61年）：会社設立
⑰　㈱エムアイカード
1673年（延宝元年）：［三越］呉服店越後屋創業
1886年（明治19年）：［伊勢丹］伊勢屋丹治呉服店創業
1904年（明治37年）：［三越］㈱三越呉服店設立
1928年（昭和3年）：［三越］㈱三越に商号変更
1930年（昭和5年）：［伊勢丹］㈱伊勢丹設立
1987年（昭和62年）：［伊勢丹］伊勢丹アイカード発行

1988年（昭和63年）：「㈱伊勢丹ファイナンス」設立・アイカードの事務請負
1989年（平成元年）：キャッシング業務を開始
1990年（平成2年）：割賦購入あっせん業務を開始
1993年（平成5年）：アイカードの自社発行開始
1999年（平成11年）：㈱伊勢丹アイカードに商号変更
2008年（平成20年）：［三越・伊勢丹］㈱三越伊勢丹ホールディングス設立
2009年（平成21年）：「㈱エムアイカード」に商号変更
2011年（平成23年）：［三越］が［伊勢丹］を合併
⑱　高島屋クレジット㈱──「タカシマヤカード」
1831年（天保2年）：高島屋創業
1909年（明治42年）：高島屋飯田合名会社設立
1919年（大正8年）：㈱高島屋呉服店に組織変更
1930年（昭和5年）：㈱高島屋に商号変更
1949年（昭和24年）：東証1部上場
1986年（昭和61年）：「高島屋クレジット㈱」設立
1996年（平成8年）：JCBとVISAと提携した「タカシマヤカード」発行
1997年（平成9年）：キャッシングの利率を26.5％から18％に変更
⑲　㈱UCS
1991年（平成3年）：「㈱ユニーカードサービス」設立
2004年（平成16年）：㈱ユニーサービスと㈱ユーシーエスサービスと合併→㈱UCSに商号変更
⑳　㈱アプラス（「大信販」（後記第2章Ⅰ(3)(c)参照））

第3節　貸金業の新規参入者──銀行

Ⅰ　銀行と貸金業者（業種の別異性）に対する法規制の峻別

(1)　「銀行（金融機関）」に対する法規制

第3節　貸金業の新規参入者——銀行　　Ⅰ　銀行と貸金業者（業種の別異性）に対する法規制の峻別

　わが国の銀行は、明治政府の喫緊の課題である国家財政の立て直しと殖産興業を主眼に設立されたものであり、その後永らくわが国経済の基本的かつ主要な経済分野として機能し続けてきたが、その法規制を歴史的に見ると、次のとおりである。
　①　「国立銀行条例」（明治5年11月15日公布）——28ヵ条
　②　「銀行条例」（明治23年8月25日公布）——11ヵ条
　③　旧「銀行法」（昭和2年3月30日公布）——37ヵ条
　その附則により、上記②が廃止。
　④　「臨時金利調整法」（昭和22年12月13日公布）
　銀行を代表とする「金融機関」の「金利の最高限度」を規制。
　⑤　新「銀行法」（昭和56年6月1日公布／昭和57年4月1日施行）
　上記③を全面改正し、その後も若干の改正を続けながら、現在に至るまで銀行及び銀行業を規制してきた。
(2)　**貸金業者に対する法規制**
　歴史的な経緯は、次のとおりである。
　①　旧「利息制限法」（明治10年9月11日公布）
　②　「貸金業等の取締に関する法律」（昭和24年5月31日公布）
　「庶民金融協会」への加入が任意で、実効性を欠いていたこと、「保全経済会事件」に適用されない法的欠陥があったこと等を根拠に、下記④の出資法へのバトン・タッチが不可避となった。
　なお、同法2条1項2号は、次のとおり、「金融機関（銀行等）」を「貸金業」から除外している。

> 「金融機関（銀行等）その他その業を行うにつき他の法律に特別の規定のある者の行うもの」は、「貸金業」から「除く。」

　③　新「利息制限法」（昭和29年5月15日公布）
　その後、平成11年と18年に大改正。
　④　「出資の受入れ、預り金及び金利等の取締りに関する法律」（＝以下「出資法」という）（昭和29年6月23日公布）

社会経済状況の変化に応じて、昭和58年、平成11年、15年及び18年に、それぞれ大改正された。

なお、同法7条1項が、次のとおり、「金融機関（銀行等）」を「貸金業」から除外している。

> 「その業を行うにつき他の法律に特別の規定のある者」、すなわち金融機関（銀行等）「の行うもの」は、「業としての金銭の貸付又は金銭の貸借の媒介」たる「貸金業」から「除く。」

⑤ 「貸金業規制法」（現在は「貸金業法」）（昭和58年5月13日公布）

平成11年、15年及び18年（法の「名称」も変更）に、社会経済状況の変化に応じて、それぞれ大改正された。

なお、同法2条1項2号が、次のとおり、「金融機関（銀行等）」を「貸金業」から除外している。

> 「貸付けを業として行うにつき他の法律に特別の規定のある者」、すなわち金融機関（銀行等）「が行うもの」は、「金銭の貸付け又は金銭の貸借の媒介」たる「貸金業」から「除く。」

(3) 業種の別

要するに、銀行業と貸金業とは、業種が異なるという基本的認識が根底にある。

ちなみに、保険業と金融商品取引業も、それぞれ各業法に基づき内閣総理大臣の「免許」（保険業法3条）ないし「登録」（金融商品取引法29条）が必要とされ、それらは勿論、銀行業とは異なる業種として識別されている。

II 従前の貸金業（消費者金融）の担い手

既に明治時代に旧「利息制限法」が制定されていたが、戦前ないし戦後の庶民金融は、もっぱら「質屋（業）」が行っており、貸金業（者）は、一般的な日常用語である「金貸し」ないし「高利貸し」と呼ばれて蔑視され、極め

てマイナーな業種にすぎなかった。

　しかしながら、昭和30年代に入り、「消費は美徳」という世間一般の意識改革等に基づき、「団地金融」、「サラリーマン金融」、「消費者金融」、「クレジット」、「ローン」等のイメチェンした名称の使用により、従前の「金貸し・高利貸し」というイメージが薄められ、貸金業（消費者金融）が急速に発展し、さらにその後、信販会社のほか、月賦百貨店等の物販会社やクレジットカード会社が参入してきたこともあり、銀行その他の金融機関に匹敵する規模の新規産業分野（東証１部上場・経団連会員・テレビ広告等）にまで成長した。

　しかるに、「サラ金問題」や「商工ローン問題」として継続的かつ永続的にマスコミから批判を浴びせられ、司法からは目の敵（過払金返還最高裁判決）にされたが、立法・行政分野からは何ら有効な支援を受けられず、「ヤミ金融問題」を抱えたまま、新たな産業分野として確固たる地位を築くことなく終わってしまった。

Ⅲ　銀行の貸金業（消費者金融）への進出

　前記Ⅰから明らかなとおり、銀行（金融機関）に対する法規制と貸金業（者）に対する法規制はまったく別内容のものであり、また両者は、その歴史的経緯としてもまったくの別業種として峻別されてきたにもかかわらず、銀行は、次のとおり、当初は徐々に、そして最近は極めて積極果敢に、かねて内心蔑視していた貸金業に進出してきた。

⑴　当初の個人ローン

⒜　1961年（昭和36年）に都市銀行の個人ローンが開始されたが、車や電化製品といった高級消費財の購入ローンや住宅ローンといった貸付けだけであり、「一般消費者を対象とした小口・無担保・無保証・即時融資」という消費者金融とは、その実態を異にしていた。

⒝　1978年（昭和53年）６月に大蔵省が実質的に「普通預金貸越」を容認した新型のカードローンを認可したため、同年８月以降、都市銀行が消費者

金融に本格的に参入してきたが、この場合でも、貸付対象者はいわゆる「一般庶民」ではなく、一流企業に勤務するエリートサラリーマンだけであり、サラ金業者が貸付対象とした「サブプライム層」は問題外で、いわゆる庶民金融とは実体を異にしていた。

(2) クレジットカード会社のキャッシング

前記第２節Ⅲに述べたとおり、都市銀行によるカード発行は当初、認められなかったため、昭和40年代に都市銀行の子会社としてのいわゆる「銀行系クレジットカード会社」が設立され、当該カード会社のキャッシング業務として、消費者金融への参入が行われてきた。

(3) 貸金業者との共同参加

(a) 1981年（昭和56年）に制定（施行は翌57年）された改正「銀行法」により、従前は銀行の「周辺業務」と考えられていた「クレジットカード業務」が銀行本業の「附随業務」として認められた。

(b) このため、1983年（昭和58年）に地方銀行がキャッシュカードの機能を有するクレジットカードを発行し、消費者金融業務に進出したが、大手都市銀行（メガバンク）は、次のとおり、大手サラ業者と合弁会社を設立し、消費者金融に参入してきた。

　2000年（平成12年）５月：三和銀行とプロミス――「モビット」
　　　　　　　　　　　　６月：三井住友銀行と三洋信販――「アットローン」
　2001年（平成13年）８月：三菱東京銀行とアコム――「DCキャッシュワン」

(4) 貸金業者の支配

後記Ⅳ(2)のとおり、かつては消費者金融の大手であった「アコム㈱」と「プロミス㈱」（SMBCコンシューマーファイナンスに商号変更）は、現在、それぞれ三菱UFJフィナンシャルグループ（MUFG）と三井住友フィナンシャルグループ（SMFG）の子会社となり、その支配下に置かれている。

(5) 銀行のカードローンによる直接進出

(a) 貸金業に対しては、後記第２章第５節Ⅲに述べるとおり、貸金業法に基づく次の法規制がなされている。

① 総量規制（同法13条の2）――収入の3分の1以下
② 年収証明（同法13条）――金50万円以上の貸付の源泉徴収票等の徴取
③ TV広告（CM）等の規制（同法16条）
④ 義務的自主規制（同法32条）

(b) しかしながら、貸金業者ではない銀行に対しては、上記(a)の貸金業法に基づく法規制が一切及んでいない。その根拠は、それ自体極めて重大なことであるが、社会的に蔑視されてきた貸金業に対しては常に「性悪説」に基づく判断が下されながら、世間的には優等生とみなされてきた銀行業に対しては遍く「性善説」が適用され、対処されてきた。しかるに、銀行のカードローンの実質（実態）は、貸金業（消費者金融）の貸金と「同一」であり、銀行といえども利益追求を求める私企業に他ならない以上、特別待遇する必要性は皆無なはずである。

(c) 上記(a)・(b)の結果、銀行の「カードローン」（＝無担保による個人相手の融資）の貸付残高は増大し続け、日銀の調査によれば、2016年度末の時点で「金5兆6024億円」にまで到達している。ちなみに、貸金業者の残高は、銀行以下の約4兆円にとどまっている。

Ⅳ 都市銀行と中小・地方銀行

(1) 銀行協会
平成29年4月1日現在、次の3団体が存在している。
(a) （一社）全国銀行協会
正会員120行。
　＊ 下記(b)・(c)（合計105）を控除した15行は、3メガバンク、りそな・埼玉りそな、信託銀行、農林中央金庫、その他である。
(b) （一社）全国地方銀行協会
上記(a)の会員の64行が会員。
(c) （一社）第二地方銀行協会
上記(a)の会員の41行が会員。

第1章　貸金業者の栄枯盛衰

　＊　（社）全国無尽協会→（社）全国相互銀行協会が平成元年に改称

(2)　金融庁の監督指針

(a)　金融庁は、前記(1)の全銀行とその他の金融機関を、「主要行等」と「中小・地域金融機関」に2大別し、それぞれに対する次の監督指針（行政部内の職員向けの手引書）を明示している。

　(イ)　「主要行等向けの総合的な監督指針」（平成17年10月28日策定）

　(ロ)　「中小・地域金融機関向けの総合的な監督指針」（平成16年5月31日策定）

(b)　主要行等と中小・地域金融機関とは、不明確な点も残されているが、上記(a)の監督指針の注書によれば、次のとおりとなる。

　(イ)　主要行等

　　(i)　「主要行」——3メガバンク・りそな・3メガバンク系の信託銀行

　　(ii)　「等」——新生・あおぞら・シティバンク・ゆうちょ

　(ロ)　中小・地域金融機関

　　(i)　前記(1)(b)・(c)の2つの地方銀行協会の会員銀行

　　(ii)　信用金庫・信用組合

(3)　3メガバンク

(a)　合従連衡の流れ

(イ)　㈱三菱東京UFJ銀行

1919年（大正8年）：「㈱三菱銀行」設立

1943年（昭和18年）：第百銀行と合併

1948年（昭和23年）：千代田銀行と改称

1953年（昭和28年）：三菱銀行と改称

1996年（平成8年）：「東京銀行」（1946年設立）と合併→東京三菱銀行に商号変更

2002年（平成14年）：「三和銀行」（1933年の鴻池銀行ほか2行の合併／商号変更）と「東海銀行」（1941年の名古屋銀行ほか2行の合併／商号変更）の合併→「㈱UFJ銀行」

2006年（平成18年）：UFJ銀行と合併→現在の商号に変更

(ロ)　㈱三井住友銀行

第3節　貸金業の新規参入者——銀行　　Ⅳ　都市銀行と中小・地方銀行

1912年（大正元年）：「㈱住友銀行」設立（創業は1895年）
1948年（昭和23年）：大阪銀行と改称
1952年（昭和27年）：住友銀行と改称
2001年（平成13年）：「さくら銀行」と合併→現在の商号に変更
　　＊「㈱さくら銀行」誕生の経緯は、次のとおり。
　　　　1973年：「神戸銀行」（1936年設立）と「太陽銀行」（1968年相互銀行から商号変更）が合併→「㈱太陽神戸銀行」
　　　　1990年：「㈱三井銀行」（1909年設立・1876年創業）と太陽神戸銀行が合併→「㈱太陽神戸三井銀行」
　　　　1992年：太陽神戸三井が「さくら銀行」に商号変更

㈎　㈱みずほ銀行
1971年（昭和46年）：「第一銀行」（1873年設立の第一国立銀行1896年改称）と「日本勧業銀行」（1867年設立）が合併→「㈱第一勧業銀行」
2002年（平成14年）：次の三行が合併／同時に会社分割し、「みずほ銀行」と「みずほコーポレート銀行」の2行が誕生
　　　　　　　　①第一勧業銀行
　　　　　　　　②富士銀行（合本安田銀行（1880年設立）が1923年に安田銀行・1948年に富士銀行に商号変更）
　　　　　　　　③日本興業銀行（1902年設立）
2013年（平成25年）：みずほ銀行とみずほコーポレート銀行が合併→現在の商号に変更

(b)　グループ構成
㈵　持株会社「㈱三菱UFJフィナンシャル・グループ」（MUFG）の下に、
　　・「㈱三菱UFJ銀行」、
　　・クレジットカードの「三菱UFJニコス㈱」、
　　・消費者金融の「アコム㈱」、
が、それぞれ帰属している。
㈻　持株会社「㈱三井住友フィナンシャルグループ」（SMFG）の下に、
　　・「㈱三井住友銀行」、

・「㈱SMFGカード＆クレジット」（中間持株会社）と、その下のクレジットカードの「三井住友カード㈱」と「㈱セディナ」、

・消費者金融の「SMBCコンシューマーファイナンス㈱」（旧「プロミス」）

が、それぞれ帰属している。

(ハ)　持株会社「㈱みずほフィナンシャルグループ」の下に、

・「㈱みずほ銀行」が帰属しているが、

・クレジットカード会社等の「UCカード・クレディセゾン・オリエントコーポレーション」との関係は、現在、流動的である。

◆

第 2 章

貸金規制の変遷

第1節　旧「利息制限法」等による規制
（戦前・戦後〜昭和28年）

　昭和29年（1954年）に「利息制限法」と「出資法」が制定され、「利息制限法の上限利率を超え（＝民事無効）、かつ出資法の上限利率は超え（＝刑事罰対象）ない金利」（以下「グレーゾーン刑罰金利」という）が生じたが、本節の対象は、それ以前の時代の規制である。

　この当時の庶民相手の貸金業（いわゆる「庶民金融」）の主体は、もっぱら「質屋」であり、後記第2節以降で問題となる「消費者金融」（いわゆる「サラ金」）は未だ誕生しておらず、わずかに存在していた貸金業者にしても、「金貸し・高利貸し」という侮蔑的な表現を用いられた地方的な個人・零細業者にすぎなかった。

I　貸金業者の規制

(1)　旧「利息制限法」（明治10年（1877年）9月11日太政官布告第66号）
(a)　規制内容は、次のとおりであった。
(イ)　第1条
「金銀貸借上ノ利息」を「契約上ノ利息」と「法律上ノ利息」に区分け。
(ロ)　第2条
　(i)　「契約上ノ利息トハ人民相互ノ契約ヲ以テ定メ得ヘキ所ノ利息」とし、その年利は、「元金」に応じ、次のとおりであった。
　　①　「百円以下」は「100分ノ20（2割）」以下
　　②　「百円以上千円以下」は「100分ノ15（1割5分）」以下
　　③　「千円以上」は「100分ノ12（1割2分）」以下
　(ii)　上記(i)の制限を「超過スル分ハ裁判上無効ノモノトシ各其制限ニマテ引直サシムヘシ」と規定。
(ハ)　第3条

「法律上ノ利息トハ人民相互ノ契約ヲ以テ利息ノ高ヲ定メサルトキ裁判所ヨリ言渡ス所ノ者」と規定。

(b) 大審院判決

(イ) 大審院は、旧「利息制限法」の前記(a)(ロ)(ii)の「裁判上無効・制限までの引直し」という文言の意味内容につき、次のとおり解釈(判示)していた。

 (i) 債権者(貸金業者)が、超過利息分を、裁判により請求し、債務者(借主)に「支払わせる」ことはできない。

 (ii) 債務者が、超過利息分(過払金)を債権者に任意に支払ったときは、その「返還を請求する」ことはできない。

(ロ) しかしながら、元本が残存している場合に、支払った超過利息分(過払金)を「元本に充当する」ことができるかどうかについては、大審院の判決例では明白ではなかった。

(c) 廃　　止

旧「利息制限法」は、その規制対象(基準となる「百円・千円」という元金額)が社会経済状況と乖離し、その有効性が皆無となったため、昭和29年(1954年)制定の新「利息制限法」に取って代わられ、同法附則により廃止された。

(2) 「貸金業等の取締に関する法律」(昭和24年(1994年)5月31日公布／以下「取締法」という)

(a) 取締法は、戦後の急激なインフレ時の高金利対策として、銀行その他の金融機関の金利を規制する「臨時金利調整法」に引き続き制定されたものであるが、その主な規制内容は、次のとおりであった。

(イ) 貸金業者の大蔵大臣への事前届出義務(3条・4条)。

(ロ) 貸金業者(＝届出受理者)以外の者の貸金業の禁止・罰則(2条3項・5条・18条1号)。

(ハ) 貸金業者の「預り金」(＝「不特定多数の者からの金銭の受入で預金、貯金、掛金その他、何らかの名義をもってするを問わず、これらと同様の経済的性質を有するもの」)の禁止(7条)。

(ニ) 臨時金利調整法の金利の最高限度の規定等の貸金業者の貸金の利率等への準用(8条)。

(ホ) 大蔵大臣の検査権、業務停止命令等（11条・13条）。

(b) しかしながら、取締法は、単なる「届出制」であったため実効性を欠き、また7条の「預り金の禁止」規定が「貸金業者」に限定され、「保全経済会事件」には適用できない構成であったことなどから、昭和29年（1954年）制定の「出資法」（＝違反主体を「何人も」に拡大）に取って代わられ、同法附則により廃止された。

II 金融機関（普通銀行）の規制

(1) 「銀行条例」（明治23年（1890年）8月25日公布／11ヵ条）
(a) この条例は、「国立銀行条例」（明治5年11月15日太政官布告）と「日本銀行条例」（明治15年）に引き続き、明治23年に制定（施行は明治26年7月1日）された。

これにより初めて、銀行券の発券機能を保持しない「商業銀行ないし普通銀行」の設立が認められるようになったが、「銀行」の定義等について、次のとおり定められていた。

(イ) 第1条
「公けに開きたる店舗において、営業として証券の割引をなし、又は為替事業をなし、又は諸預り及び貸付を併せなす者は、いかなる名称を用いるにかかわらず総て銀行とする」。

(ロ) 第2条
「銀行の事業を営もうとする者」は、「大蔵大臣の認可を受けなければならない」。

(ハ) 第11条
「この条例は日本銀行、横浜正金銀行、国立銀行には適用しない」。

(b) 銀行条例に基づき、多数の普通銀行が設立されたが、その多くが弱小零細企業で、その実質は街の貸金業に近いものであり、不況の際には休業や倒産に追い込まれる例が少なくなかったため、昭和2年（1927年）に銀行に対する信用の回復を企図して旧「銀行法」が制定され、その附則により銀行

条例は廃止された。

(2) 旧「銀行法」(昭和2年 (1927年) 3月30日公布／37ヵ条)

(a) 不況時の倒産による銀行の信用喪失を回復するため、昭和2年 (1927年) に「銀行法」が制定 (施行は昭和3年1月1日) されたが、その規制内容は、次のとおりであった。

(イ) 銀行法上の「銀行」は、次の①～③の業務のいずれかを営む者とされ (1条1項・2項)、銀行条例とは異なり、受信行為だけ (③のみ) を行う者も銀行に含まれることとなった。

① 「預金の受入と金銭の貸付又は手形の割引とを併せ為すこと」
② 「為替取引を為すこと」
③ 「営業として預金の受入を為す者」

(ロ) 「主務大臣の免許」が必要であり (2条)、かつ主務大臣の監督下に置かれた (20条～24条)。

(ハ) 銀行の倒産を防止するため、最低資本金 (東京と大阪が200万円・その他が100万円) が採用され (3条)、「付随業務」を除き「兼業を禁止」され (5条)、「固有業務」への専念義務が負わされた。

(b) 旧「銀行法」は、社会経済状況の変化に対応すべく、昭和56年 (1981年) の新「銀行法」により、全面改正された。

(3) 「臨時金利調整法」(昭和22年 (1947年) 12月13日公布／12ヵ条)

(a) 「大蔵大臣」が、「日本銀行政策委員会をして、金融機関の金利の最高限度を定めさせることができる」こととなったが (2条1項)、そこでいう「金融機関」とは、「貯金の受入又は資金の融通を業とする」銀行等のことである (1条1項)。

(b) 金融機関の筆頭となる「普通銀行」は、戦前から各種金利につき共同行為 (カルテル) をしていたところ、日本を代表する「㈱帝国銀行他27社の都市銀行」は、昭和22年 (1947年) 12月22日に、公正取引委員会の同意審決により、排除命令を受けた。違反事実は、「貸出金利の最高率及び定期預金等の預金利率」につき各銀行が「協定」(カルテル) し、独占禁止法3条・4条に違反したものであるが、上記審決は、わが国の「独占禁止法違反事件」

における「名誉（？）ある第１号審決」に他ならない。

ちなみに、昭和22年の「臨時金利調整法」は、都市銀行間の金利等についてのカルテル行為への有効なバリアとして急遽、考案された法律である。

第２節 「利息制限法」と「出資法」による規制
（昭和29年〜昭和57年）

・「グレーゾーン刑罰金利」の上限——年109.5%

昭和30年代から40年代は、第１章第１節Ⅰに述べたとおり、消費者金融（いわゆる「サラ金」）が誕生し、急激な成長を遂げた時期であったが、多くのサラ金業者は、その時期、「グレーゾーン刑罰金利の上限109.5%」に近い高率での貸金業務を行っていた。

昭和40年代後半から50年代にかけて「サラ金問題」が大きな社会問題になってきたため、幾度となく議員立法等が試みられたものの、昭和58年（1983年）の「貸金業規制法」の制定に至るまで、悉く不成功に終わっていた。

念のため付言すれば、この当時、消費者金融に従事していたのは貸金専業者のサラ金業者に限られており、繁栄しつつあった信販会社や月賦百貨店等の他業種の消費者金融への参入は、この時期の末頃からのことである。

Ⅰ 貸金業者の規制

(1) 新「利息制限法」の制定（昭和29年（1954年）５月15日公布／以下「新利限法」という）

(a) 新利限法は、終戦直後の極端なインフレに並行して、現在のヤミ金融並みの超高金利が生じたため、既に時代遅れとなった明治時代の旧「利息制限法」（前記第１節Ⅰ(1)）を社会経済状況に適合させるため制定されたが、制定当時の条文は、平成18年（2006年）大改正後の現在のものとは大幅に異なり、わずか下記の「４ヵ条」だけであった。

第2章　貸金規制の変遷

> （利息の最高限）
> 第1条　金銭を目的とする消費貸借上の利息の契約は、その利息が左の利率により計算した金額をこえるときは、その超過部分につき無効とする。
> 　　元本が10万円未満の場合　　　　　　　年2割
> 　　元本が10万円以上100万円未満の場合　年1割8分
> 　　元本が100万円以上の場合　　　　　　年1割5分
> ②　債務者は、前項の超過部分を任意に支払ったときは、同項の規定にかかわらず、その返還を請求することができない。
>
> （利息の天引）
> 第2条　利息を天引した場合において、天引額が債務者の受領額を元本として前条第1項に規定する利率により計算した金額をこえるときは、その超過部分は、元本の支払に充てたものとみなす。
>
> （みなし利息）
> 第3条　前2条の規定の適用については、金銭を目的とする消費貸借に関し債権者の受ける元本以外の金銭は、礼金、割引金、手数料、調査料その他何らの名義をもってするを問わず、利息とみなす。但し、契約の締結及び債務の弁済の費用は、この限りでない。
>
> （賠償額予定の制限）
> 第4条　金銭を目的とする消費貸借上の債務の不履行による賠償額の予定は、その賠償額の元本に対する割合が第1条第1項に規定する率の2倍をこえるときは、その超過部分につき無効とする。
> ②　第1条第2項の規定は、債務者が前項の超過部分を任意に支払った場合に準用する。
> ③　前2項の規定の適用については、違約金は、賠償額の予定とみなす。

（b）　新利限法で重要な論点は、1条1項本文の「無効とする。」及び同条2項の「返還を請求することができない。」という文言の解釈論であったが、「判例法」に基づき実質的な「法改正」を行ってきた最高裁判決の流れには、後記第3章第1節Ⅰ・Ⅱに詳述されている。

（2）　**出資法の制定**（昭和29年（1954年）6月23日公布）

（a）　制定理由

昭和20年代前半の激しいインフレの渦中で、悪質な貸金業者（ヤミ金融）

第2節 「利息制限法」と「出資法」による規制(昭和29年〜昭和57年)　I　貸金業者の規制

や各種利殖商法が跋扈していたにもかかわらず、上限金利に対する実効性のある法規制は、何ら存在していなかった。

また、前記第1節 I (2)に指摘したとおり、昭和24年(1949年)制定の「貸金業等の取締に関する法律」は、単に「貸金業者の預り金」だけを禁止していたため、当時大事件となった利殖商法の「保全経済会事件」に対し、まったく無力であった。

このため、禁止行為の主体を「何人も」に拡大し、「出資金の受入の制限」と「預り金の禁止」及び「金融機関の役職員による浮貸し等の禁止」を主要な規制点とする9か条からなる「出資法」の制定が不可欠となった。

(b) 貸金業に関する条項

下記のとおりであるが、その要点は、「日歩30銭」(年109.5％)を超える高金利の貸付けが「3年以下の懲役・30万円以下の罰金」の対象となったこと、及び「貸金業を行う者」(貸金業者)に「大蔵大臣(都道府県知事)への届出義務」を課したことである。

> (高金利の処罰)
> 第5条　金銭の貸付を行う者が、100円につき1日30銭をこえる割合による利息(債務の不履行について予定される賠償額を含む。以下同じ。)の契約をし、又はこれをこえる割合による利息を受領したときは、3年以下の懲役若しくは30万円以下の罰金に処し、又はこれを併科する。
> ②　前項の規定の適用については、貸付の期間が15日未満であるときは、これを15日として利息を計算するものとする。
> ③　第1項の規定の適用については、利息を天引する方法による金銭の貸付にあっては、その交付額を元本額として利息を計算するものとする。
> ④　1年分に満たない利息を元本に組み入れる契約がある場合においては、元利金のうち当初の元本をこえる金額を利息とみなして第1項の規定を適用する。
> ⑤　金銭の貸付を行う者がその貸付に関し受ける金銭は、礼金、割引料、手数料、調査料その他何らの名義をもってするを問わず、利息とみなして第1項の規定を適用する。
> (貸金業の届出)

第7条　業としての金銭の貸付又は金銭の貸借の媒介（その業を行うにつき他の法律に特別の規定のある者の行うもの並びに物品の売買、運送、保管及び売買の媒介を業とする者がその取引に附随して行うものを除く。以下「貸金業」という。）を行う者は、その業を開始したときは、遅滞なく、政令で定める事項を記載した書面を添えて、その旨を大蔵大臣に届け出なければならない。届け出た事項に変更があったときも、その変更があった部分について、また同様とする。

②　貸金業を行う者は、左の各号の一に該当するときは、遅滞なく、政令で定めるところにより、その旨を大蔵大臣に届け出なければならない。
一　貸金業を3月以上の期間にわたって休止するとき
二　貸金業を3月以上の期間にわたって休止した後貸金業を再開したとき
三　貸金業を廃止したとき

（金銭の貸付等とみなす場合）
第9条　第2条第3項及び第3条から第7条までの規定の適用については、手形の割引、売渡担保その他これらに類する方法によってする金銭の交付又は授受は、金銭の貸付又は金銭の貸借とみなす。

（権限の委任）
第10条　大蔵大臣は、政令で定めるところにより、この法律の規定に基く権限の全部又は一部を都道府県知事に委任することができる。

（その他の罰則）
第11条　左の各号の一に該当する者は、3年以下の懲役若しくは30万円以下の罰金に処し、又はこれを併科する。
一　第1条、第2条第1項、第3条又は第4条第1項の規定に違反した者
二　何らの名義をもってするを問わず、また、いかなる方法をもってするを問わず、第1条、第2条第1項、第3条、第4条第1項又は第5条第1項の規定に係る禁止を免かれる行為をした者

②　前項の規定中第1条及び第3条に係る部分は、刑法（明治40年法律第45号）に正条がある場合には、適用しない。

第12条　左の各号の一に該当する者は、3万円以下の罰金に処する。
一　第7条の規定による届出を怠り、又は虚偽の届出をした者
二　第8条第1項の規定による報告をせず、若しくは虚偽の報告をし、又は同項の規定による調査を拒み、妨げ、若しくは忌避した者

第2節 「利息制限法」と「出資法」による規制(昭和29年～昭和57年)　Ⅰ　貸金業者の規制

(c)　上記(b)の改正

「第5条1項」は、昭和45年（1970年）4月1日公布・施行の「利率等の表示の年利建て移行に関する法律」の第9条により、次のとおり変更された。

> 第5条　金銭の貸付を行う者が、年109.5パーセント（2月29日を含む1年については年109.8パーセントとし、1日当たりについては0.3パーセントとする。）をこえる割合による利息（債務の不履行について予定される賠償額を含む。以下同じ。）の契約をし、又はこれをこえる割合による利息を受領したときは、3年以下の懲役若しくは30万円以下の罰金に処し、又はこれを併科する。

(d)　前記(b)の補足説明

(イ)　「刑事罰規定の利率」と前記(1)の「新利限法の民事上無効の利率」との乖離に基づき、いわゆる「グレーゾーン刑罰金利」が発生することとなった。

(ロ)　「貸金業」については、「業としての金銭の貸付又は金銭の貸借の媒介を行う」ことと定義（7条1項前半）されたが、これがそのまま、昭和58年（1983年）制定の「貸金業規制法」（2条1項）に受け継がれた。

(ハ)　「貸金業等の取締に関する法律」（前記第1節Ⅰ(2)）は、「出資法」の附則により廃止された。

(3)　「**貸金業者の自主規制の助長に関する法律**」（昭和47年6月24日公布）

(a)　要点は、次のとおりである。

(イ)　「貸金業」の定義（2条、出資法（旧）7条1項前段）
・「業としての金銭の貸付又は金銭の貸借の媒介」
・「他の法律に特別の規定のある者の行うもの」、具体的には、銀行その他の金融機関が行う融資は、「除く」。

(ロ)　「都道府県ごとに一個」の「庶民金融業協会」と「全国を単位と」した「全国庶民金融業協会連合会」の「設立」（3条・12条）。

(ハ)　「都道府県知事」の庶民金融業協会に対する次の「監督権」。
・報告又は資料提出の要求（9条、罰則20条）
・指導、助言又は勧告（10条）

第2章　貸金規制の変遷

・監督命令（11条、罰則22条）
・業務停止命令（14条、罰則17条）

(二)　「貸金業を行なうについて庶民金融業者の名称を使用」できるのは、「協会に入会している者」に限り、「入会していない者」は、当該「名称又はこれに類似する名称を使用」できない（13条、罰則18条）。

(b)　廃　　止

業界規制措置として創出された「庶民金融業協会」は、会員参加が任意であり、その加入率が極めて悪かったこともあり、上記(a)の規制は実際に機能しないまま終わり、昭和58年（1983年）制定の「貸金業規制法」の附則により廃止された。

Ⅱ　信販業者の規制

(1)　「割賦販売法」の制定（昭和36年（1961年）7月1日）

昭和30年代以降、わが国で割賦販売、すなわち信用販売が急速に発展し、割賦販売による消費の誘発、さらには消費者に不利な条件による割賦販売の横行などが問題となっていた。そこで、悪質業者の排除及び割賦販売条件の比較・選択を容易ならしめることを主眼に、割賦販売法が制定され、「割賦販売」及び「割賦購入あっせん」（現在の「包括信用購入あっせん」）への規制が加えられた。

前者については、割賦販売価格の明示、契約書面の作成、契約解除及びその際の損害賠償額の制限等、現在の割賦販売制度の基本的骨組みを明確にしたことに加え、割賦販売の一種である「前払式割賦販売」については登録制が導入された。

これに対し、後者の割賦購入あっせんについては、登録制が採用された以外、対消費者の規制は特に定められなかった。

(2)　昭和43年の法改正（昭和43年（1968年）5月29日）

信用販売の利用は、割賦販売法の制定以降も拡大していったが、特に前払式割賦販売の拡大がめざましかった。反面、業者の倒産等も増え、前払金の

返還も商品の引渡しもできないなどの消費者トラブルも増大していったため、これらの問題に対応すべく、割賦販売法が改正された。

　割賦販売自体に関する規制には特に変更は加えられなかったが、前払式割賦販売については、登録制から許可制への変更による販売業者の営業資格要件の強化、営業保証金の供託義務の強化による前払金の確実な保全の点が改正された。さらに、業者に対しては、帳簿の作成・保存義務が課されるとともに、通産大臣による業者の財産状況・業務運営に対する改善命令が新設された。

　また、前払式割賦販売が許可制に移行したのに伴い、割賦購入あっせんについては、許可制に移行しなかったものの、登録拒否事由や登録取消制度の新設等、登録制度がより厳格なものとされた。

(3)　**昭和47年の法改正**（昭和47年（1972年）6月16日）

　前回の改正後も、信用販売を原因とする消費者トラブルが後を絶たず、また、「クレジットカード」が普及するなど、信用販売の新たな形態が生じていた。

　そこで、割賦販売法が再度改正され、これまでは行政法規として取引秩序の維持を主目的としていたのに対し、消費者保護法としての性格を併せ持つようになった。このため、かなり大幅な改正がなされ、規制対象を「ローン提携販売」及び「前払式特定取引」に拡大するとともに、クレジットカードも割賦購入あっせんに含まれることが明確にされ、さらに割賦販売についてもクーリング・オフ制度を導入し、販売条件の表示、事前書面の交付等条件の開示についての規制が強化された。

　なお、この改正までは、割賦購入あっせんとは、現在の「包括信用購入あっせん」のみを指しており、「個別信用購入あっせん」（いわゆる「個別クレジット」）が規制対象に含まれるのは、昭和59年（1984年）の次の法改正によるものであった。

第 2 章　貸金規制の変遷

Ⅲ　金融機関（銀行）の規制

　わが国の社会経済の実体が激変し、旧銀行法が妥当し得ない状況が顕著化してきたため、これに代わって現行「銀行法」（昭和56年（1981年）6月1日公布／施行は57年4月1日）が制定され、これにより旧「銀行法」が全面的に改正されたが、その骨子は、次のとおりである。

(1)　銀行の「付随業務」の拡張

　従前の「固有業務」を大幅に超え、例示された業務以外の「その他の付随業務」まで認められるようになった。

(2)　銀行の「消費者ローン」（貸金業）への進出

　従前、企業融資に専念していた銀行その他の金融機関は、「一般消費者」という個人部門を無視ないし軽視してきたが、当該分野が銀行にとっても、おいしい利益をもたらす主要なターゲットになってきた。換言すれば、従前、貸金業者の独占市場だった「消費者ローン」（消費者金融）が、没落したサラ金業者に取って代わった銀行が生き残るための超優良市場となってきた。

(3)　今後の課題

　長年にわたる論議や検討に基づき創出されたサラ金業者に対する各種規制を、一体いつ、しかもどのような法形式で銀行等にも適用させていくのか、が極めて重要かつ喫緊の課題であるが、金融当局の態度からすると、その結論が近い将来に明らかとなる可能性は極めて薄い、と思われる。

第3節　「貸金業規制法」と改正「出資法」による規制
（昭和58年～平成11年）

【昭和50年代の「サラ金問題」に対する「サラ金2法」の施行】
・「グレーゾーン刑罰金利」の上限——昭和58年11月1日以降、年73%
　　　　　　　　　　　　　　　　　　昭和61年11月1日以降、年54.75%
　　　　　　　　　　　　　　　　　　平成3年11月1日以降、年40.004%

　昭和50年代に入ると、サラ金業者が躍進し続け、消費者金融市場の構成も、大手6社による寡占化の色合いが濃くなってきたが、それと同時に、「サラ金問題」が大きな社会問題として現れてきた。

　その対策として、幾度となく規制措置の立法化が試みられたが、法制定にまでは至らなかったところ、遂に昭和58年（1983年）に「貸金業規制法」（正式名：貸金業の規制等に関する法律）が成立し、かつこれと併せ、「出資法」に必要な法改正が行われた（いわゆる「サラ金2法」）。

　また、上記法改正直後の昭和58年9月30日に、「サラ金業者に対する銀行融資の自粛」を指示する「大蔵省銀行局長通達」が発せられたため、金融機関によるサラ金業者からの融資回収の動きが急速かつ大幅に行われた。

　上記金融機関の動きは、サラ金業者に大打撃を与え、中堅や準大手のサラ金業者の倒産が引き続いたが、その反面、サラ金大手6社による市場の寡占化はより一層進行した。

I　「貸金業規制法」の制定（昭和58年（1983年）5月13日法律第32号／同年11月1日施行）

(1)　「貸金業」と「貸金業者」の定義（2条）
　(a)　「貸金業」（1項）とは、昭和29年（1954年）制定の出資法第7条をほぼそのまま引き継ぎ、「金銭の貸付け又は金銭の貸借の媒介で業として行うもの」とされたが、「他の法律に特別の規定のある者が行うもの」、具体的に

は、銀行その他の金融機関が行う「融資」は除かれている。

(b) 「貸金業者」(2項)とは、同法第3条「1項の登録を受けて貸金業を営む者」であり、具体的には、いわゆるサラ金業者、商工ローン業者、信販会社、クレジットカード会社など消費者金融を営む事業者に限られる。

念のため付言すれば、銀行は、前記(a)の除外規定に基づき、貸金業規制法の「貸金業者」には該当しない。

(2) **届出制から「登録制」への変更等** (第2章「登録」3条〜12条)

(a) 「貸金業を営もうとする者」に対しては、昭和29年 (1954年) 制定の出資法が採用していた「届出制」に替わり、より厳格な「登録制」が採用された (営業所又は事務所の設置が2以上の都道府県の場合は「大蔵大臣」／前同1つの場合は「都道府県知事」)。

(b) 登録を受けていない者は、貸金業を営むことを禁止され (11条)、また貸金業者の名義貸しも禁止された (12条)。これらに違反したときの罰則は、「3年以下の懲役・300万円以下の罰金」である (47条)。

(3) **業務規制の厳格化** (第3章「業務」13条〜24条)

貸金業者の業務に対し、次のような規制措置が定められた。

① 返済能力を超える過剰貸付けの禁止 (13条)
② 契約締結時の契約書面の交付義務 (17条)
③ 弁済時の受取証書の交付義務 (18条)
④ 業務帳簿の備付け義務 (19条)
⑤ 違法な取立て行為の禁止 (21条)

(4) **「貸金業協会・全国貸金業協会連合会」の設立** (第4章25条〜35条)

貸金業者を会員とする「都道府県の区域ごと」の協会と「全国を単位とし」た連合会の設立が規定された。

これに従い、「庶民金融業協会・全国庶民金融業協会連合会」の設立を規定していた「貸金業の自主規制の助長に関する法律」(昭和47年 (1972年) 6月24日) は、改正法の附則により廃止された。

(5) **監督** (第5章36条〜42条)

「登録を受けた貸金業者」に対する大蔵大臣又は都道府県知事による「業

務の停止、登録の取消し」等の監督につき規定された。

(6) 「みなし弁済」規定の新設（43条）

(a) 前記(1)～(5)の規制強化の半面、利息制限法に違反するグレーゾーン刑罰金利の利息等の支払を有効とする制度として、次の規定が新設された。

> (任意に支払った場合のみなし弁済)
> 第43条　貸金業者が業として行う金銭を目的とする消費貸借上の利息（利息制限法（昭和29年法律第100号）第3条の規定により利息とみなされるものを含む。）の契約に基づき、債務者が利息として任意に支払った金銭の額が、同法第1条第1項に定める利息の制限額を超える場合において、その支払が次の各号に該当するときは、当該超過部分の支払は、同項の規定にかかわらず、有効な利息の債務の弁済とみなす。
> 一　第17条第1項又は第2項（第24条第2項において準用する場合を含む。以下この号において同じ。）の規定により第17条第1項又は第2項に規定する書面を交付している場合におけるその交付をしている者に対する貸付けの契約に基づく支払
> 二　第18条第1項（第24条第2項において準用する場合を含む。以下この号において同じ。）の規定により第18条第1項に規定する書面を交付した場合における同項の弁済に係る支払

(b) 貸金業規制法第43条のみなし弁済規定は、それまでに展開されてきた最高裁判例法を実質的に空洞化させるものであったが、当該規定の裁判の場面での適用は、その後の最高裁判決により、ほぼすべて否定されてきた。その顛末は、後記第3章第4節で詳述する。

(c) みなし弁済の貸金業規制法第43条は、平成18年（2006年）の法改正（名称も「貸金業法」に変更）の際に、すべて削除された。

II　「出資法」の改正（昭和58年(1983年)5月13日法律第32号・第33号／同年11月1日施行）

(1) 罰則の強化（5条1項・8条1項2号）

従前の「30万円以下の罰金」が「300万円以下の罰金」に増額された。

(2) 貸金業者に対する高金利処罰規定の新設（5条2項・8条1項2号）

対象となる高金利の上限利率は、「年40.004％」とされたが、同法附則により、「年73％」（～昭和61年10月31日）と「年54.75％」（～平成3年10月31日）という2段階の「経過措置」が設けられたため、実際に「年40.004％」となったのは、平成3年11月1日以降のことである。

(3) 次の各条項の「削除」

(a) 「貸金業の届出」──旧7条

ただし、同時に制定された「貸金業規制法」の「第2章　登録」（3条～12条）として、新たな「登録」制度が新設された。

(b) 「報告徴取・調査の監督」──旧8条

「貸金業規制法」の「第5章　監督」（36条～42条）の第42条に移行された。

(c) 「権限の委任」──旧10条

「貸金業規制法」の「第6章　雑則」（43条～46条）の第45条に移行された。

第4節　「利息制限法・出資法・貸金業規制法」による規制
（平成12年～18年）

【平成11年の「商工ローン問題」及び15年の「ヤミ金問題」に対する法改正（施行は平成12年及び16年）】
・「グレーゾーン刑罰金利」の上限──平成12年6月1日以降、年29.2％

I　「商工ローン問題」に対する平成11年法改正（平成11年（1999年）12月17日法律第155号／平成12年6月1日施行）

(1) 「貸金業規制法」の改正

「商工ローンの根保証等の問題」を解決するため、次の改正が行われた。

① 貸金業者の貸付け契約についての保証契約の法規制（17条2項～4項）

② 保証契約に係る求償権の行使の規制（24条の2～24条の5の新設）

③　監督の強化（36条3号～7号・41条の2・44条の2）
④　罰則の強化（48条～50条）

(2)　「利息制限法」の改正

第4条1項の賠償額の元本に対する割合が、次のとおり、従前の「2倍」から「1.46倍」に変更された。

> (賠償額予定の制限)
> 第4条　金銭を目的とする消費貸借上の債務の不履行による賠償額の予定は、その賠償額の元本に対する割合が第1条第1項に規定する率の1.46倍を超えるときは、その超過部分につき無効とする。

(3)　「出資法」の改正

第5条2項のグレーゾーン刑罰金利の上限利率が、次のとおり、「平成12年6月1日」以降、従前の「40.004％」（平成3年11月1日～）から「29.2％」に変更された。

> (高金利の処罰)
> 第5条　（略）
> ②　前項の規定にかかわらず、金銭の貸付けを行う者が業として金銭の貸付けを行う場合において、年29.2パーセント（2月29日を含む1年については年29.28パーセントとし、1日当たりについては0.08パーセントとする。）を超える割合による利息の契約をし、又はこれを超える割合による利息を受領したときは、3年以下の懲役若しくは300万円以下の罰金に処し、又はこれを併科する。

Ⅱ　「ヤミ金問題」に対する平成15年法改正（平成15年（2003年）8月1日法律第136号／平成16年1月1日施行）

平成12年（2000年）に「グレーゾーン刑罰金利」が「年40.004％」から「年29.2％」へと低減されたことは、寡占化市場での大手貸金業者には然程支障は生じなかったが、サブプライム層への貸出しによりかろうじて営業を継続

第2章　貸金規制の変遷

してきた中小零細サラ金業者にはまさに死活の問題となり、実際にその後、多くの貸金業者が事業を廃止せざるを得なくなった。

上記の真っ当な貸金業者の事業廃止と反比例し、平成10年頃からヤミ金業者が急増し、いわゆる「ヤミ金問題」が大きな社会問題になってきた。

このため、平成15年8月1日、「ヤミ金融対策法」として「出資法」と「貸金業規制法」が改正された（但し、施行は平成16年1月1日）。

(1) 「出資法」の改正

「罰則」が、次のとおり、大幅に強化された。

(a) 従前の「3年以下の懲役」が「5年以下」、また「300万円以下の罰金」が「1000万円以下」に変更（5条1項・2項、8条1項）。

(b) 「高金利の利息の受領・支払要求の罰則」（上記(a)と同じ刑罰）の追加（5条3項）。

(c) 5条1項～3項・8条1項違反の罪の「法人罰」が「3000万円以下の罰金」に変更。

(2) 「貸金業規制法」の改正

改正点は、次のとおりである。

(a) 「第3章の2　貸金業務取扱主任者」（24条の7）の新設。

(b) もっぱら「ヤミ金対策の条項」の設置（6条1項6号、7号及び11号～14号、13条の2・13条の3、20条の2、21条1項・2項）。

(c) 「高金利を定めた金銭消費貸借契約の無効」（42条の2／平成18年の貸金業法への改正の際、42条に変更）（以下「高金利無効条項」という）の新設。

(3) 「最高裁第三小法廷平成20年6月10日判決」（判例時報2011号3頁）

上記(2)(c)の貸金業規制法の改正の際、同法42条の2第1項（高金利の契約の無効）が新設されたところ、当該条項の発現として、著しく高利なヤミ金融に対する被害者からの裁判（法形式的には損害賠償請求だが実質的には支払済み借入元金の返還義務の存否）で上記判決が下された。その判示は、次のとおりである。

・「民法708条は、不法原因給付、すなわち、社会の倫理、道徳に反する醜悪な行為（以下『反倫理的行為』という。）に係る給付については不当利得返還請

求を許さない旨を定め、これによって、反倫理的行為については、同条ただし書に定める場合を除き、法律上保護されないことを明らかにしたものと解すべきである。したがって、反倫理的行為に該当する不法行為の被害者が、これによって損害を被るとともに、当該反倫理的行為に係る給付を受けて利益を得た場合には、同利益については、加害者からの不当利得返還請求が許されないだけでなく、被害者からの不法行為に基づく損害賠償請求において損益相殺ないし損益相殺的な調整の対象として被害者の損害額から控除することも、上記のような民法708条の趣旨に反するものとして許されないものというべきである。なお、原判決の引用する前記大法廷判決は、不法行為の被害者の受けた利益が不法原因給付によって生じたものではない場合について判示したものであり、本件とは事案を異にする。

これを本件についてみると、前記事実関係によれば、著しく高利の貸付けという形をとって上告人から元利金等の名目で違法に金員を取得し、多大の利益を得るという反倫理的行為に該当する不法行為の手段として、本件各店舗から上告人らに対して貸付けとしての金員が交付されたというのであるから、上記の金員の交付によって上告人らが得た利益は、不法原因給付によって生じたものというべきであり、同利益を損益相殺ないし損益相殺的な調整の対象として上告人らの損害額から控除することは許されない。」

第5節　改正「利息制限法・出資法・貸金業法（名称変更）」による規制（平成19年以降）

【「多重債務問題」の深刻化に対する法改正（平成18年法律第115号／施行は19年以降・完全施行は22年6月18日）】
・「グレーゾーン刑罰金利」の上限——平成22年6月1日以降、年20％

以下、現行「貸金3法」として存在している「利息制限法・出資法・貸金業法」についての平成18年法改正（平成18年12月20日法律第115号）の概要のみを指摘する。その詳細は、各法の概説書等を参照されたい。

第2章　貸金規制の変遷

I 「利息制限法」の改正

(1) 最高裁判例の具体化

「第1条から第4条」が、「第1章　利息等の制限」にまとめられた。

ただし、改正前の旧「第1条」が、最高裁判例の解釈論に従い、次のとおり変更された。

(a)　次の文言の「旧1条2項」が、すべて削除された。

> 2　債務者は、前項の超過部分を任意に支払ったときは、同項の規定にかかわらず、その返還を請求することができない。

(b)　その結果、「新1条」は、「旧1条1項」のみで、次のとおりとなった。

> 第1条　金銭を目的とする消費貸借における利息の契約は、その利息が次の各号に掲げる場合に応じ当該各号に定める利率により計算した金額を超えるときは、その超過部分について、無効とする。
> 一　元本の額が10万円未満の場合　　年2割
> 二　元本の額が10万円以上100万円未満の場合　　年1割8分
> 三　元本の額が100万円以上の場合　　年1割5分

(2) 営業的金銭消費貸借の特則

第2章として、次の5ヵ条が新設された。

① 　第5条（元本額の特則）
② 　第6条（みなし利息の特則）
③ 　第7条（賠償額の予定の特則）
④ 　第8条（保証料の制限等）
⑤ 　第9条（保証がある場合における利息の制限の特則）

II 「出資法」の改正

(1) 「グレーゾーン刑罰金利」の消滅（5条2項）

その上限が、従前の「年29.2パーセント」から「年20パーセント」に引き下げられた（但し、施行は平成22年（2010年）6月1日以降）。

これにより、昭和29年（1954年）の利息制限法と出資法の制定以降、連綿として継続してきた「グレーゾーン刑罰金利」なる規制概念が、消滅した。

なお、利息制限法の「15％（100万円以上）・18％（10万円以上100万円未満）」（前記Ⅰ(1)(b)）の利率との差額に生じる問題は、今後、行政処分により対応される、といわれている。

(2) 「罰則規定」の新設

「年109.5パーセントを超える高金利」での貸金業に対しては、「10年以下の懲役・3000万円以下の罰金」（5条3項）が、また貸付利息と保証料の合算が「年20パーセントを超える金利」での貸付保証業に対しては、「5年以下の懲役・1000万円以下の罰金」（5条の2〜5条の3）が科されることとなった。

III 「貸金業法」の改正（名称も変更）

(1) 「任意に支払った場合のみなし弁済」の消滅

昭和58年（1983年）制定の貸金業規制法により誕生した任意に支払った場合のみなし弁済制度（旧43条）は、その後、最高裁判決により再三にわたり否定されてきたにもかかわらず、法文上はかろうじて形式的に生き長らえていたが、遂に平成18年の法改正により、全面的に廃止された。

これにより、それまでに積み重ねられた最高裁判決は、実務上無意味となったが、その概要については、歴史的法遺産の参考例として、後記第3章第4節に詳述してある。

(2) 次の「機関」の新設

第2章　貸金規制の変遷

新設されたのは、次の各機関である。
（i）「第3章の2　指定信用情報機関」（41条の13〜41条の38）
実際に「指定」されたのは、次の法人である。
・「㈱シー・アイ・シー」（CIC）
・「㈱日本信用情報機構」（JICC）
（ii）「第3章の3　指定紛争解決機関」（41条の39〜41条の61）
実際に「指定」されたのは、第26条2項の内閣総理大臣の設立認可法人の「日本貸金業協会」である。
なお、上記機関の成立経緯等は、巻末付録資料Ⅳ記載のとおりである。

第6節　貸金規制の今後の問題点

Ⅰ　銀行カードローンによる「高利貸し」の是正

(1)　多重債務問題に対する平成18年の法改正
(a)　貸金業者に対する過剰貸付けの禁止等の法改正（完全実施は2010年（平成22年）・前記第5節参照）により、「貸金業者による多重債務」の問題は一応の収束に向かったが、当該規制の骨子は、次の3点であった。
①　貸金業者の貸付額の上限を年収の3分の1以下に限定する「総量規制」（貸金業法13条の2）
②　返済能力の調査のための源泉徴収票等の年収証明書の提出が必要となる貸金業者の貸付額の基準（金50万円）の設定（同法13条）
③　貸金業者の広告の規制（同法16条）
(b)　銀行の「カードローン」（無担保・個人相手の融資）は、貸金業者の貸金（消費者金融）と比べた場合、その実体（実態）に変わりはないものの、上記(a)の法規制は貸金業者に適用されるだけで、銀行には何ら適用されないものとなっている。

(2)　銀行の「カードローン」
(a)　その内容は、「三菱東京UFJ銀行」を一例に挙げれば、次のとおりで

第6節　貸金規制の今後の問題点　　Ⅰ　銀行カードローンによる「高利貸し」の是正

ある。
　①　金利（利息）──「年1.8％〜14.6％」
　②　融資最高額──「金500万円」
　③　保証会社──「アコム㈱」
　④　借　主──「満20歳以上65歳未満の国内に居住する個人」
　(b)　貸金業者がかつての繁栄を失い、新規業者による業界への参入もないまま貸金需要だけは増大していたところ、これに応じたのがメガバンクを含む多数の銀行による「カードローン」である。その結果、銀行の融資額が貸金業者の貸付額をはるかに凌駕し、銀行の融資そのものが新たな多重債務問題の発端となる状況が生じてきた。

　ちなみに、2017年5月18日に日本銀行が公表したところによれば、国内銀行139行の2016年度末時点のカードローン貸出残高は、前年度より9.4％増え、「5兆6024億円」に達しており、貸金業者の残高「約4兆円」をはるかに上回っている。

(3)　日弁連の「銀行等による過剰貸付の防止を求める意見書」（2016年（平成28年）9月16日）
　日弁連は、前記(2)(b)の新たな多重債務問題の発生を危惧したため、上記意見書を明らかにしたが、その趣旨は、次の3点である。
　(a)　「金融庁」に対する要請
　金融庁が策定した監督指針（前記第1章第3節Ⅳ(2)参照）に、貸金業者による保証を付した銀行等の金融機関（以下「銀行等」という）のカードローン（以下「貸金業者保証のカードローン」という）にも、年収の3分の1以下の総量規制を適用することを明記せよ。
　(b)　「銀行等」に対する要請
　貸金業者保証のカードローンに際し、顧客の実態を踏まえた適切な審査体制を構築せよ。
　(c)　「国」に対する要請
　貸金業法13条の2等を改正し、貸金業者保証のカードローンも、総量規制の対象にせよ。

第 2 章　貸金規制の変遷

(4)　**全銀協の「銀行による消費者向け貸付けに係る申し合わせ」**（2017年（平成29年）3月16日）

(a)　全銀協は、前記(2)の日弁連の意見書やこれに同調するマスコミからの論評に対応し、その会員に対する上記「申し合わせ」を開示し、次の点の自主的な履行を求めた。

①　配慮に欠けた広告・宣伝の抑制
②　健全な消費者金融市場の形成に向けた審査態勢等の整備

(b)　全銀協は、上記申し合わせの実施状況につき、平成29年5月中にアンケート方式で調査していたところ、同年6月12日に当該調査結果を次のとおり明らかにした（同日付読売新聞朝刊）。

①　「配慮に欠けた広告の内、安易な借り入れを促す広告」は、「すべての銀行が取りやめ又は見直しを検討中」とのこと。
②　「源泉徴収票等の年収証明書の提出を求める融資の基準額」は、「カードローンを取り扱う123行のうち、9割超の銀行が引下げを実施（13行）又は検討中（102行）」とのこと。

(5)　**金融庁の「立ち入り検査」**

金融庁は、2017年（平成29年）9月1日、「銀行が無担保で個人に融資している『カードローン』の実態を調べるため、主要銀行に立ち入り検査を行うと発表」し、遂に同月20日に、その「実態を把握するため、三菱東京UFJ銀行、三井住友銀行、みずほ銀行のメガバンク3行に立ち入り検査に入った」が、「今後は貸出残高の多い地方銀行を中心に、検査の対象を広げる方針だ」と報じられている（いずれも、同月2日・21日付読売新聞朝刊）。

(6)　**銀行のカードローンの真の問題点──「高利貸し」**

(a)　刑事罰からの免責

平成18年（2006年）の貸金3法の法改正の結果、いわゆるグレーゾーン金利が廃止され、刑罰金利の上限は最終的に「年20％」となり（前記第5節Ⅱ参照）、当該年率以下であれば、何人であれ、またいかなる性格の貸金であれ、すべて刑事罰の対象外というお墨付きが出された。

(b)　貸主としての余力

第6節　貸金規制の今後の問題点　　Ⅰ　銀行カードローンによる「高利貸し」の是正

　銀行に対抗できた大手貸金業者はかつての栄光を失い、また新規の貸金業者の台頭もないため、サブプライム層も含む貸金需要者に対する融資（貸付）の実行者として、メガバンクを含む多数の銀行が躍り出た。

　しかも、銀行には、前記日弁連の意見書からも明らかなとおり、貸金業者に対する総量規制その他の貸金業法上の諸規制が何一つ及ばないという好都合な状況が生じていた。

　(c)　かつての「高利貸し」と同様の暴利行為

　日銀のマイナス金利政策に基づく低金利の時代、預金の利息はほぼ０みたいなもの、住宅ローンの金利も変動・固定や自己資金の多寡により若干異なるものの、メガバンク３行でも最低で「年0.625％」・最高で「年1.60％」（みずほ銀行）という現況下で見落とされている重大な点は、銀行等のカードローンが、かつての「高利貸し」と異ならない高金利を徴収している点である。

　それが、自己責任の貸金であるならいざ知らず、銀行のカードローンは、そのすべてが貸金業者や信販会社の保証が付され、貸し倒れがあっても銀行には何の危険もない制度になっている。

　貸金業者（金貸しないし高利貸し）ではない銀行のカードローンは、出資法による「年20％」という刑事罰回避のお墨付きを得たことを奇貨として、まさに千載一遇のチャンスを得たとばかり、他の銀行取引ではあり得ない最高で年15％程度もの高利を手にしているが、それはまさに暴利行為に他ならない。

　(d)　貸金業者と同一の条件・金利の軽減

　仮に銀行が、今後もカードローンをメインの業務の一つとして維持拡大していくのであれば、まず第一に考えるべきことは、日弁連の意見書のとおり、銀行に対しても、貸金業者と同様の規制が適用されてしかるべきである。

　それはまさに、消費者金融という同一の市場（競争の場面）における取引条件をフェアにするための最低要件である。

　次に考えるべきことは、暴利行為に該当する銀行のカードローンの現行金

利を、法改正あるいは金融庁の行政指導により、「少なくとも5％程度にまで減縮」されてしかるべきである。

　歴史的に見ても、銀行が「金貸しや高利貸し」と同一レヴェルにまで落ちぶれたことは一度もなかったし、銀行には銀行として進むべき真っ当な道があるはずで、単なる目先の利益追求に汲々とすることなく、誉れ高きバンカーとしての矜持を大切にするよう期待される所以である。

II　ヤミ金撲滅の具体策──「高利貸金業」の容認

(1)　ヤミ金融
(a)　ヤミ金融とは、貸金業法に基づく貸金業の「登録」の有無を問わず、出資法の刑事罰規定を超える異常な高金利により貸金業を行っている貸金業者であるが、彼らの高金利については、次のようにいわれている。
・「トイチ」──10日で1割＝年365％
・「トサン」──10日で3割＝年1095％
・「トゴウ」──10日で5割＝年1825％
・「トト」───10日で10割＝年3650％

(b)　ヤミ金融は、グレーゾーン刑罰金利が従前の「年40.004％」から「年29.2％」に引き下げられる直前の平成10年（1998年）頃から急増してきたが、「平成15年（2003年）8月」に「ヤミ金融対策法」として出資法と貸金業規制法が改正され（前記第4節II参照）、違反に対する罰則が強化されたにもかかわらず、現在に至るも消滅せず、逆に違反事件がしばしば報告される状況となっている。

(2)　貸金業者の急激な減少と資金需要の増大
(a)　登録貸金業者の数は、巻末付録資料Ⅰから明らかなとおり、グレーゾーン刑罰金利の低減化に比例して減少し続けてきたが、昭和61年度の「47,504」という最大の業者数（100％）との対比を示せば、次のとおりとなるが（％は少数点以下四捨五入）、貸金業者はまさに「絶滅危惧種」に他ならない。

第6節　貸金規制の今後の問題点　Ⅱ　ヤミ金撲滅の具体策——「高利貸金業」の容認

年度（刑罰金利）	業者数	割合
昭和61年（54.75%）	47,504	100%
平成3年（40.004%）	36,146	76%
平成12年（29.2%）	29,711	63%
平成22年（20%）	4,057	9%
平成28年（20%）	1,886	4%

(b)　銀行は、「年15％」程度の高金利によるカードローンをCM等で唱っているものの、焦げ付きの可能性が否定できない多数のサブプライム層やそれ以下の資金需要者（以下「危険需要者」という）への融資には応じていない。

また、絶滅危惧種ながらわずかに残存している貸金業者は、貸金業法による厳しい制約に縛られ、危険需要者に貸金するのは法的に困難となっている。

(c)　上記(b)の結果、危険需要者に推奨すべき融資ないし貸金の提供者は実際上皆無の状態にあるため、危険需要者としてはやむにやまれず、あるいはヤミ金に対する危険の認識を欠いたまま、ヤミ金に行かざるを得ないのが現状である。

(3)　法定の「高利貸金業」制度の導入

(a)　ヤミ金がその活動を維持していることの最大の理由ないし原因は、要するに、銀行が融資できない危険需要者に対し、必要な資金の融資ないし貸金を提供する者が、ヤミ金以外、実際上皆無であることにある。

よって、ヤミ金を徹底的に排除するには、その取締りを強化し、かつその債務者になり得る危険需要者に対する有効適切なカウンセリングが不可欠であるものの、実際に資金を提供する貸金業者を創出し、育成していくことが不可欠となる。

しかるに、現状の「年20％」という刑罰金利の制約下では、焦げ付き率等を正確に勘案してみれば、事業運営に必要な利益の確保は到底不可能であるため、危険需要者に対処する貸金業者になろうとする者は、まず皆無なはずである。

第2章　貸金規制の変遷

　しかるに「資料Ⅰ」を見れば、刑罰金利が「年40.004％」は勿論、「29.2％」で、平成18年法改正による総量規制等が導入される以前の時代には、それなりの数の貸金業者が業務に従事し、しかも円滑な事業活動を維持していたことが歴然としている。

　(b)　上記(a)の諸点を考慮した結果、危険需要者を顧客の対象とする新規貸金業者を起業させ、これを育成するため、出資法の改正ないしその特別法の制定による公認の「高利貸金業」、すなわち「年20％を超え年40％以下の高利」を許容し、かつ平成18年法改正時に採用した「総量規制等の制約をすべて免除」する新たな制度を創設すべきである。

　その際、真っ先に問題となるのは、「高利貸金業を行える業者の要件」であるが、大凡、次のようなものが想定される。

　(イ)　現行貸金業法に基づく「貸金業者」としての実績が「5年以上継続」していること。

　(ロ)　上記の間、「法違反その他の不始末が皆無」なこと。

　(ハ)　監督官庁の審査を受け、「特別登録」を受けること。

　(ニ)　貸付先（一般消費者）から、次の者を除外すること。

　　①　未成年者
　　②　信用情報機関のブラックリスト登載者
　　③　破産手続開始決定を受け、免責されなかった者及び免責されながら5年経過未了の者並びに免責如何を問わず、前記決定を2度受けた者

　なお、当該新制度の信頼性を裏づけるため、不誠実な危険需要者による情報の秘匿や虚偽申告等の非難されるべき違法行為に対しては、「借主としての自己責任」の負担を明確にすべく、それなりの罰則規定を新設して対処されることになろう。

◆

第3章

過払金訴訟の最高裁判決

第1節　利息制限法の解釈論　　Ⅰ　過払金の「元本の充当」の可否――「No.1最判・No.2最判」

　この章で対象とする最高裁判決は、巻末付録資料Ⅴの「最高裁判決一覧表」記載の計48件であるが、その引用に際しては、一覧表記載の算用数字のNo.を使用し、「No.○○最判」と表示する。

第1節　利息制限法の解釈論

Ⅰ　過払金の「元本の充当」の可否――「No.1最判・No.2最判」

(1)　明治10年の旧「利息制限法」と大審院判決
　旧法2条が制限を「超過する分は裁判上無効」と規定していたが（前記第2章第1節Ⅰ(1)参照）、大審院は、当該条項に基づき、債権者が裁判により請求することはできないものの、「債務者が任意に支払ったときは、超過利息分の返還は請求できない」旨判示していた。

(2)　昭和29年の新「利息制限法」
　(a)　新法は、上記(1)の旧法と大審院判例をそのまま引き継ぎ、1条1項（=「超過部分につき無効」）と2項（=「任意支払の場合の返還請求の不可」）に規定していたが（第2章第2節Ⅰ(1)参照）、「超過利息支払分の元本への充当」の可否については、大審院判例では不明であった。
　(b)　最高裁は、新法の解釈論として、当初は充当を「否定」していたが（消極説・下記「No.1最判」）、2年後に判例を変更し、充当を「肯定」した（積極説・下記「No.2最判」）。なお、平成18年の「利息制限法」の改正に際しては、上記最高裁の判例変更に従い、「貸金業規制法43条のみなし弁済」が削除され、同時に「その返還を請求することができない。」という「1条2項」の従前の文言も削除された。

■「No.1最判」（昭和37年6月13日大法廷）
　「しかし、金銭を目的とする消費貸借上の利息又は損害金の契約は、その額が利息制限法1条、4条の各1項にそれぞれ定められた利率によって計算した金額を超えるときは、その超過部分につき無効であるが、<u>債務者がそれ</u>

73

を任意に支払つたときは、その後において、その契約の無効を主張し、既にした給付の返還を請求することができないものであることは、右各法条の各2項によつて明らかであるばかりではなく、結果において返還を受けたと同一の経済的利益を生ずるような、残存元本への充当も許されないものと解するのが相当である。」

■「No.2最判」（昭和39年11月18日大法廷）

「債務者が、利息制限法（以下本法と略称する）所定の制限をこえる金銭消費貸借上の利息、損害金を任意に支払つたときは、右制限をこえる部分は民法491条により残存元本に充当されるものと解するを相当とする。その理由は後述のとおりである。従つて、右と見解を異にする当裁判所の判例（著者注：No.1最判を掲記）は、これを変更すべきものと認める。

　債務者が利息、損害金の弁済として支払つた制限超過部分は、強行法規である本法1条、4条の各1項により無効とされ、その部分の債務は存在しないのであるから、その部分に対する支払は弁済の効力を生じない。従つて、債務者が利息、損害金と指定して支払つても、制限超過部分に対する指定は無意味であり、結局その部分に対する指定がないのと同一であるから、元本が残存するときは、民法491条の適用によりこれに充当されるものといわなければならない。

　本法1条、4条の各2項は、債務者において超過部分を任意に支払つたときは、その返還を請求することができない旨規定しているが、それは、制限超過の利息、損害金を支払つた債務者に対し裁判所がその返還につき積極的に助力を与えないとした趣旨と解するのを相当とする。

　また、本法2条は、契約成立のさいに債務者が利息として本法の制限を超過する金額を前払しても、これを利息の支払として認めず、元本の支払に充てたものとみなしているのであるが、この趣旨からすれば、後日に至つて債務者が利息として本法の制限を超過する金額を支払つた場合にも、それを利息の支払として認めず、元本の支払に充当されるものと解するを相当とする。

　更に、債務者が任意に支払つた制限超過部分は残存元本に充当されるもの

と解することは、経済的弱者の地位にある債務者の保護を主たる目的とする本法の立法趣旨に合致するものである。右の解釈のもとでは、元本債権の残存する債務者とその残存しない債務者の間に不均衡を生ずることを免れないとしても、それを理由として元本債権の残存する債務者の保護を放擲するような解釈をすることは、本法の立法精神に反するものといわなければならない。」

Ⅱ 過払金の返還請求の可否──「No.5最判・No.6最判」

(1) 平成18年改正前の利息制限法1条2項
次のとおり規定していた。

> 2 債務者は、前項の超過部分を任意に支払ったときは、同項の規定にかかわらず、その返還を請求することができない。

上記条項は、昭和29年（1954年）の新法制定の際、大審院判例の解釈論をそのまま法文化したものであるが、これに対する自然な「文理解釈」に従い過払金の返還請求を否定するか、あるいは社会政策的配慮に基づく「類推又は拡大解釈」に従い日本語としての意味とかけ離れ、過払金の返還請求を肯定するかどうか、下級審判決例と学説が分かれていた。

(2) 最高裁による返還請求の肯定
先に過払金の「元本充当」を認めた「No.2最判」に引き続き、下記の「No.5最判」により、過払金の「返還請求」も肯定され、また、下記の「No.6最判」により、「利息・損害金が元本とともに支払われた全額一時払いの場合」でも返還請求が肯定された。

上記判例は、社会政策論として妥当する余地は否定できないものの、実定法についての実務的解釈論としては到底容認し得ない超法規的解釈論であり、いかに違憲立法審査権を有する最高裁判所とはいえ、その正当な司法権を逸脱し、立法府固有の立法権を侵害するものに他ならない。

利息制限法に関する限り、今さら益もない議論ではあるが、今後に発生す

る問題において同様の誤謬が繰り返されないよう、あえて指摘しておく。
■「No.5最判」（昭和43年11月13日大法廷）
　「思うに、利息制限法1条、4条の各2項は、債務者が同法所定の利率をこえて利息・損害金を任意に支払つたときは、その超過部分の返還を請求することができない旨規定するが、この規定は、金銭を目的とする消費貸借について元本債権の存在することを当然の前提とするものである。けだし、元本債権の存在しないところに利息・損害金の発生の余地がなく、したがつて、利息・損害金の超過支払ということもあり得ないからである。この故に、消費貸借上の元本債権が既に弁済によつて消滅した場合にはもはや利息・損害金の超過支払ということはありえない。
　したがつて、<u>債務者が利息制限法所定の制限をこえて任意に利息・損害金の支払を継続し、その制限超過部分を元本に充当すると、計算上元本が完済となつたとき、その後に支払われた金額は、債務が存在しないのにその弁済として支払われたものに外ならないから、この場合には、右利息制限法の法条の適用はなく、民法の規定するところにより、不当利得の返還を請求することができるものと解するのが相当である。</u>」
■「No.6最判」（昭和44年11月25日第三小法廷）
　「債務者が利息制限法所定の制限をこえる金銭消費貸借上の利息・損害金を任意に支払つたときは、右制限をこえる部分は、民法491条により、残存元本に充当されるものと解すべきことは、当裁判所の判例とするところであり（著者注：No.2最判を掲記）、また、<u>債務者が利息制限法所定の制限をこえて任意に利息・損害金の支払を継続し、その制限超過部分を元本に充当すると、計算上元本が完済となつたとき、その後に支払われた金額は、債務が存在しないのにその弁済として支払われたものに外ならず、不当利得としてその返還を請求しうる</u>ものと解すべきことも当裁判所の判例の示すところである（著者注：No.5最判を掲記）。そして、<u>この理は、債務者が利息制限法所定の制限をこえた利息・損害金を、元本とともに任意に支払つた場合においても、異なるものとはいえない</u>から、その支払にあたり、充当に関して特段の指定がされないかぎり、利息制限法所定の制限をこえた利息・損害金はこれ

を元本に充当し、なお残額のある場合は、元本に対する支払金をもってこれに充当すべく、債務者の支払つた金額のうちその余の部分は、計算上元利合計額が完済された後にされた支払として、債務者において、民法の規定するところにより、不当利得の返還を請求することができるものと解するのが相当である。けだし、そのように解しなければ、利息制限法所定の制限をこえる利息・損害金を順次弁済した債務者と、かかる利息・損害金を元本とともに弁済した債務者との間にいわれのない不均衡を生じ、利息制限法1条および4条の各2項の規定の解釈について、その統一を欠くにいたるからである。」

III 利率の特約がない場合（利息の利率の約定あり）の遅延損害金の利率──「No.3最判・No.4最判」

「金17万円の貸金に年4割2分の利息の約定が有る場合、その遅延損害金の利率は、利息制限法1条1項の年1割8分か、それとも同法4条1項の年3割6分（平成11年改正前）か」（No.3最判の事実関係）が争われたが、下記最判により、前者の利率が適用されると判示された。ただし、後者の利率の適用が妥当とする反対意見がある（No.3最判・No.4最判の両者とも）。

■「No.3最判」（昭和43年7月17日大法廷）

「損害賠償の額について約定がなく、利息の約定がある場合において、(イ)約定利率が法定利率をこえるときは、約定利率により算定する（民法419条1項但書）。これは、利息の約定は損害賠償の額の約定ではないが、期限前には法定利率をこえる約定利率による利息を支払うべきものとされていた債務者が、期限後にはそれより低い法定利率の限度で損害金を支払う責に任ずるに過ぎないものとすることは、不履行の責のある債務者に寛大に過ぎ、債権者の保護に欠けるところがあるので、この場合には、損害金もまた利息と同率をもつて算定するのを相当とした趣旨であると解される。もつとも、利息の約定が利息制限法1条1項の制限をこえるときは、利息の額は右制限額にまで減縮されるから、損害金もおのずからそれと同額、すなわち減縮された利

率によつて算定することとなるものと解するのが相当である。」
■「№.4最判」（昭和43年10月29日第三小法廷）
　「金銭を目的とする消費貸借上の利息について利息制限法１条１項の利率の制限をこえる約定があるが、債務の不履行による賠償額の予定については約定がない場合においては、利息の額は右条項所定の制限額にまで減縮されるとともに、賠償額もおのずから右と同額にまで減縮され、その限度において支払を求めうるにとどまるものと解すべきことは、（著者注：№.3最判を掲記）の示すとおりである」る。

Ⅳ　①弁済充当の順序の特約がある場合の充当関係、②連帯債務者による制限超過部分の求償の可否──「№.4最判」

> ・①の点……№.2最判は弁済の充当の順序について特約がない場合であったが、№.2最判の元本への充当を前提に、４口の債務の利息・損害金・元本の間について充当順序の特約がある場合にも、同様の判断が示された。
> ・②の点……連帯債務者の求償権についても、№.1最判ほかの最判例の判示に従い、利息制限法の法定内のものに限られる、との判断が示された。

■「№.4最判」（昭和43年10月29日第三小法廷）
　「金銭を目的とする消費貸借上の債務者が、利息制限法所定の制限をこえる利息、損害金を任意に支払ったときは、右制限をこえる部分は強行法規である同法１条、４条の各１項によって無効とされ、その部分の債務は存在しないのであるから、その部分に対する支払は弁済の効力を生じないものである。したがつて、本件のように数口の貸金債権が存在し、その弁済の充当の順序について当事者間に特約が存在する場合においては、右債務の存在しない制限超過部分に対する充当の合意は無意味で、その部分の合意は存在しないことになるから、右超過部分に対する弁済は、充当の特約の趣旨に従って次順位に充当されるべき債務であつて有効に存在するものに充当されること

になるものと解すべきである。」

「金銭消費貸借上の利息の約定が利息制限法所定の制限利率をこえるときは、その超過部分に関しては右約定は無効であるから、上告人らは連帯債務者として＊＊＊＊に対しては右超過分の利息債務を負担せず、したがつて、右超過部分に関しては被上告人には負担部分たるべきものも存在しなかったものといわなければならない。してみれば、上告人が＊＊＊＊に対し前記利息制限法所定の制限を超過する利息金相当の金員を任意に支払つたからといつて、被上告人に対して<u>右制限をこえる部分に相当する金員の求償を請求することは許されない</u>筋合であつて、これと同旨に出た原判決の判断は正当である。」

V 借入残高が増減した場合の利息制限法1条1項の「元本」の額——「№38最判・№48最判」

・ただし、次の条件あり。
 ① 継続的な貸金取引についての基本契約の締結あり
 ② 実際に貸金取引が繰返し
 ③ 債務の弁済が個々の借入金ではなく、基本契約に基づく借入金全体に対するものであること

多くのサラ金業者が採用している「最初に基本契約を締結する継続的な貸金取引」（その多くが「リボ払い方式」）の場合、複数の貸金が順次発生し、貸付残高が増減するため、利息制限法1条1項所定の法定利率を適用されるべき「元本」をどう捉えるか、また先の貸金に過払金が生じたときに、これを後の貸金の元本に対してどう処理するか、という問題が提起される。

この問題に対し、№38最判は次のとおり判断し、かつ最後の(d)の判断については、その理由も明確にした。

(a) 基本契約の「極度額」は、利息制限法1条1項の「元本」には当たらない。
(b) 「元本」の額は、「従前の借入金残元本と新たな借入金の合計額」をい

う。

(c) 従前の借入金残元本の額は、「約定利率」ではなく、「制限利率」により充当計算した額と解する。

(d) 借入金残元本が「上限額を超えた」ときは、「制限利率は変更される」が、「加減額を下回った」ときは、「制限利率が変更されることはない」。

また、№48最判は、№38最判に基づき、「過払金が発生していた時点で新たな貸金が発生した場合の利息制限法1条1項の「元本」の額を明らかにしたものである。

なお、平成18年改正の利息制限法は、「第2章　営業的金銭消費貸借の特則」を設けたが、その5条に、同法1条（利息の制限）についての「元本額の特則」規定を定めている。

■「№38最判」（平成22年4月20日第三小法廷）

「(1)　継続的な金銭消費貸借取引に関する基本契約に基づいて金銭の借入れと弁済が繰り返され、同契約に基づく債務の弁済がその借入金全体に対して行われる場合には、各借入れの時点における従前の借入金残元本と新たな借入金との合計額が利息制限法1条1項にいう『元本』の額に当たると解するのが相当であり、同契約における利息の約定は、その利息が上記の『元本』の額に応じて定まる同項所定の制限を超えるときは、その超過部分が無効となる。この場合、従前の借入金残元本の額は、有効に存在する利息の約定を前提に算定すべきことは明らかであって、弁済金のうち制限超過部分があるときは、これを上記基本契約に基づく借入金債務の元本に充当して計算することになる。

そして、上記取引の過程で、ある借入れがされたことによって従前の借入金残元本と新たな借入金との合計額が利息制限法1条1項所定の各区分における上限額を超えることになったとき、すなわち、上記の合計額が10万円未満から10万円以上に、あるいは100万円未満から100万円以上に増加したときは、上記取引に適用される制限利率が変更され、新たな制限を超える利息の約定が無効となるが、ある借入れの時点で上記の合計額が同項所定の各区分

第1節　利息制限法の解釈論　Ⅵ　みなし利息──「No.11最判・No.12最判・No.13最判」

における下限額を下回るに至ったとしても、いったん無効となった利息の約定が有効になることはなく、上記取引に適用される制限利息が変更されることはない。

(2)　これを本件についてみると、前記事実関係によれば、本件取引開始当初の借入金額は20万円であったというのであるから、この時点で本件取引に適用される制限利率は年1割8分となる。そして、各弁済金のうち制限超過部分を本件基本契約に基づく借入金債務の元本に充当して計算すると、その後、各借入れの時点における従前の借入金残元本と新たな借入金との合計額は100万円未満の金額で推移し、平成17年12月6日の借入れの時点に、上記の合計額が10万円未満となったというのであるが、これが10万円未満に減少したからといって、適用される制限利率が年2割に変更されることはない。」

■「No.48最判」（平成25年7月18日第一小法廷）

「継続的な金銭消費貸借取引に関する基本契約に基づいて金銭の借入れと弁済が繰り返され、同契約に基づく債務の弁済がその借入金全体に対して行われる場合において、過払金が発生している時点で新たな借入れをしたときには、利息制限法1条1項にいう『元本』の額は、新たな借入金に上記過払金を充当した後の額をいうものと解するのが相当である。

これを本件についてみると、前記事実関係によれば、過払金24万1426円が発生している時点で新たに100万円の借入れがされたというのであるから、利息制限法1条1項にいう『元本』の額は、上記借入金に上記過払金を充当した後の額である75万8574円となり、以降の取引に適用される制限利率は年1割8分となる。」

Ⅵ　みなし利息──「No.11最判・No.12最判・No.13最判」

みなし利息自体が実際に問題となる例は多くはないが、商工ローン大手の㈱ロプロ（旧商号「㈱日栄」）の裁判において、貸主の子会社の信用保証会社が受ける保証料・事務手数料が利息制限法3条所定のみなし利息に該当するかどうか、が争われた。

第3章　過払金訴訟の最高裁判決

　なお、商工ローンの双璧となっていた㈱ロプロと㈱SFCG（旧商号「㈱商工ファンド」）は、東証１部上場を果たしていたが、平成11年に「商工ローン問題」として社会問題化した結果、遂には会社更生手続と破産手続に追い込まれ、最終結果としては、それぞれ会社消滅済みである（前記第１章第２節Ⅱ(2)参照）。

■「No.11最判」（平成15年７月18日第二小法廷）──「No.12最判」（平成15年９月11日第一小法廷）・「No.13最判」（平成15年９月16日第三小法廷）は、「No.11最判」と同旨

「一審被告（著者注：㈱ロプロ）の受ける利息等と日本信用保証の受ける保証料等の合計額が法所定の制限利率により計算した利息の制限の額を超えていること、前記第１の１(8)記載の日本信用保証の設立経緯、保証料等の割合、業務の内容及び実態並びにその組織の体制等によれば、一審被告は、法を潜脱し、100％子会社である日本信用保証に保証料等を取得させ、最終的には同社から受ける株式への配当等を通じて保証料等を自らに還流させる目的で、借主をして日本信用保証に対する保証委託をさせていたということができるから、<u>日本信用保証の受ける保証料等は、法３条所定のみなし利息に当たる</u>というべきである。」

Ⅶ　過払金の「他の貸金債務への充当」

　最高裁判例は、前述のとおり、「過払金の元本債務への充当」を肯定し（前記Ⅰ）、さらに元本完済後の「過払金の返還請求」も肯定したが（前記Ⅱ）、その後に多重債務者となった（と称する）借主側から提起された問題が、「複数の貸金債務が存在する場合に既に発生した過払金を他の貸金債務に当然充当されるか」という問題である。

　発生した過払金が常に他の貸金債務に当然に充当されるとは考えられていないし、また、貸金債務につき発生した過払金を法的性格の異なる売買契約や請負契約に基づく代金支払債務に当然に充当されることも、債権者の意思を無視したものであり、到底容認できるものではない。

勿論、債務者はその場合、発生した過払金の支払を請求したり、他の債務と相殺するのが可能であり、債務者の救済としてはそれで十分なはずで、過払金の時効消滅の点を除けば、債務者にも何の支障も生じない。

最高裁は、この問題に対しては、一般論的にすべて肯定したり否定したりはせず、下記の判決からも明らかなとおり、個別の案件ごとに諸般の具体的事情を慎重に検討・吟味し、冷静な判断を下している

(a) 「基本契約の締結なし・個々の貸金契約のみ」の場合——「No.23最判・No.28最判」

原則として、他の貸金取引には「充当されない」。

ただし、「特段の事情がある」とき (No.23最判)、又は「各貸付けが1個の連続した貸付取引である」とき (No.28最判) は、例外的に充当されることになる。

■「No.23最判」(平成19年2月13日第三小法廷)

「貸主と借主との間で基本契約が締結されていない場合において、第一の貸付けに係る債務の各弁済金のうち利息の制限額を超えて利息として支払われた部分を元本に充当すると過払金が発生し (以下、この過払金を「第一貸付け過払金」という。)、その後、同一の貸主と借主との間に第二の貸付けに係る債務が発生したときには、その貸主と借主との間で、基本契約が締結されているのと同様の貸付けが繰り返されており、第一の貸付けの際にも第二の貸付けが想定されていたとか、その貸主と借主との間に第一貸付け過払金の充当に関する特約が存在するなどの特段の事情がない限り、第一貸付け過払金は、第一の貸付けに係る債務の各弁済が第二の貸付けの前にされたものであるか否かにかかわらず、第二の貸付けに係る債務には充当されないと解するのが相当である。なぜなら、そのような特段の事情がない限り、第二の貸付けの前に、借主が、第一貸付け過払金を充当すべき債務として第二の貸付けに係る債務を指定するということは通常は考えられないし、第二の貸付けの以後であっても、第一貸付け過払金の存在を知った借主は、不当利得としてその返還を求めたり、第一貸付け過払金の返還請求権と第二の貸付けに係る債権とを相殺する可能性があるのであり、当然に借主が第一貸付け過払金を充

当すべき債務として第二の貸付けに係る債務を指定したものと推認することはできないからである。

これを本件についてみるに、前記事実関係によれば、上告人と被上告人との間で基本契約は締結されておらず、本件第一貸付けに係る債務の各弁済金のうち利息の制限額を超えて利息として支払われた部分を元本に充当すると過払金が発生した平成8年10月31日の後に、本件第二貸付けに係る債務が発生したというのであるから、上記特段の事情のない限り、本件第一貸付けに係る債務の各弁済金のうち過払金となる部分は、本件第二貸付けに係る債務に充当されないというべきである。」

■「No.28最判」（平成19年7月19日第一小法廷）

「3　前記事実関係によれば、本件各貸付けは、平成15年7月17日の貸付けを除き、従前の貸付けの切替え及び貸増しとして、長年にわたり同様の方法で反復継続して行われていたものであり、同日の貸付けも、前回の返済から期間的に接着し、前後の貸付けと同様の方法と貸付条件で行われたものであるというのであるから、本件各貸付けを1個の連続した貸付取引であるとした原審の認定判断は相当である。

そして、本件各貸付けのような1個の連続した貸付取引においては、当事者は、一つの貸付けを行う際に、切替え及び貸増しのための次の貸付けを行うことを想定しているのであり、複数の権利関係が発生するような事態が生ずることを望まないのが通常であることに照らしても、制限超過部分を元本に充当した結果、過払金が発生した場合には、その後に発生する新たな借入金債務に充当することを合意しているものと解するのが合理的である。

上記のように、本件各貸付けが1個の連続した貸付取引である以上、本件各貸付けに係る上告人と＊＊（著者注：被上告人）との間の金銭消費貸借契約も、本件各貸付けに基づく借入金債務について制限超過部分を元本に充当し過払金が発生した場合には、当該過払金をその後に発生する新たな借入金債務に充当する旨の合意を含んでいるものと解するのが相当である。」

(b)　「基本契約に基づき継続的に繰り返された貸金取引」の場合──「No.11最判・No.12最判・No.13最判・No.24最判」

第1節　利息制限法の解釈論　Ⅶ　過払金の「他の貸金債務への充当」

　この場合には、前記(a)の「基本契約の締結なし」の場合と異なり、原則として、他の貸金取引に「充当される」。
　ただし、「特段の事情がある」ときには、例外的に、充当されない。
■「No.11最判」（平成15年7月18日第二小法廷）（1審被告は商工ローンの㈱ロプロ（旧商号㈱日栄））――「No.12最判」・「No.13最判」は、「No.11最判」と同旨
　「同一の貸主と借主との間で基本契約に基づき継続的に貸付けとその返済が繰り返される金銭消費貸借取引においては、借主は、借入れ総額の減少を望み、複数の権利関係が発生するような事態が生じることは望まないのが通常と考えられることから、弁済金のうち制限超過部分を元本に充当した結果当該借入金債務が完済され、これに対する弁済の指定が無意味となる場合には、特段の事情がない限り、弁済当時存在する他の借入金債務に対する弁済を指定したものと推認することができる。また、法1条1項及び2条の規定は、金銭消費貸借上の貸主には、借主が実際に利用することが可能な貸付額とその利用期間とを基礎とする法所定の制限内の利息の取得のみを認め、上記各規定が適用される限りにおいては、民法136条2項ただし書の規定の適用を排除する趣旨と解するべきであるから、過払金が充当される他の借入金債務についての貸主の期限の利益は保護されるものではなく、充当されるべき元本に対する期限までの利息の発生を認めることはできないというべきである。
　したがって、同一の貸主と借主との間で基本契約に基づき継続的に貸付けが繰り返される金銭消費貸借取引において、借主がそのうちの一つの借入金債務につき法所定の制限を超える利息を任意に払い、この制限超過部分を元本に充当してもなお過払金が存する場合、この過払金は、当事者間に充当に関する特約が存在するなど特段の事情のない限り、民法489条及び491条の規定に従って、弁済当時存在する他の借入金債務に充当され、当該他の借入金債務の利率が法所定の制限を超える場合には、貸主は充当されるべき元本に対する約定の期限までの利息を取得することができないと解するのが相当である。」
■「No.24最判」（平成19年6月7日第一小法廷）（1審被告は㈱オリエントコーポレー

第3章　過払金訴訟の最高裁判決

ション／継続的な取引を予定した複数の基本契約（クレジットカード会員契約）に基づく貸金取引の事案）

「よって検討するに、同一の貸主と借主との間で基本契約に基づき継続的に貸付けが繰り返される金銭消費貸借取引において、借主がそのうちの一つの借入金債務につき利息制限法所定の制限を超える利息を任意に支払い、この制限超過部分を元本に充当してもなお過払金が存する場合、この過払金は、当事者間に充当に関する特約が存在するなど特段の事情がない限り、弁済当時存在する他の借入金債務に充当されると解するのが相当である（著者注：No.11最判・No.12最判を掲記）。これに対して、弁済によって過払金が発生しても、その当時他の借入金債務が存在しなかった場合には、上記過払金は、その後に発生した新たな借入金債務に当然に充当されるものということはできない。しかし、この場合においても、少なくとも、当事者間に上記過払金を新たな借入金債務に充当する旨の合意が存在するときは、その合意に従った充当がされるものというべきである。

これを本件についてみるに、前記事実関係等によれば、上告人と被上告人との間で締結された本件各基本契約において、被上告人は借入限度額の範囲内において1万円単位で繰り返し上告人から金員を借り入れることができ、借入金の返済の方式は毎月一定の支払日に借主である被上告人の指定口座からの口座振替の方法によることとされ、毎月の返済額は前月における借入金債務の残額の合計を基準とする一定額に定められ、利息は前月の支払日の返済後の残元金の合計に対する当該支払日の翌日から当月の支払日までの期間に応じて計算することとされていたというのである。これによれば、本件各基本契約に基づく債務の弁済は、各貸付けごとに個別的な対応関係をもって行われることが予定されているものではなく、本件各基本契約に基づく借入金の全体に対して行われるものと解されるのであり、充当の対象となるのはこのような全体としての借入金債務であると解することができる。そうすると、本件各基本契約は、同契約に基づく各借入金債務に対する各弁済金のうち制限超過部分を元本に充当した結果、過払金が発生した場合には、上記過払金を、弁済当時存在する他の借入金債務に充当することはもとより、弁済

当時他の借入金債務が存在しないときでもその後に発生する新たな借入金債務に充当する旨の合意を含んでいるものと解するのが相当である。」

　(c)　「２つの基本契約の一方の貸金取引から生じた過払金の他方への充当」――「No.29最判・No.42最判・No.46最判」

　この場合は、前記(b)の場合とは異なり、結果的には前記(a)の場合と同様、「充当する旨の合意が存在するなど特段の事情がない限り」、他の貸金取引には「充当されない」。ただし、「事実上一個の連続した貸付取引であると評価することができる場合には、上記合意が存在する」ことになり、例外的に、充当される。

■「No.29最判」（平成20年１月18日第二小法廷）――「リボルビング方式の貸金取引の基本契約」

「(1)　同一の貸主と借主との間で継続的に貸付けとその弁済が繰り返されることを予定した基本契約が締結され、この基本契約に基づく取引に係る債務の各弁済金のうち制限超過部分を元本に充当すると過払金が発生するに至ったが、過払金が発生することとなった弁済がされた時点においては両者の間に他の債務が存在せず、その後に、両者の間で改めて金銭消費貸借に係る基本契約が締結され、この基本契約に基づく取引に係る債務が発生した場合には、第一の基本契約に基づく取引により発生した過払金を新たな借入金債務に充当する旨の合意が存在するなど特段の事情がない限り、第一の基本契約に基づく取引に係る過払金は、第二の基本契約に基づく取引に係る債務には充当されないと解するのが相当である（著者注：No.23最判・No.24最判を掲記）。そして、第一の基本契約に基づく貸付け及び弁済が反復継続して行われた期間の長さやこれに基づく最終の弁済から第二の基本契約に基づく最初の貸付けまでの期間、第一の基本契約についての契約書の返還の有無、借入れ等に際し使用されるカードが発行されている場合にはその失効手続の有無、第一の基本契約に基づく最終の弁済から第二の基本契約が締結されるまでの間における貸主と借主との接触の状況、第二の基本契約が締結されるに至る経緯、第一と第二の各基本契約における利率等の契約条件の異同等の事情を考慮して、第一の基本契約に基づく債務が完済されてもこれが終了せず、第一

の基本契約に基づく取引と第二の基本契約に基づく取引とが事実上一個の連続した貸付取引であると評価することができる場合には、上記合意が存在するものと解するのが相当である。

(2) これを本件についてみると、前記事実関係によれば、基本契約一に基づく取引について、約定利率に基づく計算上は元利金が完済される結果となった平成7年7月19日の時点において、各弁済金のうち制限超過部分を元本に充当すると過払金42万957円が発生したが、その当時上告人と被上告人との間には他の借入金債務は存在せず、その後約3年を経過した平成10年6月8日になって改めて基本契約二が締結され、それ以降は基本契約二に基づく取引が行われたというのであるから、基本契約一に基づく取引と基本契約二に基づく取引とが事実上一個の連続した貸付取引であると評価することができる場合に当たるなど特段の事情のない限り、基本契約一に基づく取引により生じた過払金は、基本契約二に基づく取引に係る債務には充当されないというべきである。

原審は、基本契約一と基本契約二は、単に借増しと弁済が繰り返される一連の貸借取引を定めたものであり、実質上一体として一個のリボルビング方式の金銭消費貸借契約を成すと解するのが相当であることを根拠として、基本契約一に基づく取引により生じた過払金が基本契約二に基づく取引に係る債務に当然に充当されるとする。しかし、本件においては、基本契約一に基づく最終の弁済から約3年間が経過した後に改めて基本契約二が締結されたこと、基本契約一と基本契約二は利息、遅延損害金の利率を異にすることなど前記の事実関係を前提とすれば、原審の認定した事情のみからは、上記特段の事情が存在すると解することはできない。

そうすると、本件において、上記特段の事情の有無について判断することなく、上記過払金が基本契約二に基づく取引に係る債務に当然に充当されるとした原審の判断には、判決に影響を及ぼすことが明らかな法令の違反がある。」

■ 「№42最判」（平成23年7月14日第一小法廷）──「自動更新条項」がある場合
「同一の貸主と借主との間で継続的に貸付けとその弁済が繰り返されるこ

とを予定した基本契約（以下『第一の基本契約』という。）が締結され、この基本契約に基づく取引に係る債務の各弁済金のうち制限超過部分を元本に充当すると過払金が発生するに至ったが、過払金が発生することとなった弁済がされた時点においては両者の間において他の債務が存在せず、その後に、両者の間で改めて金銭消費貸借に係る基本契約（以下『第二の基本契約』という。）が締結され、第二の基本契約に基づく取引に係る債務が発生した場合には、第一の基本契約に基づく取引により発生した過払金を新たな借入金債務に<u>充当する旨の合意が存在するなど特段の事情がない限り</u>、第一の基本契約に基づく取引に係る過払金は、第二の基本契約に基づく取引に係る債務には充当されないと解するのが相当である（著者注：No.29最判掲記）。そして、第一の基本契約に基づく貸付け及び弁済は反復継続して行われた期間の長さやこれに基づく最終の弁済から第二の基本契約に基づく最初の貸付けまでの期間、第一の基本契約についての契約書の返済の有無、借入れ等に際し使用されるカードが発行されている場合にはその失効手続の有無、第一の基本契約に基づく最終の弁済から第二の基本契約が締結されるまでの間における貸主と借主との接触の状況、第二の基本契約が締結されるに至る経緯、第一と第二の基本契約における利率等の契約条件の異同等の<u>事情を考慮して</u>、第一の基本契約に基づく債務が完済されてもこれが終了せず、第一の基本契約に基づく取引と第二の基本契約とが<u>事実上一個の連続した貸付取引であると評価することができる場合には、上記合意が存在するものと解するのが相当である</u>（著者注：No.29判決を掲記）。

　しかるに、原審は、前記事実関係によれば、基本契約一に基づく最終の弁済から基本契約二に基づく最初の貸付け、基本契約二に基づく最終の弁済から基本契約三に基づく最初の貸付け及び基本契約三に基づく最終の弁済から基本契約四に基づく最初の貸付けまで、それぞれ約１年６か月、約２年２か月及び約２年４か月の期間があるにもかかわらず、基本契約一ないし三に本件自動継続条項が置かれていることから、これらの期間を考慮することなく、基本契約一ないし四に基づく取引は事実上一個の連続した取引であり、本件過払金充当合意が存在するとしているのであるから、この原審の判断に

第3章　過払金訴訟の最高裁判決

は、判決に影響を及ぼすことが明らかな法令の違反がある。」

■「No.46最判」（平成24年9月11日第三小法廷）――「無担保のリボルビング方式の金銭消費貸借に係る基本契約」と「不動産に担保権を設定した上で確定金額に係る金銭消費貸借契約」が締結された場合

「(1)ア　同一の貸主と借主との間で継続的に貸付けとその弁済が繰り返されることを予定した基本契約が締結され、この基本契約に基づく取引に係る債務の各弁済金のうち制限超過部分を元本に充当すると過払金が発生するに至ったが、その後に改めて金銭消費貸借に係る基本契約が締結され、この基本契約に基づく取引に係る債務が発生した場合には、第1の基本契約に基づく取引により発生した過払金を新たな借入金債務に充当する旨の合意が存在するなど特段の事情がない限り、第1の基本契約に基づく取引に係る過払金は、第2の基本契約に基づく取引に係る債務には充当されず（著者注：No.22最判・No.23最判・No.28最判掲記）、第1の基本契約に基づく債務が完済されてもこれが終了せず、第1の基本契約に基づく取引と第2の基本契約に基づく取引とが事実上1個の連続した貸付取引であると評価することができるときにおいては、上記の充当に関する合意が存在すると解するのが相当である（著者注：No.28最判を掲記）。

イ　以上のことは、同一の貸主と借主との間で無担保のリボルビング方式の金銭消費貸借に係る基本契約が締結され、この基本契約に基づく取引が続けられた後、改めて不動産に担保権を設定した上で確定金額に係る金銭消費貸借契約が締結された場合であっても、異なるものではない。

(2)　一般的には、無担保のリボルビング方式の金銭消費貸借に係る基本契約（以下、『第1の契約』という。）は、融資限度額の範囲内で継続的に金銭の貸付けとその弁済が繰り返されることが予定されているのに対し、不動産に担保権を設定した上で締結される確定金額に係る金銭消費貸借契約（以下『第2の契約』という。）は、当該確定金額を貸し付け、これに対応して約定の返済日に約定の金額を分割弁済するものであるなど、第1の契約と第2の契約とは、弁済の在り方を含む契約形態や契約条件において大きく異なっている。したがって、上記(1)イの場合において、第2の契約に基づく借入金の一

第1節　利息制限法の解釈論　Ⅶ　過払金の「他の貸金債務への充当」

部が第1の契約に基づく約定残債務の弁済に充てられ、借主にはその残額のみが現実に交付されたこと、第1の契約の基づく取引は長期にわたって継続しており、第2の契約が締結された時点では当事者間に他に債務を生じさせる契約がないことなどの事情が認められるときであっても、第1の契約に基づく取引が解消され第2の契約が締結されるに至る経緯、その後の取引の実情等に照らし、当事者が第1の契約及び第2の契約に基づく各取引が事実上1個の連続した貸付取引であることを前提に取引をしていると認められる特段の事情がない限り、第1の契約に基づく取引と第2の契約に基づく取引とが事実上1個の連続した貸付取引であると評価して、第1の契約に基づく取引により発生した過払金を第2の契約に基づく借入金債務に充当する旨の合意が存在すると解することは相当でない。

　(3)　これを本件についてみると、前記事実関係によれば、被上告人とAとの間では本件第1契約が締結され、これに基づく取引が続けられた後、改めて本件第2契約が締結されたところ、本件第1契約は無担保のリボルビング方式の金銭消費貸借に係る基本契約であるのに対し、本件第2契約は不動産に根抵当権を設定した上で1回に確定金額を貸し付け毎月元利金の均等額を分割弁済するという約定の金銭消費貸借契約であるから、両契約は契約形態や契約条件において大きく異なり、本件第2契約の締結時後は、本件第2契約に基づく借入金債務の弁済のみが続けられている。そうすると、本件第2契約がAの担当者に勧められて締結されたものであり、これに基づく借入金の一部が本件第1契約に基づく約定残債務の弁済に充てられ、被上告人にはその残額のみが現実に交付されたこと、本件第1契約に基づく取引は長期にわたって継続しており、本件第2契約が締結された時点では当事者間に他に債務を生じさせる契約がなかったことなどという程度の事情しか認められず、それ以上に当事者が本件第1契約及び本件第2契約に基づく各取引が事実上1個の連続した貸付取引であることを前提に取引をしているとみるべき事情のうかがわれない本件においては、本件第1契約に基づく取引と本件第2契約に基づく取引とが事実上1個の連続した貸付取引であると評価することは困難である。

したがって、被上告人とAとの間で、本件第1契約に基づく取引により発生した過払金を本件第2契約に基づく借入金債務に充当する旨の合意が存在すると解するのは相当でなく、上記過払金は上記借入金債務には充当されないというべきである。そうすると、上記過払金の返還請求権の消滅時効は成立していることとなる。」

Ⅷ　貸金契約上の地位（過払金返還債務）の移転・承継

　第1章で述べた貸金業者の栄枯盛衰に伴い、合従連衡の大きな流れが生じ、各会社間での統廃合や組織変更が必至となったが、そのプロセスの中で、撤退したり消滅していった事業者の貸金債権やこれを含む営業権が他の事業者に移転することとなった。

　上記の場合、貸金取引の貸主たる地位ないし過払金返還債務も新規事業者に移転し、承継されるかどうか、との点については、過払金の返還を請求する側の借主にとっては、極めて重大な問題であり、実際に裁判上、争われるようになった。

（1）　**貸金債権等の資産の一括譲渡**（存続貸主＝ CFJ 合同会社）

　たとえそれが営業譲渡であったとしても、貸金取引の貸主たる契約上の地位が当然、譲受人側に移転するとは考えられず、結局のところ、問題の契約内容の如何次第によらざるを得ない。

■「№39最判」（平成23年3月22日第三小法廷）──「№40最判」・「№41最判」も「№39最判」と同旨（№39最判を引用）

「前記事実関係によれば、<u>本件譲渡契約は、第1.3条及び第1.4条(a)において、上告人は本件債務を承継しない旨を明確に定める</u>のであって、これらの条項と対照すれば、本件譲渡契約の第9.6条(b)が、上告人において第三者弁済をする場合における求償関係を定めるものであることは明らかであり、これが置かれていることをもって、上告人が本件債務を重畳的に引き受け、これを承継したと解することはできない。

　そして、貸金業者（以下『譲渡業者』という。）が貸金債権を一括して他の貸

第1節　利息制限法の解釈論　Ⅷ　貸金契約上の地位（過払金返還債務）の移転・承継

金業者（以下『譲受業者』いう。）に譲渡する旨の合意をした場合において、譲渡業者の有する資産のうち何が譲渡の対象であるかは、上記合意の内容いかんによるというべきであり、それが営業譲渡の性質を有するときであっても、借主と譲渡業者との間の金銭消費貸借取引に係る契約上の地位が譲受業者に当然に移転すると解することはできないところ、上記のとおり、本件譲渡契約は、上告人が本件債務を承継しない旨を明確に定めるのであって、これが、被上告人とタイヘイとの間の金銭消費貸借取引に係る契約上の地位の移転を内容とするものと解する余地もない。」

（2）　**国内の消費者金融業を営む子会社の再編**（残存貸主＝プロミス㈱）

（a）　債務の切替契約——債務引受の合意の認定

■「No.43最判」（平成23年9月30日第二小法廷）

「前記事実関係によれば、被上告人は、グループ会社のうち国内の消費者金融子会社の再編を目的として、被上告人の完全子会社であるクオークローンの貸金業を廃止し、これを被上告人に移行、集約するために本件業務提携契約を締結したのであって、上記の貸金業の移行、集約を実現し、円滑に進めるために、本件債務引受条項において、被上告人がクオークローンの顧客に対する過払金等返還債務を併存的に引き受けることが、また、本件周知条項において、クオークローンの顧客である切替顧客に対し、当該切替顧客とクオークローンとの間の債権債務に関する紛争については、単に紛争の申出窓口になるにとどまらず、その処理についても被上告人が全て引き受けることとし、その旨を周知することが、それぞれ定められたものと解される。被上告人は、上記のような本件業務提携契約を前提として、クオークローンの顧客であった上告人に対し、本件切替契約が被上告人のグループ会社の再編に伴うものであることや、本件取引一に係る紛争等の窓口が今後被上告人になることなどが記載された本件申込書を示して、被上告人との間で本件切替契約を締結することを勧誘しているのであるから、被上告人の意図は別にして、上記勧誘に当たって表示された被上告人の意思としては、これを合理的に解釈すれば、上告人が上記勧誘に応じた場合には、被上告人が、上告人とクオークローンとの間で生じた債権を全て承継し、債務を全て引き受けるこ

とをその内容とするものとみなすのが相当である。

　そして、上告人は、上記の意思を表示した被上告人の勧誘に応じ、本件申込書に署名して被上告人に差し入れているのであるから、上告人もまた、クオークローンとの間で生じた債権債務を被上告人が全てそのまま承継し、又は引き受けることを前提に、上記勧誘に応じ、本件切替契約を締結したものと解するのが合理的である。

　本件申込書には、クオークローンに対して負担する債務を被上告人からの借入れにより完済する切替えについて承諾すること、本件取引一に係る約定残債務の額を確認し、これを完済するため、同額をクオークローン名義の口座に振り込むことを依頼することも記載されているが、本件申込書は、上記勧誘に応じて差し入れられたものであり、実際にも、上告人が被上告人から借入金を受領して、これをもって自らクオークローンに返済するという手続が執られることはなく、被上告人とその完全子会社であるクオークローンとの間で直接送金手続が行われたにすぎない上に、上記の記載を本件申込書の他の記載部分と対照してみるならば、上告人は、本件取引一に基づく約定残債務に係るクオークローンの債権を被上告人に承継させるための形式的な会計処理として、クオークローンに対する約定残債務相当額を被上告人から借り入れ、その借入金をもって上記約定残債務相当額を弁済するという処理を行うことを承諾したにすぎないものと解される。

　以上の事情に照らせば、上告人と被上告人とは、本件切替契約の締結に当たり、被上告人が、上告人との関係において、<u>本件取引一に係る債権を承継するにとどまらず、債務についても全て引き受ける旨を合意した</u>と解するのが相当であり、<u>この債務には、過払金等返還債務も含まれている</u>と解される。したがって、上告人が上記合意をしたことにより、論旨が指摘するような第三者のためにする契約の性質を有する本件債務引受条項について受益の意思表示もされていると解することができる。そして、被上告人が上告人と上記のとおり合意した以上、その後、被上告人とクオークローンとの間において本件変更契約が締結されたからといって、上記合意の効力が左右される余地はなく、また、上告人が、本件取引一に基づく約定残債務相当額を被上

告人から借り入れ、その借入金をもって本件取引一に基づく約定残債務を完済するという会計処理は、クオークローンから被上告人に対する貸金債権の承継を行うための形式的な会計処理にとどまるものというべきであるから、本件取引一と本件取引二とは一連のものとして過払金の額を計算すべきであることは明らかである。

したがって、被上告人は、上告人に対し、本件取引一と本件取引二とを一連のものとして制限超過部分を元本に充当した結果生ずる過払金につき、その返還に係る債務を負うというべきである。」

(b) 債権譲渡契約——過払金の返還債務の否定

■「No.45最判」(平成24年6月29日第二小法廷)

「5 貸金業者(以下『譲渡業者』という。)が貸金債権を一括して他の貸金業者(以下『譲受業者』という。)に譲渡する旨の合意をした場合において、<u>譲渡業者の有する資産のうち何が譲渡の対象であるかは、上記合意の内容いかんによる</u>というべきであり、借主と譲渡業者との間の<u>金銭消費貸借取引に係る契約上の地位が譲受業者に</u>当然に移転するものではなく、また、<u>譲受業者が上記金銭消費貸借取引に係る過払金返還債務を当然に承継するものでもない</u>(著者注:No.39最判・No.41最判を掲記)。前記事実関係によれば、本件譲渡は、クオークローンから被上告人への債権譲渡について包括的に定めた本件債権譲渡基本契約に基づくものであるところ、同基本契約には、契約上の地位の移転や過払金等返還債務の当然承継を定める条項はないというのであるから、本件譲渡により、直ちに、被上告人が、第一取引に係る契約上の地位の移転を受け、又は第一取引に係る過払金等返還債務を承継したということはできない。

また、前記事実関係によれば、本件債権譲渡基本契約中の本件債務引受条項は、譲渡債権に係るクオークローンの顧客を第三者とする第三者のためにする契約の性質を有するところ、本件変更契約の締結時までに、上告人は、被上告人に対し、本件譲渡に係る通知に従い弁済をした以外には、第一取引に係る約定残債権につき特段の行為をしておらず、上記弁済をしたことをもって、本件債務引受条項に係る受益の意思表示をしたものとみる余地はな

い。そうすると、本件債務引受条項は、上告人が受益の意思表示をする前にその効力を失ったこととなり、被上告人が本件債務引受条項に基づき上記過払金等返還債務を引き受けたということはできない。[著者注：No.43最判を掲記]は、被上告人が、本件業務提携契約を前提としてその完全子会社の顧客に対し被上告人との間で金銭消費貸借取引に係る基本契約を締結することを勧誘するに当たって、顧客と上記完全子会社との間に生じた債権を全て承継し、債務を全て引き受ける旨の意思表示をしたものと解するのが合理的であり、顧客も上記債権債務を被上告人において全てそのまま承継し、又は引き受けることを前提に、上記勧誘に応ずる旨の意思表示をしたものと解される場合につき判断したものであり、上告人の意思を考慮することなくクオークローンと被上告人との間で本件譲渡がされたにすぎない本件とは、事案を異にすることが明らかである。

以上によれば、被上告人は、本件債権譲渡基本契約及びこれに基づく本件譲渡により、第一取引によって発生した過払金等返還債務を承継したとはいえない。また、前記事実関係によれば、被上告人において上記過払金等返還債務の承継を否定することが信義則に反するともいえない。」

第2節　不当利得（民法703条）

I　過払金の消滅時効

(1)　消滅時効期間──「10年」

不当利得（過払金）返還義務の消滅時効期間については、次の2通りの考え方があるが、下記「No.7最判」は、反対意見があったものの、その結論として次の①を採用した。

① 不当利得返還請求権は民事上の一般債権であり、その消滅時効期間は、民法167条1項に従い「10年」となる。

② 貸金取引は附属的商行為（商法503条）であるから、過払金の返還請求権は、商法522条に従い「5年」となる。

第2節　不当利得（民法703条）　Ⅰ　過払金の消滅時効

■「No.7最判」（昭和55年1月24日第一小法廷）
「<u>商法522条の適用又は類推適用されるべき債権は商行為に属する法律行為から生じたもの又はこれに準ずるものでなければならない</u>ところ、利息制限法所定の制限をこえて支払われた利息・損害金についての<u>不当利得返還請求権</u>は、法律の規定によつて発生する債権であり、しかも、商事取引関係の迅速な解決のため短期消滅時効を定めた立法趣旨からみて、商行為によつて生じた債権に準ずるものと解することもできないから、<u>その消滅時効の期間は民事上の一般債権として民法167条1項により10年</u>と解するのが相当である。」

(2)　消滅時効の起算点――「取引終了時」

民法166条1項は、「消滅時効は、権利を行使することができる時から進行する。」と規定しているが、その起算点については、次の2通りの考え方がある。

①　過払金発生時説
②　取引終了時説

過払金返還請求権に関する限りは、原則として、前者①の過払金発生時説が妥当するが、下記判決例が問題とされた「基本契約に基づき継続的に借入と返済を繰り返した貸金取引であって、しかも過払金充当合意がなされていたとき」には、「時効進行に対する法律上の障害が存在しており、時効は進行しない。」との解釈に基づき、後者②の取引終了時説が妥当することとなる。

■「No.30最判」（平成21年1月22日第一小法廷）――「No.31最判」・「No.32最判」・「No.35最判」の判示も、「No.30最判」と同旨である（No.30最判を引用）。
「2　原審の適法に確定した事実関係の概要は、次のとおりである。

貸主である上告人と借主である被上告人は、1個の<u>基本契約</u>に基づき、第一審判決別紙『法廷金利計算書⑧』の『借入金額』欄及び『弁済額』欄記載のとおり、昭和57年8月10日から平成17年3月2日にかけて、<u>継続的に借入れと返済を繰り返す金銭消費貸借取引</u>を行った。

上記の借入れは、借入金の残元金が一定額となる限度で繰り返し行われ、

第3章　過払金訴訟の最高裁判決

　また、上記の返済は、借入金債務の残額の合計を基準として各回の最低返済額を設定して毎月行われるものであった。

　上記基本契約は、基本契約に基づく借入金債務につき利息制限法1条1項所定の利息の制限額を超える利息の弁済により過払金が発生した場合には、弁済当時他の借入金債務が存在しなければ上記過払金をその後に発生する新たな借入金債務に充当する旨の合意（以下『過払金充当合意』という。）を含むものであった。

　3　このような過払金充当合意においては、新たな借入金債務の発生が見込まれる限り、過払金を同債務に充当することとし、借主が過払金に係る不当利得返還請求権（以下『過払金返還請求権』という。）を行使することは通常想定されていないものというべきである。したがって、一般に、過払金充当合意には、借主は基本契約に基づく新たな借入金債務の発生が見込まれなくなった時点、すなわち、基本契約に基づく継続的な金銭消費貸借取引が終了した時点で過払金が存在していればその返済請求権を行使することとし、それまでは過払金が発生してもその都度その返還を請求することはせず、これをそのまま後に発生する新たな借入金債務への充当の用に供するという趣旨が含まれているものと解するのが相当である。そうすると、<u>過払金充当合意を含む基本契約に基づく継続的な金銭消費貸借取引においては、同取引継続中は過払金充当合意が法律上の障害となるというべきであり、過払金返還請求権の行使を妨げるものと解するのが相当である</u>。

　借主は、基本契約に基づく借入れを継続する義務を負うものではないので、一方的に基本契約に基づく継続的な金銭消費貸借取引を終了させ、その時点において存在する過払金の返還を請求することができるが、それをもって過払金発生時からその返還請求権の消滅時効が進行すると解することは、借主に対し、過払金が発生すればその返還請求権の消滅時効期間経過前に貸主との間の継続的な金銭消費貸借取引を終了させることを求めるに等しく、過払金充当合意を含む基本契約の趣旨に反することとなるから、そのように解することはできない（最高裁平成17年（受）第844号同19年4月24日第三小法廷判決・民集61巻3号1073頁、〔著者注：№24最判を掲記〕参照）。

したがって、過払金充当合意を含む基本契約に基づく継続的な金銭消費貸借取引においては、同取引により発生した過払金返還請求権の消滅時効は、過払金返還請求権の行使について上記内容と異なる合意が存在するなど特段の事情がない限り、同取引が終了した時点から進行するものと解するのが相当である。
　4　これを本件についてみるに、前記事実関係によれば、本件において前記特段の事情があったことはうかがわれず、上告人と被上告人との間において継続的な金銭消費貸借取引がされていたのは昭和57年8月10日から平成17年3月2日までであったというのであるから、上記消滅時効期間が経過する前に本件訴えが提起されたことが明らかであり、上記消滅時効は完成していない。」

II　利息・損害賠償（民法704条）

(1)　民法704条前段の利息の利率──「民法所定の年5分」
　悪意の受益者が負担する利息については、次の2通りの考え方があり、高裁の判決例の判断は分かれていた。
　①　年5分の民事法定利率説（民法404条）
　②　年6分の商事法定利率説（商法514条）
　これに対し下記「No.23最判」は、前記Iの消滅時効期間につき民法167条に基づく10年を採用したNo.7最判に対応し、前者①の民事法定利率の年5分を採用した。
■「No.23最判」（平成19年2月13日第三小法廷）
「商行為である貸付けに係る債務の弁済金のうち利息の制限額を超えて利息として支払われた部分を元本に充当することにより発生する過払金を不当利得として返還する場合において、悪意の受益者が付すべき民法704条前段所定の利息の利率は、民法所定の年5分と解するのが相当である。なぜなら、商法514条の適用又は類推適用されるべき債権は、商行為によって生じたもの又はこれに準ずるものでなければならないところ、上記過払金につい

ての不当利得返還請求権は、高利を制限して借主を保護する目的で設けられた利息制限法の規定によって発生する債権であって、営利性を考慮すべき債権ではないので、商行為によって生じたもの又はこれに準ずるものと解することはできないからである。」

(2) 利息の発生時──「過払金発生時」

前記Ⅰ(2)の「No.30最判」が判示した「消滅時効の起算点」と同様の考え方に基づき、利息の発生時は、下記「No.35最判」により、「過払金発生時」である旨判示された。

■「No.35最判」（平成21年7月17日第二小法廷）

「そして、前記事実関係によれば、本件取引一及び二により発生した過払金は合計83万4868円であり、<u>貸主が悪意の受益者である場合における民法704条所定の利息は、過払金発生時から発生する</u>から、平成19年11月30日までに発生した同条所定の利息は合計26万4513円であるところ、同日に被上告人が支払った38万0028円を利息、元本に充当すると、上告人の被上告人に対する過払金返還請求権は71万9353円が残存している。

そうすると、上告人の請求は、71万9353円及びこれに対する平成19年12月1日から支払済みまで民法所定の年5分の割合による金員の支払を求める限度で理由がある」。

(3) 法定利息の新たな借入金への充当

過払金充当合意を含む基本契約が存在し、継続的な貸金取引が繰り返された場合に、民法704条前段の法定利息の処理については、次の2通りの考え方があり、高裁判決例は分かれていた。

① 新たな借入金への充当処理説
② 充当はできず、別途清算すべし、との説

前者①の充当処理説が実務上一般的であったが、下記「No.47最判」も当然、これを採用した。

■「No.47最判」（平成25年4月11日第一小法廷）

「過払金充当合意を含む基本契約に基づく継続的な金銭消費貸借取引においては、過払金について発生した法定利息を過払金とは別途清算するという

第2節　不当利得（民法703条）　Ⅱ　利息・損害賠償（民法704条）

のが当事者の合理的な意思であるとは解し難い。そうすると、<u>継続的な金銭消費貸借取引に係る基本契約が過払金充当合意を含むものである場合</u>においては、過払金について発生した法定利息の充当につき別段の合意があると評価できるような<u>特段の事情がない限り</u>、<u>まず当該法定利息を新たな借入金債務に充当し、次いで過払金を新たな借入金債務の残額に充当すべきものと解するのが相当である</u>。前記事実関係によれば、本件基本契約は過払金充当合意を含むものであり、本件において上記特段の事情があったことはうかがわれないから、本件取引については、まず過払金について発生した法定利息を借入金債務に充当し、次いで過払金を新たな借入金債務の残額に充当すべきである。」

(4) 損害賠償責任

民法704条後段の損害賠償責任の法的性格については、次の2通りの考え方がある。

① 悪意の受益者の責任を加重し、特別の責任を負わせたとする特別責任説
② 不法行為の要件を充足することを前提に、悪意の受益者に対する不法行為責任を注意的に規定したとする不法行為責任説

前者①によれば、「悪意の受益者」であることを主張立証するだけで足りるが、後者②によれば、不法行為としての故意・過失や違法性という構成要件のすべてを立証することが必要となる。

多重債務問題に対する過払金返還請求訴訟が急増するや、多重債務者側の請求額を拡大する意向（悪意の受益者に対する慰謝料や弁護士費用の請求）に沿ったためか、この問題が大きな論点となってきたが、下記「No.37最判」は、後者②の不法行為責任説を採用した。

■「No.37最判」（平成21年11月9日第二小法廷）

「不当利得制度は、ある人の財産的利得が法律上の原因ないし正当な理由を欠く場合に、法律が公平の観念に基づいて受益者にその利得の返還義務を負担させるものであり（最高裁昭和45年（オ）第540号同49年9月26日第一小法廷判決・民集28巻6号1243頁参照）、不法行為に基づく損害賠償制度が、被害者に生

101

じた現実の損害を金銭的に評価し、加害者にこれを賠償させることにより、被害者が被った不利益を補てんして、不法行為がなかったときの状態に回復させることを目的とするものである（最高裁昭和63年（オ）第1749号平成5年3月24日大法廷判決・民集47巻4号3039頁参照）のとは、その趣旨を異にする。不当利得制度の下において受益者の受けた利益を超えて損失者の被った損害まで賠償させることは同制度の趣旨とするところとは解し難い。

　したがって、<u>民法704条後段の規定は、悪意の受益者が不法行為の要件を充足する限りにおいて、不法行為責任を負うことを注意的に規定したものにすぎず、悪意の受益者に対して不法行為責任とは異なる特別の責任を負わせたものではない</u>と解するのが相当である。」

Ⅲ　悪意の受益者の認定

　この点については、下級審判決例は一定せず分かれていたが、最高裁は、次の判決例により、貸金業者の場合、ほぼ原則的に悪意の受益者に該当する旨の判断を示している。

　最高裁は、過払金請求訴訟における貸金業者については、根源的な性悪説を盲信していたようである。

■「No.25最判」（平成19年7月13日第二小法廷）──「No.26最判」・「No.27最判」も同旨

　なお、上記3判決の原審は、いずれも悪意の受益者に該当しない旨判示していたが、最高裁は、ことごとく「破棄・差戻し」にしている。

　「金銭を目的とする消費貸借において利息制限法1条1項所定の制限利率（以下、単に『制限利率』という。）を超過する利息の契約は、その超過部分につき無効であって、この理は、貸金業者についても同様であるところ、貸金業者については、貸金業法43条1項が適用される場合に限り、制限超過部分を有効な利息の債務の弁済として受領することができるとされているにとどまる。このような法の趣旨からすれば、貸金業者は、同項の適用がない場合には、制限超過部分は、貸付金の残元本があればこれに充当され、残元本が完

第2節　不当利得（民法703条）　Ⅲ　悪意の受益者の認定

済になった後の過払金は不当利得として借主に返還すべきものであることを十分に認識しているものというべきである。そうすると、貸金業者が制限超過部分を利息の債務の弁済として受領したが、その受領につき貸金業法43条1項の適用が認められない場合には、<u>当該貸金業者は、同項の適用があるとの認識を有しており、かつ、そのような認識を有するに至ったことについてやむを得ないといえる特段の事情があるときでない限り</u>、法律上の原因がないことを知りながら過払金を取得した者、すなわち<u>民法704条の『悪意の受益者』であると推定される</u>ものというべきである。

　これを本件についてみると、前記事実関係等によれば、貸金業者である被上告人は、制限利率を超過する約定利率で上告人に対して本件各貸付けを行い、制限超過部分を含む本件各弁済の弁済金を受領したが、少なくともその一部については貸金業法43条1項の適用が認められないというのであるから、上記特段の事情のない限り、過払金の取得について悪意の受益者であると推定されるものというべきである。」

■「No.26最判」（平成19年7月13日第二小法廷）

　上記No.25最判の「特段の事情」につき、次のとおり具体的に判示している。

　「そうすると、少なくとも平成11年判決以後において、貸金業者が、事前に債務者に上記償還表を交付していれば18条書面を交付しなくても貸金業法43条1項の適用があるとの認識を有するに至ったことについてやむを得ないといえる特段の事情があるというためには、平成11年判決以後、上記認識に一致する解釈を示す裁判例が相当数あったとか、上記認識に一致する解釈を示す学説が有力であったというような合理的な根拠があって上記認識を有するに至ったことが必要であり、上記認識に一致する見解があったというだけで上記特段の事情があると解することはできない。」

■「No.33最判」（平成21年7月10日第二小法廷）

　「(1)　平成18年判決及び平成19年判決の内容は原審の判示するとおりであるが、平成18年判決が言い渡されるまでは、平成18年判決が示した期限の利益喪失特約の下での制限超過部分の支払（以下『期限の利益喪失特約下の支払』

という。)は原則として貸金業法43条1項にいう『債務者が利息として任意に支払った』ものということはできないとの見解を採用した最高裁判所の判例はなく、下級審の裁判例や学説においては、このような見解を採用するものは少数であり、大多数が、期限の利益喪失特約下の支払というだけではその支払の任意性を否定することはできないとの見解に立って、同項の規定の適用要件の解釈を行っていたことは、公知の事実である。平成18年判決と同旨の判断を示した［著者注：No.21最判を掲載］においても、上記大多数の見解と同旨の個別意見が付されている。

　そうすると、上記事情の下では、平成18年判決が言い渡されるまでは、貸金業者において、期限の利益喪失特約下の支払であることから直ちに同項の適用が否定されるものではないとの認識を有していたとしてもやむを得ないというべきであり、貸金業者が上記認識を有していたことについては、平成19年判決の判示する特段の事情があると認めるのが相当である。したがって、平成18年判決の言渡し日以前の期限の利益喪失特約下の支払については、これを受領したことのみを理由として当該貸金業者を悪意の受益者であると推定することはできない。

　(2)　これを本件についてみると、平成18年判決の言渡し日以前の被上告人の制限超過部分の支払については、期限の利益喪失特約下の支払であるため、支払の任意性の点で貸金業法43条1項の適用要件を欠き、有効な利息債務の弁済とはみなされないことになるが、上告人がこれを受領しても、期限の利益喪失特約下の支払の受領というだけでは悪意の受益者とは認められないのであるから、制限超過部分の支払について、それ以外の同項の適用要件の充足の有無、充足しない適用要件がある場合は、その適用要件との関係で上告人が悪意の受益者であると推定されるか否か等について検討しなければ、上告人が悪意の受益者であるか否かの判断ができないものというべきである。しかるに、原審は、上記のような検討をすることなく、期限の利益喪失特約下の支払の受領ということだけで平成18年判決の言渡し日以前の被上告人の支払について上告人を悪意の受益者と認めたものであるから、原審のこの判断には判決に影響を及ぼすことが明らかな法令の違反がある。」

第2節　不当利得（民法703条）　Ⅲ　悪意の受益者の認定

■「No.44最判」（平成23年12月1日第一小法廷）

「(1)　貸金業法17条1項6号及び貸金業法施行規則13条1項1号チが17条書面に返済期間、返済金額等の記載をすることを求めた趣旨・目的は、これらの記載により、借主が自己の債務の状況を認識し、返済計画を立てることを容易にすることにあると解される。リボルビング方式の貸付けがされた場合において、個々の貸付けの時点で、上記の記載に代えて次回の最低返済額及びその返済期日のみが記載された書面が17条書面として交付されても、上記の趣旨・目的が十分に果たされるものではないことは明らかである反面、確定的な返済期間、返済金額等の記載に準ずる記載をすることは可能であり、かつ、その記載があれば、借主は、個々の借入れの都度、今後、追加借入れをしないで、最低返済額を毎月の返済期限に返済していった場合、いつ残元利金が完済になるのかを把握することができ、完済までの期間の長さ等によって、自己の負担している債務の重さを認識し、漫然と借入れを繰り返すことを避けることができるのであるから、これを記載することが上記の趣旨・目的に沿うものであることは、平成17年判決の言渡し日以前であっても貸金業者において認識し得たというべきである。

そして、平成17年判決が言い渡される前に、下級審の裁判例や学説において、リボルビング方式の貸付けについては、17条書面として交付する書面に確定的な返済期間、返済金額等の記載に準ずる記載がなくても貸金業法43条1項の適用があるとの見解を採用するものが多数を占めていたとはいえないこと、上記の見解が貸金業法の立法に関与した者によって明確に示されていたわけでもないことは、当裁判所に顕著である。

上記事情の下では、監督官庁による通達や事務ガイドラインにおいて、リボルビング方式の貸付けについては、必ずしも貸金業法17条1項各号に掲げる事項全てを17条書面として交付する書面に記載しなくてもよいと理解し得ないではない記載があったとしても、貸金業者が、リボルビング方式の貸付けにつき、17条書面として交付する書面には、次回の最低返済額とその返済期日の記載があれば足り、確定的な返済期間、返済金額等の記載に準ずる記載がなくても貸金業法43条1項の適用が否定されるものではないとの認識を

第3章　過払金訴訟の最高裁判決

有するに至ったことがやむを得ないということはできない。

　そうすると、リボルビング方式の貸付けについて、貸金業者が17条書面として交付する書面に確定的な返済期間、返済金額等の記載に準ずる記載をしない場合は、平成17年判決の言渡し日以前であっても、当該貸金業者が制限超過部分の受領につき貸金業法43条1項の適用があるとの認識を有することに平成19年判決の判示する特段の事情があるということはできず、当該貸金業者は、法律上の原因がないことを知りながら過払金を取得した者、すなわち民法704条の『悪意の受益者』であると推定されるものというべきである。

　(2)　これを本件についてみると、前記事実関係によれば、本件各取引において17条書面として上告人に交付された各書面は、平成16年9月までは、次回の最低返済額とその返済期日の記載があったにとどまり、確定的な返済期間、返済金額等の記載に準ずる記載がなかったというのであるから、被上告人又はアイクにおいて平成19年判決の判示する特段の事情があるということはできず、被上告人及びアイクは、この時期までに本件各取引から発生した過払金の取得につき悪意の受益者であると推定されるものというべきであり、この推定を覆すべき事情は見当たらない。

　そして、同年10月以降は、本件各取引において17条書面として上告人に交付された各書面に確定的な返済期間、返済金額等の記載に準ずる記載がされるようになったが、それより前から本件各取引は継続して過払の状態となり貸金債務は存在していなかったというのであるから、同月以降は、利息が発生する余地はなく、この時期にされた制限超過部分の支払につき貸金業法43条1項を適用してこれを有効な利息の支払とみなすことができないことは明らかである。そうすると、本件各取引につき、同月以降、17条書面として交付された書面に上記の記載があったとしても、被上告人がそれまでに発生した過払金の取得につき悪意の受益者である以上、この時期に発生した過払金の取得についても悪意の受益者であることを否定することはできない。

　よって、被上告人は、本件各取引における過払金の取得について民法704条の『悪意の受益者』であるというべきである。」

第3節　不法行為（民法709条）

　貸金取引の借主（その多くが多重債務者）からの過払金返還請求訴訟では、併せて、各種理由による「不法行為の成立」を根拠に「損害賠償や弁護士費用」の支払を請求される例が多い。

　以下、その際の法的根拠として多用される項目につき、個別に検討する。

I　貸主からの訴訟の提起

　貸金業者から借主に対する訴訟の提起自体が不法行為である旨主張され、損害賠償の請求がなされることがあるが、その成功例は少なく、損害賠償請求が認められる可能性は極めて小さい。

■「No.8 最判」（昭和63年1月26日第三小法廷）

「法的紛争の当事者が当該紛争の終局的解決を裁判所に求めうることは、法治国家の根幹にかかわる重要な事柄であるから、裁判を受ける権利は最大限尊重されなければならず、不法行為の成否を判断するにあたつては、いやしくも裁判制度の利用を不当に制限する結果とならないよう慎重な配慮が必要とされることは当然のことである。したがつて、法的紛争の解決を求めて訴えを提起することは、原則として正当な行為であり、提訴者が敗訴の確定判決を受けたことのみによつて、直ちに当該訴えの提起をもつて違法ということはできないというべきである。一方、訴えを提起された者にとつては、応訴を強いられ、そのために、弁護士に訴訟追行を委任しその費用を支払うなど、経済的、精神的負担を余儀なくされるのであるから、応訴者に不当な負担を強いる結果を招くような訴えの提起は、違法とされることのあるのもやむをえないところである。

　以上の観点からすると、民事訴訟を提起した者が敗訴の確定判決を受けた場合において、右訴えの提起が相手方に対する違法な行為といえるのは、当該訴訟において提訴者の主張した権利又は法律関係（以下『権利等』という。）

が事実的、法律的根拠を欠くものであるうえ、提訴者が、そのことを知りながら又は通常人であれば容易にそのことを知りえたといえるのにあえて訴えを提起したなど、訴えの提起が裁判制度の趣旨目的に照らして著しく相当性を欠くと認められるときに限られるものと解するのが相当である。けだし、訴えを提起する際に、提訴者において、自己の主張しようとする権利等の事実的、法律的根拠につき、高度の調査、検討が要請されるものと解するならば、裁判制度の自由な利用が著しく阻害される結果となり妥当でないからである。

　これを本件についてみるに、原審の確定した事実関係は前記のとおりであり、上告人は、被上告人が上告人の依頼に基づき本件土地の測量図を作成した際過小に測量したため、実際の面積より不足する分について土地代金をもらえず損害を被つたと主張し、被上告人に対して損害賠償を求める前訴を提起し、被上告人に実際に測量を依頼したのは訴外会社であつて上告人ではないことを理由とする敗訴判決を受けたが、前訴提起の当時、訴外会社に本件土地を売り渡したのは上告人で、被上告人に対する測量の依頼も訴外会社を通じて上告人がしたことであつて、被上告人の誤つた測量により損害を被つたと考えていたところ、本件土地が上告人の買い受けたもので、＊＊は、破産管理人との関係を慮り、上告人の承諾を得たうえ自己の名でこれを訴外会社に売り渡す契約をしたのであり、しかも、右契約は精算のため後日測量することを前提としていたのであるから、実質上、＊＊が上告人の代理人として売買契約及び測量依頼をしたものと考える余地もないではないこと、上告人が、＊＊において訴外会社に働きかけて本件土地の面積を実際の面積よりも少なくし、その分の代金相当額を訴外会社と折半しようとしているとの情報を得て、訴外会社に対し、本件土地の所有者は上告人であるから残代金を支払つて欲しい旨の通知をしていたのに、訴外会社が被上告人の測量結果を盾にとつて精算に応じようとしなかつたことなどの事情を考慮すると、上告人が被上告人に対して損害賠償請求権を有しないことを知つていたということはできないのみならず、いまだ通常人であれば容易にそのことを知りえたともいえないので、被上告人に対して測量図等は何人のどのような依頼や指

第3節　不法行為（民法709条）　Ⅱ　取引履歴の非開示

示に基づいて作成されたかという点につき更に事実を確認しなかつたからといつて、<u>上告人のした前訴の提起が裁判制度の趣旨目的に照らして著しく相当性を欠くものとはいえず</u>、したがつて、<u>被上告人に対する違法な行為であるとはいえない</u>から、<u>被上告人に対する不法行為になるものではない</u>というべきである。」

Ⅱ　取引履歴の非開示

　貸金業者が取引履歴の開示義務を負うかどうかについては、高裁判決例では分かれていたが、平成17年の下記最高裁判決が、一定の条件を付しながら、初めて当該義務を肯定した。

■「No.17最判」（平成17年7月19日第三小法廷）

「(1)　貸金業法19条及びその委任を受けて定められた貸金業の規制等に関する法律施行規則（以下『施行規則』という。）16条は、貸金業者に対して、その営業所又は事務所ごとに、その業務に関する帳簿（以下『業務帳簿』という。）を備え、債務者ごとに、貸付けの契約について、契約年月日、貸付けの金額、貸付けの利率、弁済金の受領金額、受領年月日等、貸金業法17条1項及び18条1項所定の事項（貸金業者の商号等の業務帳簿に記載する意味のない事項を除く。）を記載し、これを保存すべき義務を負わせている。そして、貸金業者が、貸金業法19条の規定に違反して業務帳簿を備え付けず、業務帳簿に前記記載事項を記載せず、若しくは虚偽の記載をし、又は業務帳簿を保存しなかった場合については、罰則が設けられている（同法49条7号。貸金業法施行時には同条4号）。

　(2)　貸金業法は、貸金業者は、貸付けに係る契約を締結するに当たり、17条1項所定の事項を記載した書面（以下『17条書面』という。）を債務者に交付し、弁済を受けた都度、直ちに18条1項指定の事項を記載した書面（以下、17条書面に併せて『17条書面等』という。）を弁済者に交付すべき旨を定めている（17条、18条）が、長期間にわたって貸付けと弁済が繰り返される場合には、特に不注意な債務者でなくても、交付を受けた17条書面等の一部を紛失する

ことはあり得るものというべきであり、貸金業法及び施行規則は、このような場合も想定した上で、貸金業者に対し、同法17条1項及び18条1項所定の事項を記載した業務帳簿の作成・備付け義務を負わせたものと解される。

(3) また、貸金業法43条1項は、貸金業者が業として行う金銭消費貸借上の利息の契約に基づき、債務者が利息として任意に支払ったものについては、利息制限法1条1項に定める利息の制限額を超えるものであっても、17条書面等の交付があった場合には有効な利息債務の弁済とみなす旨定めており（以下、この規定によって有効な利息債務の弁済とみなされる弁済を『みなし弁済』という。）、貸金業者が利息制限法1条1項所定の制限利率を超える約定利率で貸付けを行うときは、みなし弁済をめぐる紛争が生ずる可能性がある。

(4) そうすると、貸金業法は、罰則をもって貸金業者に業務帳簿の作成・備付け義務を課すことによって、貸金業の適切な運営を確保して貸金業者から貸付けを受ける債務者の利益の保護を図るとともに、債務内容に疑義が生じた場合は、これを業務帳簿によって明らかにし、みなし弁済をめぐる紛争も含めて、貸金業者と債務者との間の貸付けに関する紛争の発生を未然に防止し又は生じた紛争を速やかに解決することを図ったものと解するのが相当である。金融庁事務ガイドライン3-2-3（現在は3-2-7）が、貸金業者の監督に当たっての留意事項として、『債務者、保証人その他の債務の弁済を行おうとする者から、帳簿の記載事項のうち、当該弁済に係る債務の内容について開示を求められたときに協力すること。』と記載し、貸金業者の監督に当たる者に対して、債務内容の開示要求に協力するように貸金業者に促すことを求めている（貸金業法施行時には、大蔵省銀行局長通達（昭和58年9月30日付け蔵銀第2602号）『貸金業者の業務運営に関する基本事項について』第2の4(1)ロ(ハ)に、貸金業者が業務帳簿の備付け及び記載事項の開示に関して執るべき措置として、債務内容の開示要求に協力しなければならない旨記載されていた。）のも、このような貸金業法の趣旨を踏まえたものと解される。

(5) 以上のような貸金業法の趣旨に加えて、一般に、債務者は、債務内容を正確に把握できない場合には、弁済計画を立てることが困難となったり、過払金があるのにその返還が請求できないばかりか、更に弁済を求められて

これに応ずることを余儀なくされるなど、大きな不利益を被る可能性があるのに対して、貸金業者が保存している業務帳簿に基づいて債務内容を開示することは容易であり、貸金業者に特段の負担は生じないことにかんがみると、<u>貸金業者は、債務者から取引履歴の開示を求められた場合には、その開示要求が濫用にわたると認められるなど特段の事情がない限り、貸金業法の適用を受ける金銭消費貸借契約の付随義務として、信義則上、保存している業務帳簿（保存期間を経過して保存しているものを含む。）に基づいて取引履歴を開示すべき義務を負う</u>ものと解すべきである。そして、<u>貸金業者がこの義務に違反して取引履歴の開示を拒絶したときは、その行為は、違法性を有し、不法行為を構成する</u>ものというべきである。

(6) 前記事実関係によれば、上告人の取引履歴の開示要求に上記特段の事情があったことはうかがわれない。そして、上告人は、債務整理を弁護士に依頼し、被上告人に対し、弁護士を通じて、半年近く、繰り返し取引履歴の開示を求めたが、被上告人がこれを拒絶し続けたので、上告人は、その間債務整理ができず、結局、本件訴訟を提起するに至ったというのであるから、被上告人の上記開示拒絶行為は違法性を有し、これによって上告人が被った精神的損害については、過払金返還請求が認められることにより損害がてん補される関係には立たず、不法行為による損害賠償が認められなければならない。」

Ⅲ 過払金の支払請求・受領

　貸金業者等の貸主が利息制限法に超過した利息分、すなわち過払金を支払請求したり、これを受領し続けたことが、「架空請求」として不法行為となる旨主張され、損害賠償請求をされた例が多いが、その結論をいえば、不法行為の成立は認められていない。
■「No.36最判」（平成21年９月４日第二小法廷）
　「そこで検討するに、一般に、貸金業者が、借主に対し貸金の支払を請求し、借主から弁済を受ける行為それ自体は、当該貸金債権が存在しないと事

後的に判断されたことや、長期間にわたり制限超過部分を含む弁済を受けたことにより結果的に過払金が多額となったことのみをもって直ちに不法行為を構成するということはできず、これが<u>不法行為を構成するのは</u>、上記請求ないし受領が暴行、脅迫等を伴うものであったり、貸金業者が当該貸金債権が事実的、法律的根拠を欠くものであることを知りながら、又は通常の貸金業者であれば容易にそのことを知り得たのに、あえてその請求をしたりしたなど、<u>その行為の態様が社会通念に照らして著しく相当性を欠く場合に限られ</u>るものと解される。この理は、当該貸金業者が過払金の受領につき、民法704条所定の悪意の受益者であると推定される場合においても異なるところはない。

　本件において、被上告人の上告人に対する貸金の支払請求ないし上告人からの弁済金の受領が、暴行、脅迫等を伴うものであったことはうかがわれず、また、第一取引に基づき過払金が発生した当時、貸金業法43条1項（平成18年法律第115号による改正前のもの）により、制限超過部分についても一定の要件の下にこれを有効な利息債務の弁済とみなすものとされており、しかも、その適用要件の解釈につき下級審裁判例の見解は分かれていて、当審の判断も示されていなかったことは当裁判所に顕著であって、このことからすると、被上告人が、上記過払金の発生以後、貸金債権が事実的、法律的根拠を欠くものであることを知りながら、又は通常の貸金業者であれば容易にそのことを知り得たのにあえてその請求をしたということもできず、その行為の態様が社会通念に照らして著しく相当性を欠くものであったとはいえない。したがって、被上告人が民法704条所定の悪意の受益者であると推定されるとしても、被上告人が過払金を受領し続けた行為は不法行為を構成するものではない。」

第4節　貸金業規制法43条の「みなし弁済」

　「サラ金問題」に対処した昭和58年制定の「貸金業規制法」（「サラ金2法」の一つ）（本節において（旧）貸金業規制法は単に「法」という）により、「任意に支

第4節　貸金業規制法43条の「みなし弁済」　Ⅰ　法43条の趣旨

払った場合のみなし弁済」（法43条）が新設されたが（第2章第3節Ⅰ(6)参照）、当該規定の内容は、次のとおりであった。

①　貸業業者が業として行う金銭を目的とする消費貸借上の利息（利息制限法3条のみなし利息を含む。）の契約に基づき、債務者が利息として任意に支払った金銭の額が利息制限法1条1項に定める利息の制限額を超える場合において、その支払が1項1号（法17条の契約書面等の交付）及び2号（法18条の受取証書の交付）のいずれにも該当し、2項1号〜3号（業務処分違反の契約等）のいずれにも該当しないときは、制限超過部分の支払は、利息制限法の規定にかかわらず、<u>有効な利息の債務の弁済とみなす</u>（1項・2項）。

②　前記①の取扱いは、債務の不履行による賠償金についても適用（準用）する（3項）。

みなし弁済を容認することは、それまでに最高裁が「グレーゾーン金利」を否定してきた判例を空洞化する結果に他ならないところ、下級審判決の解釈論は一定していなかったが、最高裁は、№9最判を稀有の例として除き、悉く借主側の主張ないし請求を容認し、みなし弁済の成立を否定し続けた。

なお、みなし弁済の規定（法43条）は、平成18年12月13日成立の改正法（名称も「貸金業法」に変更）により廃止されたため、この論議は現段階では実際上無意味なものであるが、以下、最高裁の判断基準等の指標を歴史的知識として残しておくべく、みなし弁済に係る最高裁判決例を概観しておく。

Ⅰ　法43条の趣旨

№2最判は「過払金の元本充当」を、また№5最判は「過払金の返還」をそれぞれ肯定していたところ、法43条のみなし弁済規定は、かかる最高裁判例法を根底から覆す結果をもたらすものであるところ、最高裁は、その認定に際し、極めて厳格な態度を取り続け（下記「№14最判」ほか）、貸主（貸金業者）側のみなし弁済の主張を悉く否定してきた。その唯一の例外が、下記「№9最判」である。

(1)　例外事案での解釈論

第3章　過払金訴訟の最高裁判決

■「No.9最判」（平成2年1月22日第二小法廷）
「貸金業の規制等に関する法律（以下『法』という。）は、貸金業者の事業に対し必要な規制を行うことにより、その業務の適正な運営を確保し、資金需要者等の利益の保護を図るための措置として、貸金業者は、貸付けに係る契約を締結したときは、貸付けの利率、賠償額の予定に関する定めの内容等、法17条1項各号に掲げる事項についてその契約の内容を明らかにする書面（以下『契約書面』という。）をその相手方に交付しなければならないものとし（法17条1項）、さらに、その債権の全部又は一部について弁済を受けたときは、その都度、受領金額及びその利息、賠償額の予定に基づく賠償金又は元本への充当額等、法18条1項各号に掲げる事項を記載した書面（以下『受取証書』という。）を当該弁済をした者に交付しなければならないものとして（法18条1項）、債務者が貸付けに係る契約の内容又はこれに基づく支払の充当関係が不明確であることなどによって不利益を被ることがないように貸金業者に契約書面及び受取証書の交付を義務づける反面、その<u>義務が遵守された場合</u>には、債務者が利息又は賠償として任意に支払った金銭の額が利息制限法1条1項又は4条1項に定める利息又は賠償額の予定の制限額を超えるときにおいても、これを<u>有効な利息又は賠償金の債務の弁済</u>とみなすこととしている（法43条1項、3項）。」

(2) 厳格な解釈が基本

■「No.14最判」（平成16年2月20日第二小法廷）——「No.15最判」・「No.19最判」〜「No.22最判」は同旨
「法43条1項は、貸金業者が業として行う金銭消費貸借上の利息の契約に基づき、債務者が利息として任意に支払った金銭の額が利息の制限額を超え、利息制限法上、その超過部分につき、その契約が無効とされる場合において、貸金業者が、貸金業に係る業務規制として定められた法17条1項及び18条1項所定の各要件を具備した各書面を交付する義務を遵守したときには、利息制限法1条1項の規定にかかわらず、その支払を有効な利息の債務の弁済とみなす旨を定めている。貸金業者の業務の適正な運営を確保し、資金需要者等の利益の保護を図ること等を目的として、貸金業に対する必要な

第4節　貸金業規制法43条の「みなし弁済」　Ⅱ　「任意に支払った」の意味

規制等を定める法の趣旨、目的（法1条）と、上記業務規制に違反した場合の罰則（平成15年法律第136号による改正前の法49条3号）が設けられていること等にかんがみると、法43条1項の規定の適用要件については、これを厳格に解釈すべきものである。」

(3)　天引きへの不適用

■「No.15最判」（平成16年2月20日第二小法廷）

「(1)　利息制限法2条は、貸主が利息を天引きした場合には、その利息が制限利率以下の利率によるものであっても、現実の受領額を元本として同法1条1項所定の利率で計算した金額を超える場合には、その超過部分を元本の支払に充てたものとみなす旨を定めている。そして、法43条1項の規定が利息制限法1条1項についての特則規定であることは、その文言上から明らかであるけれども、上記の同法2条の規定の趣旨からみて、法43条1項の規定は利息制限法2条の特則規定ではないと解するのが相当である。

したがって、貸金業者との間の金銭消費貸借上の約定に基づき利息の天引きがされた場合における天引利息については、法43条1項の規定の適用はないと解すべきである。」

■「No.16最判」（平成16年7月9日第二小法廷）

「(1)　貸金業者との間の金銭消費貸借上の約定に基づき利息の天引きがされた場合における天引利息については、法43条1項の規定の適用はないと解するのが相当である（著者注：No.15最判を掲記）。

したがって、貸付け1から30までについては、法43条1項の規定の適用要件を欠くものというべきである。」

Ⅱ　「任意に支払った」の意味

(1)　例外事案での解釈論

最高裁は、下記判決により、法43条の任意性を緩やかな意味に理解し、肯定していた。

■「No.9最判」（平成2年1月22日第二小法廷）──「No.19最判」・「No.20最判」

第3章 過払金訴訟の最高裁判決

は同旨

「以上のような法の趣旨にかんがみれば、債務者が貸金業者に対してした金銭の支払が法43条1項又は3項によって有効な利息又は賠償金の債務の弁済とみなされるには、契約書面及び受領証書の記載が法の趣旨に合致するものでなければならないことはいうまでもないが、法43条1項にいう『債務者が利息として任意に支払った』及び同条3項にいう『債務者が賠償として任意に支払った』とは、債務者が利息の契約に基づく利息又は賠償額の予定に基づく賠償金の支払に充当されることを認識した上、自己の自由な意思によってこれらを支払ったことをいい、債務者において、その支払った金銭の額が利息制限法1条1項又は4条1項に定める利息又は賠償額の予定の<u>制限額を超えていること</u>あるいは<u>当該超過部分の契約が無効であることまで認識していることを要しない</u>と解するのが相当である。

これを本件についてみると、所論の点に関する原審の事実認定は、原判決挙示の証拠関係に照らして首肯するに足り、右事実関係の下においては、上告人が貸金業者である被上告人李昭博に対してした金銭の支払は、上告人が<u>利息の契約に基づく利息又は賠償額の予定に基づく賠償金の支払に充当されることを認識した上</u>、<u>自己の自由な意思によってされた</u>ことが明らかであるから、これを法43条1項又は3項にいう債務者が利息又は賠償として任意に支払ったものとした原審の判断は、正当として是認することができる。」

(2) 期限の利益の喪失特約がある場合

前記Ⅰ(1)の平成12年のNo.9最判後も、支払の任意性の解釈に関しては、否定説と肯定説に分かれていたが、下記最判は、「厳格な解釈」を主張する前記Ⅰ(2)のNo.14最判と「天引きへの不適用」を明らかにした前記Ⅰ(3)のNo.15及びNo.16最判に引き続き、期限の利益の喪失という特約がある事案において、支払の任意性を否定した。

■「No.19最判」（平成18年1月13日第二小法廷）──「No.22最判」は同旨

「(2) 本件期限の利益喪失特約がその文言どおりの効力を有するとすると、上告人甲野は、支払期日に制限超過部分を含む約定利息の支払を怠った場合には、元本についての期限の利益を当然に喪失し、残元本全額及び経過

利息を直ちに一括して支払う義務を負うことになる上、残元本全額に対して年29.2％の割合による遅延損害金を支払うべき義務を負うことになる。このような結果は、上告人甲野に対し、期限の利益を喪失する等の不利益を避けるため、本来は利息制限法1条1項によって支払義務を負わない制限超過部分の支払を強制することとなるから、同項の趣旨に反し容認することができず、本件期限の利益喪失特約のうち、上告人甲野が支払期日に制限超過部分の支払を怠った場合に期限の利益を喪失するとする部分は、同項の趣旨に反して無効であり、上告人甲野は、支払期日に約定の元本及び利息の制限額を支払いさえすれば、制限超過部分の支払を怠ったとしても、期限の利益を喪失することはなく、支払期日に約定の元本又は利息の制限額の支払を怠った場合に限り、期限の利益を喪失するものと解するのが相当である。

　そして、本件期限の利益喪失特約は、法律上は、上記のように一部無効であって、制限超過部分の支払を怠ったとしても期限の利益を喪失することはないけれども、この特約の存在は、通常、債務者に対し、支払期日に約定の元本と共に制限超過部分を含む約定利息を支払わない限り、期限の利益を喪失し、残元本全額を直ちに一括して支払い、これに対する遅延損害金を支払うべき義務を負うことになるとの誤解を与え、その結果、このような不利益を回避するために、制限超過部分を支払うことを債務者に事実上強制することになるものというべきである。

　したがって、本件期限の利益喪失特約の下で、債務者が、利息として、利息の制限額を超える額の金銭を支払った場合には、上記のような誤解が生じなかったといえるような特段の事情がない限り、債務者が自己の自由な意思によって制限超過部分を支払ったものということはできないと解するのが相当である。」

Ⅲ　法17条書面

　みなし弁済を容認する側（貸金業者）からは、適用要件についての杓子定規的な解釈ではなく、実際の貸金実務に適応した柔軟な解釈論が繰り返し主

第3章　過払金訴訟の最高裁判決

張され、下級審判決例ではこれを認めた事例も発生していたが、最高裁判所では、厳格な解釈論が徹底され、法定書面の記載事項について一部でも記載ミスがあれば、次のとおり、悉く排斥されてきている。

■「No.15最判」（平成16年2月20日第二小法廷）

「<u>法43条1項の規定の適用要件として、法17条1項所定の事項を記載した書面</u>（以下『17条書面』という。）をその相手方に交付しなければならないものとされているが、<u>17条書面には、法17条1項所定の事項のすべてが記載されていることを要するものであり、その一部が記載されていないときは、法43条1項適用の要件を欠く</u>というべきであって、有効な利息の債務の弁済とみなすことはできない。」

■「No.18最判」（平成17年12月15日第一小法廷）

「3(1)　貸金業者の業務の適正な運営を確保し、資金需要者等の利益の保護を図ること等を目的として、貸金業に対する必要な規制等を定める法の趣旨、目的（法1条）等にかんがみると、法43条1項の規定の適用要件については、これを厳格に解釈すべきものであり、17条書面の交付の要件についても、厳格に解釈しなければならず、<u>17条書面として交付された書面に法17条1項所定の事項のうちで記載されていない事項があるときは、法43条1項の規定の適用要件を欠く</u>というべきである（著者注：No.15最判を掲記）。そして、仮に、当該貸付けに係る契約の性質上、<u>法17条1項所定の事項のうち、確定的な記載が不可能な事項があったとしても、貸金業者は、その事項の記載義務を免れるものではなく</u>、その場合には、当該事項に準じた事項を記載すべき義務があり、同義務を尽くせば、当該事項を記載したものと解すべきであって、17条書面として交付された書面に当該事項に準じた事項の記載がないときは、17条書面の交付があったとは認められず、法43条1項の規定の適用要件を欠くというべきである。

(2)　前記事実関係によれば、本件各貸付けは、本件基本契約に基づいて行われたものであるが、本件基本契約の内容は、①被上告人は、借入限度額の範囲内であれば繰り返し借入れをすることができる、②被上告人は、元金について、返済すべき金額の最低額（以下『最低返済額』という。）を超える金額

第4節　貸金業規制法43条の「みなし弁済」　Ⅲ　法17条書面

であれば、返済額を自由に決めることができる、というものであることが明らかである。

　すなわち、本件各貸付けは、本件基本契約の下で、借入限度額の範囲内で借入れと返済を繰り返すことを予定して行われたものであり、その返済の方式は、追加貸付けがあっても、当該追加貸付けについての分割払の約束がされるわけではなく、当該追加貸付けを含めたその時点での本件基本契約に基づく全貸付けの残元利金（以下、単に『残元利金』という。）について、毎月15日の返済期日に最低返済額及び経過利息を支払えば足りるとするものであり、いわゆるリボルビング方式の一つである。したがって、個々の貸付けについての『返済期間及び返済回数』や各回の『返済金額』（以下、『返済期間及び返済回数』と各回の『返済金額』を併せて『返済期間、返済金額等』という。）は定められないし、残元利金についての返済期間、返済金額等は、被上告人が、今後、追加借入れをするかどうか、毎月15日の返済期日に幾ら返済するかによって変動することになり、上告人が、個々の貸付けの際に、当該貸付けやその時点での残元利金について、確定的な返済期間、返済金額等を17条書面に記載して被上告人に交付することは不可能であったといわざると得ない。

　(3)　しかし、本件各貸付けについて、確定的な返済期間、返済金額等を17条書面に記載することが不可能であるからといって、上告人は、返済期間、返済金額等を17条書面に記載すべき義務を免れるものではなく、個々の貸付けの時点での残元利金について、最低返済額及び経過利息を毎月15日の返済期日に返済する場合の返済期間、返済金額等を17条書面に記載することは可能であるから、上告人は、これを確定的な返済期間、返済金額等の記載に準ずるものとして、17条書面として交付する書面に記載すべき義務があったというべきである。そして、17条書面に最低返済額及び経過利息を毎月15日の返済期日に返済する場合の返済期間、返済金額等の記載があれば、借主は、個々の借入れの都度、今後、追加借入れをしないで、最低返済額及び経過利息を毎月15日の返済期日に返済していった場合、いつ残元利金が完済になるのかを把握することができ、完済までの期間の長さ等によって、自己の負担している債務の重さを認識し、漫然と借入れを繰り返すことを避けることが

できるものと解され、確定的な返済期間、返済金額等の記載に準じた効果があるということができる。

前記事実関係によれば、本件基本契約書の記載と本件各確認書等の記載とを併せても、確定的な返済期間、返済金額等の記載に準ずる記載があると解することはできない。したがって、本件各貸付けについては、17条書面の交付があったとは認められず、法43条１項の規定の適用要件を欠くというべきである。」

■「No.21最判・No.22最判」（平成18年１月24日第三小法廷）——日賦貸金業者の貸金取引

法17条書面の記載事項の記載の有無が争われたが、前記No.15最判が開示した下記の厳格な解釈論に基づき、次の記載事項が悉く「正確でない」あるいは「記載されていない」と認定され、貸金業者のみなし弁済主張が排斥された。

① 「貸付の金額」（法17条１項３号）
② 「各回の返済期日及び返済金額」（法17条１項８号（平成12年改正前））
③ 「貸付に関し貸金業者が受け取る書面の内容」及び「当該契約に基づく債権につき物的担保を供させるときは、当該担保」（法17条１項８号（平成12年改正前））
④ 「当該契約が、従前の貸付の契約に基づく債務の残高を貸付金額とする貸付けに係る契約であるときは、従前の貸付の契約に基づく債務の残高の内訳」（法17条１項８号（平成12年改正前））

「(1) 貸金業法43条１項は、貸金業者が業として行う金銭消費貸借上の利息の契約に基づき、債務者が利息として任意に支払った金銭の額が利息の制限額を超え、利息制限法上、制限超過部分につき、その契約が無効とされる場合において、貸金業者が、貸金業に係る業務規制として定められた貸金業法17条１項及び18条１項所定の各要件を具備した各書面を交付する義務を遵守したときには、利息制限法１条１項の規定にかかわらず、その支払を有効な利息の債務の弁済とみなす旨を定めている。貸金業者の業務の適正な運営を確保し、資金需要者等の利益の保護を図ること等を目的として、貸金業に

対する必要な規制等を定める貸金業法の趣旨、目的と、同法に上記業務規制に違反した場合の罰則が設けられていること等にかんがみると、同法43条1項の規定の適用要件については、これを厳格に解釈すべきものである。

貸金業法43条1項の規定の適用要件として、貸金業者は同法17条1項所定の事項を記載した書面（以下『17条書面』という。）を貸付けの相手方に交付しなければならないものとされているが、17条書面には同法17条1項所定の事項のすべてが記載されていることを要するものであり、それらの一部が記載されていないときは、同法43条1項の規定の適用要件を欠くというべきであって、有効な利息の債務の弁済とみなすことはできない（著者注：No.14最判・No.15最判を掲記）。

そして、貸金業法17条1項が、貸金業者につき、貸付けに係る契約を締結したときに、17条書面を交付すべき義務を定めた趣旨は、貸付けに係る合意の内容を書面化することで、貸金業者の業務の適正な運営を確保するとともに、後日になって当事者間に貸付けに係る合意の内容をめぐって紛争が発生するのを防止することにあると解される。したがって、17条書面の貸金業法17条1項所定の事項の記載内容が正確でないときや明確でないときにも、同法43条1項の規定の適用要件を欠くというべきであって、有効な利息の債務の弁済とみなすことはできない。」

Ⅳ　法18条書面

法17条書面の場合と同様、最高裁判例では厳格な解釈論が徹底され、一部でも記載ミスがあれば、みなし弁済主張は悉く排斥されてきた。

(1)　口座への振込みの際の記載事項

■「No.10最判」（平成11年1月21日第一小法廷）

「貸金業者との間の金銭消費貸借上の利息の契約に基づき、債務者が利息として任意に支払った金銭の額が、利息制限法1条1項に定める制限額を超える場合において、右超過部分の支払が貸金業の規制等に関する法律43条1項によって有効な利息の債務の弁済とみなされるためには、右の支払が貸金

業者の預金又は貯金の口座に対する払込みによってされたときであっても、特段の事情のない限り、貸金業者は、右の払込みを受けたことを確認した都度、直ちに、同法18条１項に規定する書面（以下『受取証書』という。）を債務者に交付しなければならないと解するのが相当である。けだし、同法43条１項２号は、受取証書の交付について何らの除外事由を設けておらず、また、債務者は、受取証書の交付を受けることによって、払い込んだ金銭の利息、元本等への充当関係を初めて具体的に把握することができるからである。」

■「No.14最判」（平成16年２月20日第二小法廷）

「また、利息の制限額を超える金銭の支払が貸金業者の預金口座に対する払込みによってされたときであっても、特段の事情のない限り、法18条１項の規定に従い、貸金業者は、この払込みを受けたことを確認した都度、直ちに、18条書面を債務者に交付しなければならないと解すべきである（著者注：No.10最判を掲記）。

そして、18条書面は、弁済を受けた都度、直ちに交付することが義務付けられていることに照らすと、貸金業者が弁済を受ける前にその弁済があった場合の法18条１項所定の事項が記載されている書面を債務者に交付したとしても、これをもって法18条１項所定の要件を具備した書面の交付があったということはできない。したがって、本件各請求書のように、その返済期日の弁済があった場合の法18条１項所定の事項が記載されている書面で貸金業者の銀行口座への振込用紙と一体となったものが返済期日前に債務者に交付され、債務者がこの書面を利用して貸金業者の銀行口座に対する払込みの方法によって利息の支払をしたとしても、法18条１項所定の要件を具備した書面の交付があって法43条１項の規定の適用要件を満たすものということはできないし、同項の適用を肯定すべき特段の事情があるということもできない。」

■「No.15最判」（平成16年２月20日第二小法廷）

「法18条１項は、貸金業者が、貸付けの契約に基づく債権の全部又は一部について弁済を受けたときは、その都度、直ちに、同項所定の事項を記載した書面（以下『18条書面』という。）をその弁済をした者に交付しなければならない旨を定めている。

本件各弁済は銀行振込みの方法によってされているが、利息の制限額を超える金銭の支払が貸金業者の預金口座に対する払込によってされたときであっても、特段の事情のない限り、法18条1項の規定に従い、貸金業者は、この払込みを受けたことを確認した都度、直ちに、18条書面を債務者に交付しなければならないと解すべきである（著者注：No.10最判を掲記）。

　そして、17条書面の交付の場合とは異なり、18条書面は弁済の都度、直ちに交付することを義務付けられているのであるから、18条書面の交付は弁済の直後にしなければならないもの解すべきである。

　前記のとおり、上告人による本件各弁済の日から20日余り経過した後に、被上告人から上告人に送付された本件各取引明細書には、前回の支払についての充当関係が記載されているものがあるが、このような、支払がされてから20日余り経過した後にされた本件各取引明細書の交付をもって、弁済の直後に18条書面の交付がされたものとみることはできない（なお、前記事実関係によれば、本件において、その支払について法43条1項の規定の適用を肯定するに足りる特段の事情が存するということはできない。）。」

(2)　書面交付の時期

■「No.16最判」（平成16年7月9日第二小法廷）

　「(2)　法18条1項は、貸金業者が、貸付けの契約に基づく債権の全部又は一部について弁済を受けたときは、その都度、直ちに、18条書面をその弁済をした者に交付しなければならない旨を定めている。

　そして、17条書面の交付の場合とは異なり、18条書面は弁済の都度、直ちに交付することが義務付けられているのであるから、18条書面の交付は弁済の直後にしなければならないものと解すべきである（著者注：No.15最判を掲記）。

　前記のとおり、被上告人は、前記各弁済を受けてから7ないし10日以上後に上告人株式会社Ｙ１に対して本件各領収書を交付しているが、これをもって、上記各弁済の直後に18条書面を交付したものとみることはできない（なお、前記事実関係によれば、本件において、上記各弁済について法43条1項の規定の適用を肯定するに足りる特段の事情が存するということはできない。）。したがって、貸付

け31から33までについても、法43条1項の規定の適用要件を欠くものというべきである。」

(3) 内閣府令への法の委任の無効

■「No.19最判」(平成18年1月13日第二小法廷)

「(1) 法18条1項が、貸金業者は、貸付けの契約に基づく債権の全部又は一部について弁済を受けたときは、同項各号に掲げる事項を記載した書面を当該弁済をした者に交付しなければならない旨を定めているのは、貸金業者の業務の適正な運営を確保し、資金需要者等の利益の保護を図るためであるから、同項の解釈にあたっては、文理を離れて緩やかな解釈をすることは許されないというべきである。

同項柱書きは、『貸金業者は、貸付けの契約に基づく債権の全部又は一部について弁済を受けたときは、その都度、直ちに、内閣府令で定めるところにより、次の各号に掲げる事項を記載した書面を当該弁済をした者に交付しなければならない。』と規定している。そして、同項6号に、『前各号に掲げるもののほか、内閣府令で定める事項』が掲げられている。

同項は、その文理に照らすと、同項の規定に基づき貸金業者が貸付けの契約に基づき債権の全部又は一部について弁済を受けたときに当該弁済をした者に対して交付すべき書面(以下『18条書面』という。)の記載事項は、同項1号から5号までに掲げる事項(以下『法定事項』という。)及び法定事項に追加して内閣府令(法施行当時は大蔵省令。後に、総理府令・大蔵省令、総理府令、内閣府令と順次改められた。)で定める事項であることを規定するとともに、18条書面の交付方法の定めについて内閣府令に委任することを規定したものと解される。したがって、18条書面の記載事項について、内閣府令により他の事項の記載をもって法定事項の記載に代えることは許されないものというべきである。

(2) 上記内閣府令に該当する施行規則15条2項は、『貸金業者は、法第18条第1項の規定により交付すべき書面を作成するときは、当該弁済を受けた債権に係る貸付けの契約を契約番号その他により明示することをもって、同項第1号から第3号まで並びに前項第2号及び第3号に掲げる事項の記載に

代えることができる。』と規定している。この規定のうち、当該弁済を受けた債権に係る貸付けの契約を契約番号その他により明示することをもって、法18条1項1号から3号までに掲げる事項の記載に代えることができる旨定めた部分は、<u>他の事項の記載をもって法定事項の一部の記載に代えることを定めたものであるから</u>、<u>内閣府令に対する法の委任の範囲を逸脱した違法な規定として無効</u>と解すべきである。」

V　最高裁によるみなし弁済の全否定

法43条のみなし弁済規定は、№9最判が容認した以外、№10最判・№14最判～№22最判のすべてにより否定されてきたが、遂に平成18年の法改正（法の名称も「貸金業法」に変更）の際、利息制限法と出資法の間の利息上限の乖離がなくなり、いわゆる「グレーゾーン金利」が廃止されると同時に「削除」された。

よって、前記Ⅰ～Ⅳの各解釈論は、単なる法制度史上の歴史的遺産としての意義を有するだけの代物にすぎない。

第4章

貸金兼業者に対する過払金訴訟の判決例

序

　この章では、サラ金業者や商工ローン業者のような「貸金専業者」（前記第1章第1節）ではなく、物販業を先行した後に貸金業に参入してきた「貸金兼業者」（前同第2節）の会社（以下「A社」という）に対する過払金請求訴訟（以下「A社訴訟」という）の判決例等の概要を明らかにする。

　A社訴訟の提起は「平成10年（1998年）」が最初であったが、A社の担当者はそれまでの間、利息制限法や過払金請求訴訟、その前提となる最高裁の判例の展開などはまさに「対岸の火事」であり、自分たちとは無関係なものと考えていた。

　しかるに、A社訴訟は、その後数年間は年に10件程度にすぎなかったものの、平成10年代の後半になるや急激に増加し、多いときには月間数十件までに至った。ただし、ここ最近は激減し、収束に向かっている。

　貸金専業者のサラ金業者及び商工ローン業者に対しては前記第3章の最高裁判決（判例）に基づく極めて厳しい内容の判示が出されてきたが、これに反し、物販業を開始した後に貸金業に参入してきた貸金兼業者のA社に対する判決例では、A社の主張がほとんど認められ、A社が認めた過払金額だけを認容する判決ばかりとなっている（1審で一部敗訴した5件は上訴審の東京高裁で原判決取消し）。このため、A社については、サラ金業者等とは異なり、平成10年以降現在に至るまで、「不敗神話」が維持されてきた。

　A社は、A社訴訟に対し、原則として「和解解決による終了」に努めてきたため、これまで判決に至ったのはわずか百件弱にすぎないが、それから簡裁判決と参考資料に値しない地裁判決を除いたのが、巻末付録資料Ⅵ記載の判決例である。なお、その引用に際しては、資料Ⅵ記載の「№（算用数字）」を使用し、「判決№○○」と表示する。

第4章　貸金兼業者に対する過払金訴訟の判決例

第1節　A社の主業

I　サラ金との業態の相違（物販先行・キャッシング兼業）

　A社は「貸金専業者（サラ金業者）」ではなく、その始業時の事業内容は「物品の月賦販売」であり、貸金業に参入した後も当該メイン事業に変わりはなく、「貸金兼業者」であった。
　上記事実は、要件事実ないし主要事実の認定に影響をもたらす重要な間接事実（事情）に他ならないが、次の判決例により、それぞれ明確に認定されている。
　［1］　判決№5（横浜地裁川崎支部／4頁）
　「被告の主たる業務が百貨店業であり、被告が貸金専門業者ないしサラ金業者でないことは公知の事実である。」
　［2］　判決№8②（東京高裁／8頁）
　「被控訴人は、百貨店業を主な事業とするが、顧客サービスの一環として貸金業を行っていることが認められる。」。

II　物販債務と貸金債務の別についての立証責任

　A社に対する債務は、前記Iの事実に基づき、「物販債務（ショッピング代金の支払）」と「貸金債務（キャッシングの返済）」の2種類があるところ、実際に債務者からA社に支払がなされながら、当該支払分がそのいずれであるかが不明な場合、これを立証する必要がある。
　上記の点の立証責任等については、次の判決例が、それぞれ明確に判示している。
　［1］　判決№8①（さいたま地裁／5頁）
　「さらに、弁論の全趣旨によれば、被告の取扱いとして、キャッシングの返済は、元利均等返済方式により、約定どおりの返済の場合、100円未満の

第1節　A社の主張　Ⅱ　物販債務と貸金債務の別についての立証責任

端数の金額はすべて初回返済分に組み入れられ、2回目以降最終返済までの返済額はすべて同一の金額（最小単位は100円）となることが認められるところ、上記各書類に記載された被告に対する入金額（支払額）には、100円未満の端数のあるものが数多く（場合によっては連続して）含まれている。これは、借入金の返済とは相容れない事実である。」

　［2］　判決№8②（東京高裁／5頁）
「仮にこの『クレジット』と表示された支払が被控訴人への支払であったとしても、被控訴人に対する顧客からの支払には商品購入代金の割賦支払金と借入金の分割弁済金という性格の異なる2種類のものがあるから（乙A2）、これらの各支払がいずれも借入金の弁済としての支払であるとは認めることができない。

　また、『入金額』欄の番号10ないし51及び54の各金額（平成2年9月〜平成9年2月支払分）は、口座からの出金の摘要が「＊＊＊」ないし「＊＊＊＊＊＊＊カード」と記載されているから（甲1〜3）、これらを被控訴人に対する支払と認めることはできるが、上記のとおり、被控訴人に対する顧客からの支払には商品購入代金の割賦支払金と借入金の分割弁済金という性格の異なる2種類のものがあるのであるから、これらの各支払がいずれも借入金の弁済としての支払であるとは認めることができない。」

　［3］　判決№10（東京地裁／4頁）
「被告は、小売業及び貸金業を営んでいるが、キャッシングの売り上げはわずかであること、平成3年9月から『＊＊＊＊カード』を発行し、『＊＊＊＊カード』は平成9年7月まで利用可能であったこと、また、平成6年9月から『＊＊＊カード』を発行し、『＊＊＊カード』は現在まで利用可能であること、『＊＊＊＊カード』『＊＊＊カード』のいずれも商品割賦購入とキャッシングの双方の機能を有していたこと、平成12年10月以前のキャッシングについては、新規貸付金額の上限は5万円、最小貸付単位は1万円、金利は27％、返済は元利均等返済方式、返済回数は最長36回であったこと、原告は、少なくとも平成9年10月30日から平成11年6月28日までの間に11品目について合計19万0220円の商品割賦購入を利用したこと等が認められる。

第4章　貸金兼業者に対する過払金訴訟の判決例

　これらの事実によれば、前記預金口座通帳中に被告に対し返済をした旨の記載があったとしても、キャッシングの返済ではなく、商品割賦購入の返済であった可能性もあるから、前記預金口座通帳の記載に基づいて、原告が被告に対し貸付金の返済をしたと認めることは相当ではない。」

　［4］　判決№11（東京地裁／5・6頁）
　「しかし、証拠（甲13の1ないし3、14の1・2）によれば、原告取引明細資料には、原告計算書①の番号1ないし123の各『弁済金額』欄記載に対応する金額が『＊＊＊クレジット』、『＊＊＊＊＊＊＊カード』ないし『＊＊＊』の摘要のもとに記載されていることが認められるが、証拠（甲17、乙2、3、原告本人）及び弁論の全趣旨によれば、顧客の被告に対する支払金には、商品購入（売買）の割賦支払金とキャッシング（貸金）の分割返済金という性格の異なる2種類のものがあり、原告自身も、当時、被告からのキャッシングの外に、商品購入のために被告のクレジットを相当回数利用していたことが認められるから、上記記載のみからこれらがすべて借入金の返済であると認めることはできない。」

　［5］　判決№13（東京地裁／11頁）
　「また、原告は、被告との貸金取引は遅くとも昭和58年には始まったとも主張し、証拠（甲5）及び弁論の全趣旨によれば、原告は昭和58年12月12日付けで被告からカードの発行を受けていたことが認められる。しかし、同証拠及び弁論の全趣旨によれば、当時の被告のカードは、従来の割賦販売に加え、キャッシングをすることもできるようにしたものであることが認められることからすると、そのころ原告と被告との間で貸金取引が生じた可能性がないものとはいえないものの、原告が上記カードの発行を受けたことから直ちに貸金取引が実際に開始されたものと認めることはできず、他に、上記時期において、原告と被告との間の貸金取引の存在を認めることのできる客観的証拠はない。」

　［6］　判決№15（東京地裁／6・7頁）
　「ア　原告＊＊は、被告A社との間で、別紙計算書のとおり、平成18年4月4日現在、57万4682円の過払金が発生していると主張するが、被告A社の

第1節 A社の主義　Ⅱ　物販債務と貸金債務の別についての立証責任

主張するように、被告A社は、主たる営業が百貨店小売業であり、キャッシングはこれに付随する顧客サービスに過ぎないから、顧客から被告A社に対する支払金には、商品割賦購入代金の支払いと貸金の返済の双方が含まれている。したがって、原告＊＊の預金元帳（甲ト1）などに被告A社宛の支払いが記載されていたとしても、その支払いが全て貸金の返済を意味するものではなく、むしろ、被告A社に対する弁済が借入金に対するものであるとの主張及び立証は原告＊＊にあると認められる。しかるに、原告＊＊において、それらの証明はないから、結局、原告＊＊の上記主張は採用できない。」

　［7］　判決№18（東京地裁／9頁）

「証拠（甲1ないし23、乙二1ないし10の3）及び弁論の全趣旨によれば、被告A社は、貸金業者ではあるが、主たる業種としては、百貨店小売業であって、通常、原告＊＊との取引の中には商品割賦購入代金の返済が多く含まれているものと認められる」。

「とすると、金員の貸付及びその返済等を主たる業務として行っている通常の貸金業者と異なり、被告A社においては、取引の相手方がいわゆるキャッシングを行う場合もあるが、主として、商品の購入取引であるものと認められるから、被告A社と取引をする相手方は、被告A社との全取引履歴からキャシングを取り出した上、利息制限法による引き直しによる推定計算を施し、被告A社に対し、過払金を請求する義務があると言うべきである。したがって、原告＊＊の主張は、被告A社との取引を特に正当な根拠なく全てキャッシングと見なして推定計算するものであること、被告A社から指摘されているように、原告＊＊の主張する計算書（甲8）は、平成4年1月27日から平成8年7月29日までの間の貸付が一切ないこと、他方、この間、31回合計80万8170円の弁済のみが記載されていることからすると、実際の取引とはかけ離れていると言わざるを得ないことに照らすと、到底採用できない。」

　［8］　判決№19（東京地裁／2・3頁）

「原告は、甲ニ1（株式会社三井住友銀行五反田支店の普通預金口座の取引履歴）及び調査嘱託の結果に基づき、平成9年（1997年）10月25日より前についても、別紙計算書記載のとおりの取引があったものと主張するが、被告は、商

第4章　貸金兼業者に対する過払金訴訟の判決例

品の割賦販売も行っており、それらが貸金の返済であることを認めるには十分ではない。」

［9］　判決No.21（東京地裁／3頁）

「なるほど、甲ニ1号証（領収書）によれば、原告が被告に対し領収書記載の各金員を支払ったことが認められるが、被告がキャッシング（貸付け）のほか商品の割賦販売も行っている業者であることに照らせば、原告の上記各金員の支払をもって、すべてが貸付けへの弁済としてされたものと推認することはできないし、他に原告主張の取引履歴を認めるに足りる証拠はない。」

［10］　判決No.23（東京地裁／7・8頁）

「しかし、上記預金通帳については、A社が貸金業の他に百貨店小売業をも営んでおり、A社の引き落としについては小売業にかかる売買代金の割賦支払金と貸金の分割返済金が混在する可能性を否定できないことに照らせば、上記引落しの記載をもってA社の貸付けへの返済であると推認することはできない。」

［11］　判決No.24①（東京地裁／4頁）

「原告は、銀行の通帳の記載に基づいて、別紙計算書1記載の取引を主張する。しかし、銀行の通帳に記載されている被告への返済には、貸金の返済金のほか、商品割賦購入代金の割賦支払金が含まれているものと認められる（乙6）から、銀行の通帳の記載に基づいて取引を認定するのは相当でない。」

［12］　判決No.25①（東京地裁／20頁）

「そして、証拠（乙1、2（枝番号を含む））及び弁論の全趣旨によれば、被告は、従来、商品割賦販売を中心とする百貨小売業を営んでいたが、その後、小口消費者ローンとしての貸金業を営むようになったという事情等から、商品割賦購入と貸金とを含めて顧客ごとに取引を管理していることが認められるから、上記各原告ら名義の銀行預金通帳上に被告に対する支払としての引落しが記載されていても、果たしてそれが商品割賦購入代金の支払なのか、貸金の返済なのかについては区別がつかないものである。」

［13］　判決No.26（東京地裁／13頁）

「しかしながら、上記(1)で認定したとおり、被告の顧客に対する金銭の貸

第1節　A社の主業　　Ⅱ　物販債務と貸金債務の別についての立証責任

付けは、平成12年10月までは『個々の貸付けごとに独立した個別の貸金契約』であり、また、その金利は、年27％にすぎなかったのである。加えて、被告は、主として百貨店小売業を営んでいるのである（弁論の全趣旨）から、原告らの被告に対する支払の事実は、直ちに金銭消費貸借契約による借入れと弁済とを意味するものでもない。」

　[14]　判決№32（静岡地裁沼津支部／13頁）
「A社に対する顧客からの支払には、商品購入（売買）の割賦支払金とキャッシングの分割返済の法的性格の異なる二種類のものがあることが認められる（乙7、弁論の全趣旨）から、アで認められた原告＊、原告＊＊、原告＊＊、原告＊＊の支払が全て借入れの返済であると認めることはできない。」

　[15]　判決№47（東京地裁／4頁）
「(2)　証拠（甲3の1～3）及び弁論の全趣旨によれば、平成2年10月29日から平成9年1月6日までの間、多数回にわたり原告名義の預金口座からA社に対する口座引落しによる支払がされていることが認められる。
(3)　しかしながら、証拠（甲4、乙1の3、3の5、7の1）及び弁論の全趣旨によれば、A社に対する支払は、貸付金の分割弁済金の支払と商品の割賦販売契約の賦払金の支払とが一本化されていることが認められ、原告名義の預金口座からA社に対する口座引落しによる支払がされていたからといって、それらがすべて貸付に対する弁済であるものとは認められない」。

　[16]　判決№48（さいたま地裁川越支部／3・4頁）
「また、原告作成の＊＊＊カード申込書（乙3の1）によれば、原告が平成7年4月3日以前からA社の発行するクレジットカードを保有していたことは認められるが、A社の発行するクレジットカードはショッピングの決済にも利用できるものであるから、当時から原告とA社が金銭消費貸借取引を行っていたことを推認することはできない。」

　[17]　判決№56（千葉地裁／5頁）
「被控訴人らは、亡＊＊は平成8年2月24日より前からA社との間で金銭消費貸借取引を継続してきたと主張する。確かに、平成7年4月14日作成の『＊＊＊カード申込書』の『旧カード欄』にはカード番号の記載があり（乙

1の1、乙4)、亡＊＊は同日以前からA社の発行するクレジットカードを保有していたものと認められる。しかし、証拠(乙2、14、16、19、21の1ないし3)及び弁論の全趣旨によれば、同カードは、商品購入の決済にも利用できるものであり、同カードを保有していた事実が認められるからといって、亡＊＊とA社との間で同日以前から金銭消費貸借取引が行われていたものと推認することはできない。」

第2節　貸金業の内容

　A社は、メインの物販(割賦販売)事業に成功した後、顧客に対する付加的サービスとして貸金業に参入した貸金兼業者であるため、A社の貸金取引の内容は、サラ金業者(貸金専業者)のそれとは大幅に異なるものである。
　詳細は後述するが、要点は次のとおりである。
① 　貸金の始期——平成56年(1981年)2月
② 　利率——当初から年27％。ただし、平成19年(2007年)3月16日以降、年17.7％に変更。
③ 　貸付額の上限——金5万円
④ 　サラ金業者が常用している基本契約書の締結——なし。
⑤ 　複数の貸金の処理——包括契約(リボルビング方式)ではなく、個別契約(インストールメント方式)。

I　小口消費者ローンの開始

(1) 開始時期

　A社は、「昭和56年(1981年)2月」以降、顧客サービスの一環として小口消費者ローンとしての貸金(キャッシング)の取扱いを開始したが、そのシステムとしては、既に開発使用済みの商品割賦(月賦)専用のシステムをキャッシングに利用できるよう転用したにすぎない。

(2) 取引内容

第 2 節　貸金業の内容　　Ｉ　小口消費者ローンの開始

　Ａ社のキャッシングは、一般的な貸付上限（信用供与枠）を設定していたものの、「個々の貸付けごとに独立した個別の貸金取引（契約）」（インストールメント方式）であり、具体的には、次の特徴を有するものであった。

(a)　金利は、当初から一貫して「年27％」。

　ただし、平成19年（2007年）３月16日以降は、出資法の金利引下げに先立ち、法定金利以下の「年17.7％」に変更。ちなみにＡ社は、サラ金業者とは異なり、出資法の上限利率ぎりぎりの高利を徴したことは、一度もない。

(b)　新規貸付けの上限は、金「５万円」。

(c)　最小貸付単位は、金「１万円」。

　金１万円未満の千円単位の貸付は、顧客の利便性を考慮した結果、リボ払い方式を導入した後の平成15年（2003年）10月以降に採用されたものであり、それまでは長らく、金１万円単位の貸付けだけであった。

(d)　返済は、「元利均等返済方式」。

　約定どおりの返済の場合、100円未満の端数の金額はすべて初回返済分に組み入れられ、２回目以降最終返済までの返済額は、すべて最小単位が100円以上の同一金額となる。

(e)　返済回数は、「最長36回払い」。

　ただし、月間最低返済額は千円以上という条件から、貸付元金との関係から自ずと最長返済回数が限定されてくる。

(3)　リボ払い方式の導入

　Ａ社は、「平成12年（2000年）10月」以降、キャッシング業界全体の流れと顧客のニーズに応えるべく、キャッシングサービスとしてリボ払い方式を導入したが、これに応じた顧客に対するキャッシングは、上記(2)とは異なり、「個々の貸付けを全体的に包括した一体としての貸金取引（契約）」となっている。

Ⅱ　A社とサラ金業者との相違

(1) 相 違 点

　A社は、「貸金業」を営んだものの、「貸金専業者」ではないし、また「サラ金業者」でもない。このことは、次の点からも明らかである。
　(a)　A社の「キャッシングの開始時期」が、サラ金業者が相当年数の長期間、貸金業を継続してきており、既に業界が寡占化し、大手6社がその地位を不動のものとした後の「昭和56年（1981年）2月」であること。
　(b)　A社のキャッシングは、次のとおり、いわゆる「サラ金3悪」とはまったく無関係であること。
　(イ)　金利が、サラ金業者のような「高金利」ではない。
　サラ金業者は、長らく、出資法の上限金利「109.5％→73％→54.75％→40.004％」いっぱいの高金利を徴収してきており、「29.2％」以下となったのは「平成12年6月以降」にすぎない。
　これに対し、A社の金利は、キャッシングを開始した昭和56年2月以降、一貫して「年27％」（平成19年（2007年）3月16日以降は「年17.7％」）であり、A社は、多くのサラ金業者とは異なり、「40％以上（最高109.5％）もの高金利」を徴したことは、一度もない。
　(ロ)　貸付額が、サラ金業者のように、「過剰な貸付け」をしていない。
　ほとんどのサラ金業者が当初から1回当たり金「35～50万円」という過剰な貸付けを行ってきていた。
　これに対し、A社の新規貸付時の上限は、原則として金「5万円」であった。
　(ハ)　取立行為
　サラ金業者が「過酷な取立て」をした例があるものの、A社は、昭和56年2月のキャッシング開始以降、現在に至るまでの間、その顧客に対し、債権取立ての強行など、一切していない。
　(2)　判決例の非妥当性

第2節　貸金業の内容　Ⅲ　貸金についての事実認定

　サラ金大手6社を含む多くのサラ金業者に対しては、種々の判決が出されているが、上記(1)の事実から明らかなとおり、「Ａ社も貸金業者である。」との一事をもって、当該判決が即そのままＡ社に妥当する、わけのものではない。

Ⅲ　貸金についての事実認定

　下記判決例は、前記Ⅱの点（＝Ａ社とサラ金業者との相違）を正確に認識した上、Ａ社の貸金取引につき、極めて妥当な事実認定をしている。この一点からしても、「わが国の裁判制度が健全かつ優秀である。」と信頼できる所以である。

　　［１］　判決№10（東京地裁／4頁）
　「被告は、小売業及び貸金業等を営んでいるが、キャッシングの売上げはわずかであること、平成3年9月から『＊＊＊＊カード』を発行し、『＊＊＊＊カード』は平成9年7月まで利用可能であったこと、また、平成6年9月から『＊＊＊カード』を発行し、『＊＊＊カード』は現在まで利用可能であること、『＊＊＊＊カード』『＊＊＊カード』のいずれも商品割賦購入とキャッシングの双方の機能を有していたこと、平成12年10月以前のキャッシングについては、新規貸付金額の上限は5万円、最小貸付単位は1万円、金利は27％、返済は元利均等返済方式、返済回数は最長36回であったこと、原告は、少なくとも平成9年10月30日から平成11年6月28日までの間に11品目について合計19万0220円の商品割賦購入を利用したこと等が認められる。」

　　［２］　判決№11（東京地裁／6頁）
　「さらに、証拠（甲15、16の1ないし3、乙2）及び弁論の全趣旨によれば、被告の取扱いとして、キャッシングの返済は、元利均等返済方式により、約定どおりの返済の場合、100円未満の端数の金額はすべて初回返済分に組み入れられ、2回目以降最終返済までの返済額はすべて同一の金額（最小単位は100円）となることが認められるところ、原告取引明細資料に記載された被告に対する入金額（支払額）には、100円未満の端数のあるものが数多く（場

第4章　貸金兼業者に対する過払金訴訟の判決例

合によっては多数回にわたり連続）含まれている。これは、被告に対する借入金の返済とは相容れない事実である。」

　［３］　判決№14（東京地裁／11・12頁）

「被告は、平成12年10月にキャッシング事業にリボルビング払い方式を導入し（乙5）、原告＊＊については平成12年11月30日に、原告＊＊については平成13年2月6日に、リボルビング払いに切り替える手続が取られ、それ以降は、各原告との取引を一連の取引として管理していたこと（甲7の2、9の2）、それ以前の被告における貸付方式は、各貸付けを、個別の契約番号を付して管理する別個独立の契約とし、返済方法を元利均等払方式とするものであったこと、その返済方法については、顧客が各契約ごとに返済額及び返済回数を選定していたこと、そして、被告が顧客に対して返済を求める場合は、個別契約を管理する問い合わせ番号とともに、当該貸付けの元金、利息、延滞した場合発生する延滞利息及び請求額を個別契約ごとに明記した請求書によって行い、被告が顧客からの月々の支払いを受けた場合には、顧客に対し、個別契約を管理する問い合わせ番号とともに、契約年月日、約定支払予定日、支払額、支払残回数等を個別契約ごとに明記した領収書を交付していたこと（以上、甲7の2、9の2、乙15）が認められる。

　以上の事実によれば、原告＊＊については平成12年11月30日以降、原告＊＊については平成13年2月6日以降は、被告においても、各原告との取引を一連のものとして取り扱い、管理していたが、それ以前の各貸付けは個別独立した貸付けであり、被告においても、個別契約ごとに管理していたということができる。」

　［４］　判決№26（東京地裁／12頁）

「かえって、被告の担当者の陳述書（乙4）及び弁論の全趣旨によれば、被告が平成12年10月にいわゆるリボ払い方式を導入する以前の被告の顧客に対する金銭の貸付けは『個々の貸付けごとに独立した個別の貸金契約』であったこと、返済は『元利均等返済方式』で、100円未満の端数の金額はすべて初回返済に組み入れられ、2回目以降最終返済までの返済額はすべて最小単位が100円以上の同一金額であったことが認められ、また、その金利は、利

息制限法所定の利率を上回るとはいえ、年27％にすぎなかったことも認められる（乙5）。」

[5] 判決No.29①（千葉地裁松戸支部／7・8頁）

「エ　被告が貸金業務で使用する帳票は、カード申込書、貸付時の利用票、弁済受領時の領収書控えが主なものである。このうちカード申込書に貸付金額等の記載はなく、カードを保有する顧客が個々のキャッシングについて申込みをする際にその都度金銭消費貸借契約書が作成されることはない。カードの更新、切り替え等によって不要になったカード申込書は順次破棄されていたが、平成3年9月以降分のカード申込書は、マイクロフィルムに保存され、平成6年9月以降のカード申込書は保管されている。被告は、各店舗に指示し、物品販売等で発生する帳簿等と共に上記利用票、上記領収書控えは発生時から3年経過した時点で廃棄処分している。」

[6] 判決No.55②（東京高裁／5頁）

「(ア)　A社は、昭和56年2月、顧客サービスの一環として小口消費者ローンの取扱いを開始した。これは、従前からの商品割賦（月賦）専用の旧『＊＊カード』を貸付けにも利用することができるようにしたものであり、貸付けの上限額（信用供与枠）を設定した上で、新規貸付け上限額を5万円、最少貸付け単位を1万円、利率を年27パーセント（平成19年3月16日以降は年17.7パーセント）、返済方式を元利均等返済方式（100円未満の端数を初回に組み入れ、2回目以降の返済額を100円を最少単位とする同一金額とする。）とし、貸付けごとに返済回数（最大36回払）を指定する分割払方式（いわゆる『インストールメント方式』）であった。

(イ)　A社は、平成3年9月以降、子会社である株式会社＊＊＊＊カード（現＊＊＊＊＊）と共同で、『＊＊＊＊カード』を発行し、積極的にキャッシングに対処することができる体制を整えた。

(ウ)　A社は、平成12年10月以降、新『＊＊カード』を発行するとともに、キャッシングにリボルビング方式を導入して、返済方式を1回払又はリボルビング払のみとした。

(エ)　A社は、顧客が店頭で持参払をしたときは、その都度、領収年月日及

第4章　貸金兼業者に対する過払金訴訟の判決例

び時刻、取引種別（持参払、振込等の別を示す。）、領収番号（店舗等を示す。）、カード番号等のほか、支払の対象となった貸付けごとに、契約年月日、問合せ番号、支払予定年月日、支払額及びその内訳（元利及び利息の額）、元金残額、残支払回数及び総支払回数等を印字した領収証（支払明細）を顧客に直接交付し、口座引落しのときは、顧客から交付申請があったときに、上記領収証（支払明細）を作成して交付していた。」

　［7］　判決№58（さいたま地裁越谷支部／11頁）
「本件取引は、①平成12年10月以前はインストールメント方式であり、一般的な貸付け上限として信用供与枠を設定していたものの、個々の貸付けごとに独立した個別の貸金取引（契約）であり、具体的には、金利は当初から一貫して年27％（ただし、平成19年3月16日以降は、貸金業法の金利引き下げに先立ち、法定金利以下の年17.7％に変更した。）、返済は返済回数を定めて元利均等返済方式で行う約定であり、個々の貸付け及び返済をそれぞれ異なる契約番号で別個に管理していたこと、②平成12年10月以降、A社が新『＊＊カード』の発行と同時にキャッシングサービスにリボ払い方式を導入し、上記時期以降に新『＊＊カード』の申し込みをした顧客に対するキャッシングは、インストールメント方式の個々に独立した貸付けとは異なり、個々の貸付けを全体的に包括した一体としての貸金取引となっていたこと、③もっとも、原告とA社との取引については、平成17年11月25日までの貸付けまでは、インストールメント方式による取引であったことの各事実を認めることができる」。

第3節　発行カードの意義

I　カードの必要性

(1)　与信関係の発生
　顧客（一般消費者）がA社の店舗で「現金」又は他社発行の「クレジットカード」（ビザ・マスター・JCBその他）で買物（ショッピング）をする場合には、即時に支払が終了し、少なくとも、A社から顧客に対する与信関係は生じな

いが、次の取引の場合には、必然的にA社と顧客との間に与信関係が発生する。

① かつて「月賦」と称されていた「分割払い（割賦弁済）による買物」（以下「分割ショッピング」という）
② A社が昭和56年2月以降に開始した「貸金取引」（平成12年10月以降はリボ払い方式を導入）（以下「キャッシング」という）

(2) 非対人取引

A社のキャッシングは、A社がその店舗内や駅の近くに自ら設置したCD（現金自動支払機）のほか、提携先金融機関等が国内に設置した9万台近くのCD又はATM（現金自動預払機）を利用し、非対人的に処理されている。

(3) カード発行

A社は、与信関係の生じる分割ショッピング及び非対人取引という特性も有するキャッシングの利用を希望する顧客に対し、公的書類による本人確認と資力等についての所定の審査をした後、適格と認めた顧客に所定のカードを発行（貸与）している。

(4) カードによる本人確認

A社の膨大な数の顧客は、個別の分割ショッピング又はCD若しくはATMを使用したキャッシングに際し、A社から貸与されたカードの提示により、迅速な本人確認作業を済ませ、スムーズなサービスの提供を受けられるようになっている。

Ⅱ　カードの機能

A社は、昭和50年（1975年）9月から平成18年（2006年）3月までの間に名称を変更した5種類のカードを順次発行し、顧客に貸与してきたが、それらはすべて、商品割賦購入（いわゆる「月賦」）とキャッシングの双方の機能を有するものであり、キャッシング専用カードの発行は、一度もない。

第4章　貸金兼業者に対する過払金訴訟の判決例

Ⅲ　カード発行と貸金取引の関係

　A社の主業は「百貨店小売業」であり、キャッシングは顧客に対する付帯サービスとして開始されたものであるため、取引開始当初の顧客からの弁済は、そのほとんどが商品割賦購入代金の返済であった。
　また、サラ金業者のような「貸金専業者」とは異なり、カードの発行が即、貸金取引の開始を意味するものではないし、ましてそれがカード発行の事実を超えた個々の貸金取引の存在や、その具体的な取引の内容まで明らかにする性格のものではない。
　上記の理は、次の判決例により明確に判示されている。
　［1］　判決№.4②（東京高裁／7頁）
　「控訴人作成のカード申込書（乙6の1）によれば、平成3年11月以前から控訴人と被控訴人の間に取引のあったことが認められるが、それ以上の具体的な内容は不明であり、上記のような過払等の事情を推認することは困難である。」
　［2］　判決№.13（東京地裁／11頁）
　「原告は、被告との貸金取引は遅くとも昭和58年には始まったとも主張し、証拠（甲5）及び弁論の全趣旨によれば、原告は昭和58年12月12日付けで被告からカードの発行を受けていたことが認められる。しかし、同証拠及び弁論の全趣旨によれば、当時の被告のカードは、従来の割賦販売に加え、キャッシングをすることもできるようにしたものであることが認められることからすると、そのころ原告と被告との間で貸金取引が生じた可能性がないとはいえないものの、原告が上記カードの発行を受けたことから直ちに貸金取引が実際に開始されたものと認めることはできず、他に、上記時期において、原告と被告との間の貸金取引の存在を認めることのできる客観的な証拠はない。
　そうすると、原告主張の取引開始時期は、いずれもこれを認めることはできない。」

第3節　発行カードの意義　　Ⅲ　カード発行と貸金取引の関係

［3］　判決№17（東京地裁／3・4頁）

「原告は、被告との間で昭和56年に消費貸借契約を締結し、平成8年7月までの間、別紙1計算書記載のとおり被告から金員を借り受け、また、被告に対して、借入金の返済名目で金員を交付したと主張する。

しかしながら、原告の上記主張事実は、原告の記憶に基づくものにすぎず、これを裏付けるに足りる的確な証拠はない。むしろ、原告は、本訴提起当初、被告との消費貸借契約を締結したのは昭和52年ころであると主張していたが、被告から貸金業を開始したのは昭和56年2月であるとの指摘を受けて、契約締結時を昭和56年と変更するに至ったものであり、この点からみても原告の記憶は極めてあいまいというほかない。もっとも、甲2号証及び弁論の全趣旨によれば、被告は、原告からカードの申込書の開示要求を受け、平成6年1月28日付け申込書を開示したこと、この申込書には『更新』の記載があることが認められ、これらの事実からは、原告と被告との間に平成6年1月28日以前にカード取引があることがうかがわれるけれども、この事実から直ちに原告の上記主張事実を推認することはできず、他に原告の上記主張事実を認めるに足りる証拠はない。」

［4］　判決№39（東京地裁／3頁）

「しかしながら、前記カードは商品の割賦販売にも利用できるものであることは当事者間に争いがないから、前記カードの発行を受けているからといって、被告との間で金銭消費貸借取引がされていたことを推認することはできないし、極度額一杯の利用をしていたことを推認することもできないというべきである。」

［5］　判決№48（さいたま地裁川越支部／3・4頁）

「また、原告作成の＊＊＊カード申込書（乙3の1）によれば、原告が平成7年4月3日以前からＡ社の発行するクレジットカードを保有していたことは認められるが、Ａ社の発行するクレジットカードはショッピングの決済にも利用できるものであるから、当時から原告とＡ社が金銭消費貸借取引を行っていたことを推認することはできない。」

［6］　判決№58（さいたま地裁越谷支部／8頁）

「原告は、昭和58年ないし昭和59年以降平成7年10月20日までの間の金銭消費貸借取引に関しては、包括的な金銭消費貸借基本契約が締結された事実並びに具体的な個々の貸付け及び返済の事実を主張立証せずに、わずかに、上記主張に沿う原告の陳述書（甲1）を提出するほかには、平成4年10月4日よりも前に、A社から原告に対してクレジットカードが発行されていた事実を示す（甲2）を証拠として提出するのみである。」

「甲第2号証も、A社が原告に対してクレジットカードを発行した事実を裏付けるだけであり、平成4年10月4日よりも前にショッピング又はキャッシングといった何らかの取引が存在した可能性があることが認められるとしても、金銭消費貸借取引の存在を推認させる事実とはいい難い。」

第4節　取引履歴（業務帳簿）

I　制定当初の「貸金業の規制等に関する法律」（以下「貸金業規制法」という）の規制

(1)　貸金業規制法と施行規則の内容

A社が貸金取引を開始したのは昭和56年2月であるが、その2年後の昭和58年（1983年）に制定され、施行された貸金業規制法19条及び同法施行規則は、貸金業者に対し、業務帳簿を備え、これに債務者ごとの貸付けの契約に関する事項（弁済については「過去3年間のものに限る。」）を記載し（規則16条1項3号）、これを貸付けの契約ごとの最終返済期日又は債権消滅日から「少なくとも3年間」保存（規則17条1項）すべき義務を課し、当該義務違反に対しては金30万円以下の罰金という刑事罰が科せられることとなっていた（法49条7号（旧4号））。

(2)　A社の対応

A社は、昭和56年（1981年）2月に貸金（キャッシング）を開始し、貸金業規制法の貸金業者に該当するようになったため、前記(1)の法規制に適合すべく、貸金取引の顧客に対する債権管理を、以下のとおり実施した。ただし、

第4節　取引履歴（業務帳簿）　Ⅰ　制定当初の「貸金業の規制等に関する法律」

A社の平成12年9月以前のキャッシングはいわゆる「リボ払い（包括契約）方式」ではなく、一般的な「貸付上限（信用供与枠）」は定められていたものの、すべて「個々の貸付けごとに独立した『個別の貸金取引（契約）』（インストールメント方式）」であった。

(a)　「現存取引」のコンピュータ管理

顧客からの支払が継続中の「現存取引」の明細は、物品販売の分も含め、個々の顧客ごとに、コンピュータに登録、管理されており、現存取引の貸付け及び弁済に係る取引明細は、コンピュータからアウトプットされ、「債権調査票」として作成されていた（平成19年末までの取扱い）。

(b)　「完了取引」の保存方法

完済により取引がすべて終了した「完了取引」の明細は、前記(1)の貸金業規制法の規制に従い、データ処理の効率化及び経費削減（対費用効果）の観点から、取引終了後ほぼ3ヵ月を経過した後に順次、コンピュータから抹消され、次の方式により保存されてきた。

(イ)　「マイクロフィルム」保存

すべてマイクロフィルム（COM／マイクロフィッシュ）化したうえ、少なくともその後3年間は保存し、保存期間経過後に適宜、廃棄処理していたが、マイクロフィルムによる保存方式には、時間の経過とともに、次の疑問が生じてきた。

① 検索にかなりの時間と手間がかかり、年々増加する債務者からの開示請求に迅速に対応できないこと

② 年間数百万円の作成費用と保存ロッカー等かなりの保管スペースを要すること

(ロ)　「CD-ROM」保存への変更

上記理由から、「平成9年（1997年）4月以降に支払がすべて終了し、コンピュータから抹消された完了取引」については、従前のマイクロフィルムではなくCD-ROMに保存し、必要に応じて随時、帳票類に出力できる方式に変更した。

(c)　完了取引の開示方法

第4章　貸金兼業者に対する過払金訴訟の判決例

　完了取引の内容を明らかにする「完済した取引の概要」は、その後にシステム変更されるまでは、当初はマイクロフィルムからの抽出作業により、また平成9年4月以降はCD-ROMからの抽出作業により作成されていた（平成19年末までの取扱い）。

(3)　A社判決の事実認定

　前記(1)の法規制の内容及び上記(2)のA社の業務帳簿の作成・保存システムについては、下記判決例がそのまま認定している。

　［1］　判決№8①（さいたま地裁／9頁）

　「昭和58年11月1日に施行された貸金業規制法（昭和58年法律32号）19条並びに同法施行規則16条及び17条は、貸金業者に対し、業務帳簿を備え、これに債務者ごとの貸付けに関する事項（弁済に係る事項については過去3年のものに限る。）を記載し、かつこれを最終弁済期又は債権消滅日から少なくとも3年間は保存すべき義務を課していたこと、被告会社では、かつては、完済により取引がすべて終了しコンピュータからそのデータは抹消された完了取引について、いったんマイクロフィルム化した上で、その後3年間保存し、保存期間経過後に、適宜、廃棄処理される取扱いとなっていたこと、その後、平成9年4月以降に支払がすべて終了し、コンピュータから抹消された完了取引について、CD-ROMに保存し、必要に応じて随時、帳簿等に出力できる方式に変更したこと、平成12年6月1日に改正後の貸金業規制法（平成11年法律第155号）及び同法施行規則が施行された後は、上記のCD-ROMによる保存データを廃棄せず、半永久的に保存する取扱いに改めたこと、その結果、平成9年4月以降に支払がすべて終了した完了取引の貸付け及び弁済に関するデータは、爾後すべて保存され続けるようになったこと、さらに平成16年4月以降は、従前のコンピュータにディスク搭載のホストコンピュータが追加設置され、従前CD-ROMで保管していた完了取引のデータについてもコンピュータで管理する方式に改めたことが認められる。」

　［2］　判決№8②（東京高裁／9頁）

　「(2)　このような取引履歴の記録の保存に関しては、昭和58年11月1日に施行された貸金業規制法19条、同法施行規則16条及び17条が、貸金業者に

第4節　取引履歴（業務帳簿）　　Ⅱ　平成11年改正貸金業規制法（平成12年施行）の規制

対し、業務に関する帳簿を備えて、これに債務者ごとに貸付けに関する事項（契約年月日、貸付金額、利率、返済方式、返済期間等）、各回の弁済に係る事項（過去3年間のものに限り、受領金額、利息及び元本等への充当額、受領年月日等）を記載し、かつ、この業務帳簿を貸付けの契約ごとに、最終の返済期日又は債権消滅日から少なくとも3年間は保存すべき義務を課しており、現在もこの規則に変更はない（平成12年6月1日施行の同法施行規則16条の改正によって、業務帳簿に記載すべき弁済の範囲については、過去3年間のものに限るという限定が除かれている。）。」

Ⅱ　平成11年改正貸金業規制法（平成12年施行）の規制

(1)　施行規則の変更

前記Ⅰ(1)の業務帳簿の記載事項中、「弁済」について定めた施行規則16条1項3号の「（過去3年間のものに限る。）」という括弧書き部分は、上記法改正時に削除された。ただし、改正後の施行規則16条1項3号は、附則2条（経過措置）3項から明らかなとおり、施行日の平成12年6月1日現在の業務帳簿に記載されているものに限り適用され、それ以前の取扱いにまで遡及的に適用されるものではない。

なお、「業務帳簿の3年間の保存期間」を定める施行規則17条1項は、従前と同様であり、何ら変更されることはなかった。

(2)　A社の対応

(a)　完了取引の半永久的保存

上記(1)の法改正に対応すべく、平成9年4月以降に完済となった完了取引に採用していたCD-ROMによる保存データについては、それ以前のマイクロフィルム方式の場合とは異なり、CD-ROMへのデータ保存日から3年経過した後も廃棄せず、半永久的に保存する取扱いに改めた。

このため、方式変更時の若干のタイムラグは否定できないものの、少なくとも「平成9年（1997年）4月以降に支払がすべて終了した完了取引の貸付け及び弁済に関する取引データ」は、爾後、すべて保存され続けるようにな

第4章　貸金兼業者に対する過払金訴訟の判決例

った。
　(b)　CD-ROM方式の問題点
　CD-ROMによる保存方式にも、それ以前のマイクロフィルム方式の場合と同様、時間の経過の中で次の問題点が生じてきた。
　①　顧客（債権者）からの照会件数が増大するにつれ、その処理能力に限界が生じてきたこと
　②　いかにCD-ROMとはいえ、個々の顧客の完了取引の検索にはそれなりの手間と時間がかかるため、コンピュータ管理されている現存取引の債権調査票に比べ、完了取引に係る書面（概要・調査票）の提出がどうしても大幅に遅れがちにならざるを得ないこと
　③　このため、先行開示される「現存取引」と、その後かなり遅れて開示される「完了取引」との提出時期の相違に対し、A社は取引資料の開示を意図的に遅らせている等、債権者から無用の誤解を招く事態が生じていたこと。
　(c)　ホストコンピュータ管理方式への移行
　(イ)　上記(b)の問題点に加え、かつては億単位の巨額の投資を必要としていたコンピュータ搭載用ハードディスクが極めて低廉化してきたことも考慮し、完了取引のデータ保存方式につき新たなシステムの開発作業を進め、平成16年4月中旬、従前のコンピュータにディスク搭載のホストコンピュータを追加設置し、現存取引に加え、「完了取引もすべてコンピュータ管理する方式」に移行した。
　また、その際、それまでCD-ROMで保管されていた完了取引のデータも、上記時期以降、追加設置したコンピュータ（ディスク）に移管済みである。
　(ロ)　上記(イ)の新システムへの移行により、「平成16年4月下旬」以降は、現存取引についての債権調査票のほか、完了取引と現存取引の双方を通算し、利息制限法所定の法定利率（年18％）で引き直し計算した「取引の調査票（支払中を含む）」も、ホストコンピュータから早期に作成・開示できる体制を整えた。

第4節　取引履歴（業務帳簿）　Ⅲ　判決の事実認定

(d)　交付・開示書面の名称等の変更

「平成20年1月」以降、完了取引と現存取引の双方を通算して利息制限法所定の年18％で引き直し計算した書面の名称を、従前の「取引の調査票（支払中を含む）」から「債権調査票」に変更した。

Ⅲ　判決の事実認定

前記Ⅰ・Ⅱに述べたA社の業務帳簿の作成・保存システムは、A社訴訟の下記判決例により、「何ら不合理、不自然ではなく、貸金業法に違反していない。」と評価され、かつその旨を明確に判示された。

　[1]　判決№3①（東京地裁八王子支部／19・20頁）

控訴審の判決№3②（東京高裁／42頁）も同旨である。

「ア　証拠（丙6）及び弁論の全趣旨によれば、被告A社では、顧客からの支払いが継続中の取引（現存取引）は、すべての債務をコンピュータに登録し管理しているが、支払いがすべて完了した取引（完了取引）のデータは、取引完了後ほぼ3か月を経過した時点で順次コンピュータから抹消していること、完了取引でコンピュータから抹消されたデータは、一旦すべてマイクロフィルム化し、少なくともその後3年間は保存したうえ、保存期間経過後に適宜廃棄処理する取扱いとなっていたこと、しかし、マイクロフィルムによる保存方式は時間の経過とともに実用性に疑問が出てきたので、平成9年4月以降の完了取引については、マイクロフィルムではなく、CD-ROMに保存する方式に変更し、かつ、半永久的に保存する取扱いに改めたこと、このため、若干のタイムラグはあるとしても、平成9年4月以降に完了した取引であれば、これに関するデータはすべて保存されるようになっていること、以上の事実が認められる。

　イ　これに対し、原告は①平成9年4月以前からコンピュータ化されているのにわざわざ電磁的記録を書面化してマイクロフィルムで保存していたというのは疑問が残る、②商業帳簿の保管期間中に取引関係記録を破棄するとは考えにくいし、他の貸金業者は顧客との全取引経過の記録を保管している

第4章　貸金兼業者に対する過払金訴訟の判決例

ことから、被告A社が取引記録を保管していないはずはないなどとして、被告の弁解は不合理であり信用できないと主張する。

　しかし、①の主張は、単なる推測に過ぎず、採用できない。また、②の主張については、被告A社の商法上の商業帳簿（会計帳簿）に個々の顧客に対する個別の取引情報が含まれていることを窺わせる証拠はなく、また、仮に同業他社の中に被告A社と異なる取引記録の保管破棄手続を取っているところがあるとしても、そのことから直ちに被告A社における顧客との間の取引関係記録の保管廃棄手続が不合理、不自然なものであるということはできない。

　したがって、原告の上記主張はいずれも採用できない。

　ウ　そうすると、被告A社は、現に保持している原告との取引経過をすべて開示したものと認められるから、被告A社が平成8年12月30日以前の取引経過を開示しないこと（できないこと）については、正当な理由があり、不法行為を構成するものとはいえない。」

　[2]　判決№4①（東京地裁／6頁）

「被告では、貸付けはリボルビング方式ではなく、すべて個別の貸付契約方式を採用していること、弁済中の契約についてはコンピュータで情報を管理し、弁済が完了して3か月を経過した時点でデータはマイクロフィルム化され、その後3年間は保存することとされていたこと、平成9年4月以降に弁済が完了した取引の情報についてはCD-ROMを利用して管理し、保存期間も半永久的とされ、さらに平成16年4月以降はディスクを利用した同様の保存が行われるようになったことが認められる。」

　[3]　判決№8②（東京高裁／9・10頁）

「(3)　また、被控訴人においては、かつては、完済により取引が終了した場合は、コンピュータからデータを抹消する前に、そのデータをマイクロフィルム化した上で、これをその後3年間保存し、保存期間経過後に適宜、廃棄処理をする取扱いとしていたこと、その後、平成9年4月以降に完済となった取引については、マイクロフィルムに代えてCD-ROMにデータを保存する方式に変更し、平成12年6月1日に貸金業規制法の改正法が施行された

機会に更に運用を変更して、これを同法及び同法施行規則が要請する３年の保存期間経過後に廃棄とせず、半永久的に保存する取扱いに改めたこと、そして、控訴人に係る平成９年２月４日以前の取引履歴の記録については、上記の運用基準に従って、いったんマイクロフィルム化して保存した後、控訴人からの開示請求の前に廃棄したものであることが認められる（乙Ａ３、４、弁論の全趣旨）。

　そうすると、控訴人が開示を受けていないと主張している平成９年２月４日以前の取引履歴の記録は、被控訴人において、上記の運用基準に従って廃棄したものであるから、この面から見ても、その措置が不当であるということはできない。」

　［４］　判決№10（東京地裁／５～７頁）

「ア　いわゆる貸金業法及び施行規則は、当初、貸金業者に対して、業務帳簿を備え、これに債務者ごとの貸付けに関する事項（弁済については過去３年間のものに限る。）を記載し、これを最終返済期日または債権消滅日から少なくとも３年間保存すべき義務を課していた。

　イ　被告は、これに対応するため、次のとおり債権管理をした。なお、被告は、前記のとおり、平成12年９月以前のキャッシングについて、いわゆるリボ払いではなく、個別の貸付けとする方式をとっていた。

　顧客からの支払が継続中の現存取引の明細については、物品販売分も含め、個々の顧客ごとにコンピュータに登録し、管理していた。現存取引の貸付け及び弁済等の取引明細は、コンピュータからアウトプットされ、「債権調査票」として作成される。

　完済により取引がすべて終了した完了取引の明細は、データ処理の効率化の観点から、取引終了後ほぼ３か月を経過した時点で順次、コンピュータから抹消され、次のとおり保存された。

　ａ　はじめは、いったんすべてマイクロフィルム化したうえ、少なくともその後３年間は保存し、保存期間経過後に適宜廃棄処理をした。

　しかし、マイクロフィルムによる保存は、膨大な保管スペースと保管費用を要し、検索にかなりのコストがかかった。

b　そこで、平成9年4月以降に支払がすべて終了し、コンピュータから抹消された完了取引については、CD-ROMに保存することとした。したがって、同月以降、「完済した取引の概要」は、CD-ROMから抽出された。
　ウ　平成12年の貸金業法及び施行規則の改正により、同年6月1日現在業務帳簿に記載されている貸付けに関する事項について、「弁済については過去3年間のものに限る」との部分が削除されるなどした。
　エ　被告は、これに対応するため、すでに平成9年4月以降に完済となった取引についてCD-ROMにデータ保存をしていたが、データ保存日から3年を経過した後も、廃棄扱いせずに保存する取扱いにあらためた。
　そのため、平成9年4月以降支払がすべて終了した取引については、その取引データは以後すべて保存されることとなった。
　オ　しかし、CD-ROMによるデータ保存も、処理能力に限界があること、データ検索には相応のコストがかかり、コンピュータによる管理に比較して時間もかかること等の事態が生じることになった。
　そこで、被告は、平成16年4月、ホストコンピュータを追加して設置し、現存取引に加え、完了取引もすべてコンピュータ管理をすることにした。それまでCD-ROMに保存していたデータも、コンピュータに移管した。
　そのため、被告は、平成16年4月下旬以降、債務者からの照会請求に対し、現存取引についての『債権調査票』、完了取引と現存取引を合わせ、これを利息制限法所定の利率で引き直し計算をした『取引の調査票（支払中を含む）』をコンピュータから抽出して開示することができる。
　カ　被告は、原告に対し、前記のシステムから、現存取引についての『債権調査票』、完了取引の当初の支払予定等を明らかにする『完済した取引の概要』、完了取引と現存取引を合わせ、これを利息制限法所定の利率で引き直し計算をした『取引の調査票（支払中も含む）』を開示している。」

　［5］　判決№11（東京地裁／10頁）
「(3)　本件では、証拠（甲3、乙16ないし19）及び弁論の全趣旨によれば、昭和58年11月1日に施行された貸金業の規制等に関する法律19条、同法施行規則16条及び17条は、貸金業者に対し、業務に関する帳簿を備えて、これに債

第4節　取引履歴（業務帳簿）　Ⅲ　判決の事実認定

務者ごとの貸付けに関する事項、各回の弁済に係る事項を記載し、かつ、この業務帳簿を貸付けの契約ごとに、最終の返済期日又は債権消滅日から少なくとも3年間は保存すべき義務を課していること、被告においては、かつては、完済により取引が終了した場合は、コンピュータからデータを抹消する前に、そのデータをマイクロフィルム化した上で、これをその後3年間保存し、保存期間経過後に適宜廃棄処理をする取扱いをしていたこと、その後、平成9年4月には、マイクロフィルムに代えてCD-ROMを利用しての取引履歴の保存管理を開始したこと、そして、平成12年6月1日に貸金業の規制等に関する法律の改正法が施行されたのを機に、さらに運用を変更し、平成9年4月以降に完済となった取引については、CD-ROMへのデータ保存により、これを同法及び同法施行規則が要請する3年間の保存期間経過後に廃棄せず、半永久的に保存する取扱いに改めたこと、その結果、若干のタイムラグはあるものの、概ね平成9年4月以降に支払がすべて終了した完了取引の貸付け及び弁済に関するデータは、爾後すべて保存され続けるようになったこと、さらに、平成16年4月以降は、従前のコンピュータにディスク搭載のホストコンピュータが追加設置され、従前CD-ROMで保管していた完了取引のデータについてもコンピュータで管理する方式に改められたこと、以上が認められる。」

［6］　判決№13（東京地裁／8～10・14頁）

「(イ)　被告の取引履歴の管理・保存システムの変遷は、次のとおりである。

なお、平成12年以前の貸金取引は、前記(1)イの被告の主張のとおりの内容により貸付けごとに個々独立した取引として行われ、その取引履歴も個々独立のものとして管理・保存されていたものである。

①　支払継続中の取引について

被告は、顧客が支払継続中の取引については、物品販売の分も含めて、個々の顧客ごとに、その明細がコンピュータに登録され、管理していた。このような現存取引の貸付、弁済に係る取引明細は、上記コンピュータからアウトプットして、『債権調査票』として作成することができる。

② 支払完了後の取引について

a 被告は、完了した取引の明細については、個々の取引終了後３か月を経過した時点で、順次、上記コンピュータから抹消し、マイクロフィルムによって保管していた。

すなわち、貸金業法は、昭和58年の制定当初、同法19条及び同法施行規則により、貸金業者に対し、業務帳簿を備え、これに債務者ごとの貸付の契約に関する事項（弁済については、過去３年間のものに限る。）を記載し（同規則16条１項３号）、これを貸付けの契約ごとの最終弁済日又は債権消滅日から『少なくとも３年間』保存すべき義務（同規則17条）を課していたことから、被告は、これに従い、上記コンピュータから抹消した明細をすべてマイクロフィルム化した上、少なくとも３年間保存し、その後、順次廃棄することとしていた。

b しかし、マイクロフィルムによる保存方式は、検索に時間と手間が掛かり、年々増加する債務者からの開示要求に迅速に対応することができなくなってきたこと、年間数百万円の作成費用とロッカー等の保管スペースを要することなどから、平成９年４月以降に支払がすべて終了し、コンピュータから抹消された取引については、これをCD-ROMに保存することにより、必要に応じて随時、帳簿類に出力することができる方式に改めた。

c その後、貸金業法が平成12年に改正され、同法施行規則16条１項３号は『（過去３年間のものに限る。）』との部分が削除され、同規定は同年６月１日から施行された。

そこで、被告は、CD-ROMによる保存中のデータについては、保存日から３年を経過したものについても廃棄せず、半永久的に保存する扱いとした。このような経緯から、被告においては、少なくとも、平成９年４月以降に完了した取引については、すべてのデータが保存されている。

d なお、前記CD-ROMによる保存方式についても、照会件数が増大するに連れて処理能力に限界が生じ、検索に時間と手間を要することから、更に増加した開示要求への対応が遅れるなどの問題が生じたため、被告は、平成16年４月中旬にホストコンピュータを追加設置し、現存取引に加え、完

了取引についてもすべてコンピュータ管理とする方式に移行した。そして、現在では、CD-ROMのデータもすべてホストコンピュータに移管されている。

(ｳ) 以上の経過により、被告においては、平成9年4月以降に取引が終了した分の貸付けに関する取引の明細は全部保存されているが、それ以前のものについては、順次廃棄されてきたことから、保存されていない。」

「原告は、取引履歴の管理・保存に関する被告の主張は合理性等を欠き信用することができないとして種々主張する（前記第2の2(3)ｱ(ｳ)）が、前記証拠及び弁論の全趣旨によれば、被告における上記の対応の変遷は完了した取引履歴の管理・保存のコストやその使用上の問題等に対応したものであることが認められ、その対応が特段不合理なものであるとは認めることはできない。」

［7］　判決№24②（東京高裁／5・6頁）

「(2)　控訴人は株式会社＊＊＊＊＊＊＊＊＊＊＊に控訴人の有する債権の管理を委託していたところ、平成19年末までの控訴人における取引履歴の管理システムは、現に継続中の取引に係る履歴と完済した取引に係る履歴を分けて管理していた。すなわち、支払が完了した取引に係るデータは、取引完了後、ほぼ3か月を経過した時点で順次ホストコンピュータから抹消されており、当該データは、まず磁気データ、ついでマイクロフィルムに移し替えられ、このマイクロフィルムは、ロッカーに収納しきれなくなると、3年を経過した古いものからシュレッダーで裁断して廃棄していた。このようにしてマイクロフィルムを廃棄したのは、平成12年夏ころが最後であり、その後、平成9年4月以降に取引が完了した債権に係るデータは、CD-ROMに保管するようになった。さらに、平成16年4月以降は、取引が完了した債権に係るデータもホストコンピュータに保存されるようになったが、平成20年1月にシステムアップするまでは、継続中の取引に係るデータとは別のデータベースとされ、それらの間の互換性がないため、両方を同時に出力することができなくなった（甲31、乙10の1、2、乙13）。

(3)　そこで、平成18年11月の時点においては、控訴人は、弁護士から開示

第4章　貸金兼業者に対する過払金訴訟の判決例

請求があった場合に、ホストコンピュータから打ち出した①現に継続中の取引に係る『債権調査票』をとりあえず送付し、次に、約1週間程度に、②完済した取引に係る『完済した取引の概要』及び③すべての取引をつなげて利息制限法所定の金利で引き直し計算をした『取引の調査票』を送付していた。(乙13)」

　［8］　判決№25②（東京高裁／21・22頁）

「被控訴人において、支払により取引が完了したもの（完了取引）をマイクロフィルムに保存していた平成10年以前の取引の状況について、当審証人＊＊＊の証言（以下『＊＊証言』という。）の骨子は次のとおりである。

　(ア)　顧客の特定に関する情報や貸付の返済の情報は、毎日、顧客が直接端末を操作することで、従業員の手を経ないで、埼玉県××市にあるメインフレームの磁気ディスクに入力される仕組みになっている。磁気ディスクの容量は、平成3年から743ギガバイト、平成8年から2400ギガバイトである。

　(イ)　夜間、バッチシステムを活用してバックアップを取っており、磁気ディスクの内容が、MT（磁気テープ）にも毎日保存されている。90年代後半当時、磁気ディスクに収められて夜間バッチ処理するカードの情報は、1日あたり、50ギガバイトであった。その後は、どんどん容量が増えている。カードの枚数が増えたり、カードのシステムに色々な機能が追加されるとデータが増える。これに対し、支払完了データは1年で8ギガバイト、10年で80ギガバイト程度である。

　(ウ)　甲69の3の樽型オートライブラリーの中にたくさんのMTが収納されている。樽の中に5000巻入る。磁気ディスクに次々書き込まれると、アクセスのスピードを上げるために再編成が必要となる。そのために情報の順序を整理する作業をした。一旦、磁気ディスクをMTに落として、また磁気ディスクに戻す作業を月2回行った。支払が完了してから3か月経過したものを浄化処理した。

　(エ)　顧客のデータベースは磁気ディスクに入っている。基本的な属性情報（カード番号、氏名、住所等）の後ろに複数の買い物情報がある。プログラムを夜間の処理で1回全部読みながら、MTに移すが、浄化していい買い物情報

第4節 取引履歴（業務帳簿）　Ⅲ　判決の事実認定

（支払が完了して3か月経過したもの）は別のMTに移す。その上で、必要な情報の入ったMTの内容を磁気ディスクに戻した。

　(オ)　磁気ディスクの中にVSAMファイルがあって、その効率を上げるために再編成をする。再編成をするときに支払完了データは戻さない。戻さないものをMTにして、それを外部に出してCOM（コンピュータアウトプットマイクロフィルム）を作った。外部委託するMTは副本は作らない。外部委託先からCOMと一緒にMTが戻ってくる。そのMTは再度使い回しされ、上書きされる。

　(カ)　COMは、はがき大の樹脂製である。コンピュータ帳票がぐっと縮小されて小指の先くらいの形で印刷されている。これ1枚でコンピュータ帳票200枚分になっている。COMは専用のプラスチックケースに入れて管理していた。1箱に二、三か月分を入れていた。1か月で10センチの厚さになる。3年でCOMを廃棄した。昔はCOMをシュレッダーで処理したが、最近は溶解処理をしている。」

　［9］　判決№26（東京地裁／9・10頁）

「イ　被告の顧客との取引履歴の管理・保存システムは、次のとおりである。

　なお、平成12年9月以前のキャッシングに係る取引は、前記(1)（被告の主張）アのとおり、『個々の貸付けごとに独立した個別の貸金契約』であったから、その取引履歴も個々独立したものとして管理・保存されていた。

　(ｱ)　継続中の取引

　顧客が支払を継続中の取引については、物品販売の分も含めて個々の顧客ごとにその明細をコンピュータに登録し、管理している。このような現存取引の貸付け、弁済に係る取引明細は、上記コンピュータからアウトプットして『債権調査票』として作成することができる。

　(ｲ)　既に終了した取引

　既に終了した取引については、昭和58年に施行された貸金業法19条及び同法施行規則が、貸金業者に対し、業務帳簿を備え、これを債務者ごとの貸付けの契約に関する事項（弁済については『過去3年間のものに限る。』）を記載し（同

第4章　貸金兼業者に対する過払金訴訟の判決例

規則16条1項3号)、これを貸付けの契約ごとに最終返済期日又は債権消滅日から『少なくとも3年間』保存すべき義務を課していた(同規則17条1項)ことから、被告は、個々の取引終了後3か月を経過した時点で順次コンピュータから抹消し、その明細をマイクロフィルム化して、少なくとも3年間は保存し、3年間の保存期間経過後に適宜廃棄していた。

　しかし、マイクロフィルムによる保存方式は、検索に時間と手間が掛かり、年々増加する債務者からの開示要求に迅速に対応することができなくなったことなどから、平成9年4月以降に支払がすべて終了し、コンピュータから抹消された取引について、被告は、これをCD-ROMに保存することにより、必要に応じて随時帳簿類に出力できる方式により保管することに改めた。

　その後、貸金業法が平成12年に改正され、同法施行規則16条1項3号の(『過去3年間のものに限る。』)との部分が削除されたことを受けて、被告は、CD-ROMにより保存中のデータについては、保存日から3年を経過したものについても廃棄せず、半永久的に保存する取扱いとした。この結果、被告においては、少なくとも平成9年4月以降に完了した取引については、すべてのデータが保存されている。

　さらに、CD-ROMによる保存方式についても、債務者からの照会件数が増大するにつれて処理能力に限界が生じ、増加する開示要求への対応が遅れるなどの問題が生じたことから、被告は、平成16年4月中旬にホストコンピュータを追加設置し、現存取引に加え、完了取引についてもすべてコンピュータによる管理とする方式に移行した。そして、現在では、CD-ROMによって保存されていたデータもすべてホストコンピュータによって管理されるようになっている。

　ウ　以上のとおりの経緯により、被告においては、平成9年4月以前に取引が終了したキャッシング取引の取引履歴は保存されていないが、被告は、その時々の法の規定に従って顧客との取引履歴を管理・保存してきたのである。」

　[10]　判決No.29①（千葉地裁松戸支部／6・7頁）

第4節 取引履歴（業務帳簿）　Ⅲ　判決の事実認定

「ア　被告は、昭和50年9月、商品の割賦販売を行うため、『＊＊カード』の店頭即時発行システムを開始した。被告の当時の顧客管理システムは、カード会員の氏名、住所等の顧客属性情報と契約情報、入金情報のクレジット債権情報のデータベースを作成し、管理するシステムであったが、被告は、昭和54年に最新の情報を反映させた顧客情報を全店で照会できるようにするため、クレジット契約の与信に有用な全店オンラインシステムを導入した。ところが、被告のカード会員は数百万人を越え、カード会員の購入データや入金データが膨大なものになったため、同年には、支払完了債権のデータにつき、完済後3か月経過したものを順次データベースから消去し、これをマイクロフィルムに移して保存する方式を導入した。

イ　被告は、昭和56年、商品割賦販売専用の上記『＊＊カード』をキャッシングにも利用できることとして貸金業務を開始したが、顧客情報の管理の方式については、割賦販売契約と同様にデータをコンピュータで管理し、完済後3か月経過した債権に係るデータをコンピュータから消去するとともに、これをマイクロフィルムに移して保存する方式を採用した。

ウ　被告は、これらの方式は保管コストがかかる上、全面的に手作業に依存するものであったことから、年々増加する債務者からの開示請求への支障が生じるおそれがあったため、保存媒体をCD-ROMに切り替え、平成9年4月以降に支払が完了した取引については、自動的に抽出して帳簿作成できるようにした。更にこのシステムも照会件数の激増に対応しきれなくなったため、平成16年4月中旬からは、ディスクによる保管管理を開始した。平成9年4月から平成12年3月までの間に支払が完了した分のマイクロフィルムは保管スペースを確保するのが困難になったため、平成12年夏ころに順次処理業者に引き渡して破棄され（ただし、当初のものは6、7年分程度は保存していたものと推認される。）、それ以降は支払記録に関するマイクロフィルムは存在しない。」

［11］　判決№30（東京地裁／8頁）

業務帳簿に関する「被告の説明は、特段、不審な点はなく、真実であるものと認められる。」

第4章　貸金兼業者に対する過払金訴訟の判決例

　　［12］　　判決No.32（静岡地裁沼津支部／14頁）
「ア　Ａ社は、昭和56年に貸金業を開始した。Ａ社は、顧客情報をコンピュータで管理していたが、当時は、コンピュータの情報処理能力との関係で、多くの情報をコンピュータ上に残しておくことが困難であったため、弁済中の契約分取引履歴情報等については、弁済完了後３か月が経過するまではコンピュータ端末からオンラインで検索、抽出ができるようにしていたが、弁済完了後３か月の経過時点でコンピュータ上の情報は削除するようなシステムで処理していた。コンピュータから削除されるデータは、マイクロフィルムで保存し、保存にかかる経費等を考慮して、貸金業法で保存義務を課される３年間が経過した後は順次廃棄処分にしていた。
　イ　その後、旧Ａ社もしくは被告は、削除されるデータの保存媒体をマイクロフィルムからCD-ROMに変更して取引情報を半永久的に保存するようにし、平成16年４月以降は、コンピュータのサーバシステムのハードディスクを利用して同様の保存を行うようにしたため、平成９年４月以降に完済となった取引の情報は半永久的に保存されるようになった（乙23の１から３、乙31の１から３）。」

　　［13］　　判決No.36（東京地裁／５・６頁）
「被告は、顧客との取引履歴の保管状況について、平成９年３月以前に支払が完了した取引については、マイクロフィルム化した上で、少なくとも３年間は保存し、保存期間経過後に適宜廃棄処理をしていたが、同年４月以降に支払が完了した取引については、CD-ROMに保存するようになったこと、平成12年ころに、CD-ROMに保存されたものについては半永久的に保存する取扱いに改めたが、マイクロフィルムに保存していた取引履歴は既に廃棄されていることを主張し、これに沿う従業員の陳述書（乙ヘ４の１・２）を提出するところ、その内容自体に不自然、不合理な点は特に見当たらない。」
「原告との取引履歴の保管状況に関する被告の主張ないし被告従業員の供述は、相応の合理性を有しているものというべきあり、少なくとも、被告において、原告との取引履歴を把握しているにもかかわらず、これを開示しな

第4節　取引履歴（業務帳簿）　Ⅲ　判決の事実認定

かったとの事実を認めるに足りる証拠はない。」
　［14］　判決№40（東京地裁／6・7頁）
　「(2)　証拠（甲1、5、乙イ4、5（枝番を含む。））及び弁論の全趣旨によれば、A社の取引履歴の作成・管理保管状況について、次の事実を認めることができる。

　A社においては、かつては、返済により完了した取引の記録は、完了後3か月が経過した時点で、コンピューターから抹消され、紙で保存されていたが、昭和49年以降、マイクロフィルムで保存されるようになり、取引完了後3年が経過した時点で、随時廃棄処理していた。平成11年1月には、保存媒体をマイクロフィルムからCD-ROMに変更し、平成9年4月以降に完了した取引の記録がCD-ROMに移行された。その後、社内規定を変更し、CD-ROMの記録を永久保存することにした。平成16年4月からは、コンピューター接続のディスクによる保管・検索システムを開始し、CD-ROMの記録が同システムに移行された後、CD-ROMが廃棄処理された。したがって、被告は、平成9年4月以降に支払が完了した取引については、ディスクに保存しているが、それより前に返済が完了した取引については、いかなる形態でも保存していない。
　(3)　上記事実関係は、被告が、別件訴訟において文書提出命令の発令を受けたことを契機に、社内に調査委員会を設置し、取引履歴の作成・保管状況の推移等について調査を実施した上、＊＊＊＊アドバイザリー株式会社に対し、被告の情報システムや電磁的記録の保管状況に関するデータ監査を依頼し、さらに、同社が提出したデータ監査報告書について、＊＊＊＊弁護士にその内容の合理性、真実性の調査を依頼した結果、確認されたものであって、その調査過程や内容の信頼性に疑いを生じさせる点はない。また、上記取扱いは、当時の貸金業の規制等に関する法律の定める業務帳簿の保存義務の規定に反するものではないこと、平成10年以前は、A社の過払金返還件数は0件であり、貸金業者に信義則上取引履歴の開示を義務づけた最高裁判決が言い渡されたのは平成17年7月19日であることから、過去の取引データに対するニーズも乏しかったこと、年間契約件数1000万件のデータは、マイク

163

ロフィルム化しても膨大な量で、保管スペースの確保が困難であり、検索にかなりの時間と手間がかかることが認められることからしても、上記認定の取引履歴の保管状況が不自然とは認められない。」

[15]　判決№42（東京地裁／8・9頁）

「被告は、昭和56年2月にキャッシング事業を開始したこと、被告の貸金取引は、平成12年10月までは、包括契約（リボルビング払方式）ではなく、個別に独立した貸付契約（元利均等返済方式）であったこと、完済により取引がすべて終了した『完了取引』の明細は、取引終了後3か月を経過した時点で、順次コンピュータから抹消され、当初は、マイクロフィルムに移して3年間保存され、保存期間経過後に廃棄処理されたこと、平成9年4月以降に支払が終了してコンピュータから抹消された完了取引については、CD-ROMに保存されるようになったこと、被告は、平成12年6月の貸金業法の改正に対応するため、CD-ROMの保存データについては半永久的に保存する取扱いとしたこと、平成16年4月には、従前のコンピュータにディスク搭載のホストコンピュータを追加設置し、現存取引に加えて完了取引もすべてコンピュータにより管理する方式に移行したこと、被告は、現在、平成9年4月以降に支払が完了した取引履歴のみを保有していること、被告は、原告に対し保有する取引履歴（乙3の11）を開示したことが認められる。

　以上によれば、被告は保有している取引履歴のすべてを原告に開示していると認められるから、被告が取引履歴のすべてを開示していないことを前提とする原告の請求は理由がない。」

Ⅳ　貸金業法の業務帳簿と商業帳簿（会計帳簿）

(1)　商法（平成17年改正前）の「商業帳簿」（会計帳簿）

(a)　作成目的

　商業帳簿（会計帳簿）は、商人（企業）の営業上の財産及び損益の状況を明確にすることにより、商人（企業）自身の合理的経営に資するとともに、株主及び債権者の権益を保護し、かつ適正な課税資料ないし基準を提供するこ

第4節 取引履歴（業務帳簿） Ⅳ 貸金業法の業務帳簿と商業帳簿（会計帳簿）

とを目的としているものである。

したがって、それは、金銭消費貸借取引における個々の債務者の保護を目的とする貸金業法の業務帳簿とは基本的性格を異にしており、個々の貸付けの明細を記帳することは、そもそも会計帳簿が意図するところではない。

(b) 商法の規定

昭和49年改正後の商法は、商業帳簿から「財産目録」を削除するとともに、従前の「日記帳」に替わり「会計帳簿」の用語を採用したが、これについての定めはわずかに次のものだけであり、企業経理上の帳簿実務は、ほぼ全面的に適正かつ最新の会計慣行に委ねられていた。

① 作成義務（32条1項・現19条1項）
② 作成の目的＝営業上の財産及び損益の状況の明確化（32条1項）
③ 作成に関する規定の解釈＝公正なる会計慣行の斟酌（32条2項・現19条1項）
④ 記載の方式＝整然かつ明瞭（33条1項本文）
⑤ 記載事項＝決算期における営業上の財産及びその価格並びに取引その他営業上の財産に影響を及ぼすべき事項（33条1項1号・2号）
⑥ 会計帳簿に基づく貸借対照表の作成（33条2項）
⑦ 会計帳簿に記載すべき財産の評価の原則（34条）
⑧ 10年間の保存義務（36条・現19条3項）

念のため付言すれば、昭和49年改正前の「日記帳」も、小売の取引については現金売と掛売を区別したうえ、日々の「売上総額」を記載すれば足りる、とされていた（旧商法32条）。

(2) A社の会計帳簿及び会計システム

(a) 作成帳簿

A社は、店舗での物品販売（百貨小売業）を主たる業務としているが、キャッシング取引に係る商法所定の会計帳簿（商業帳簿）として、次のものを作成（その大半はコンピュータによる自動出力）している。

(イ) 主要簿
① 総勘定元帳

第4章　貸金兼業者に対する過払金訴訟の判決例

　②　補助元帳
　㈹　補助簿
　③　貸付残高表
　④　現金出納帳（全店分自動集計リスト）
　(b)　前記帳簿の作成経過ないしシステム
　Ａ社の店舗では、毎日、店舗備付けの個別のCD（現金自動貸出機）及びPOS（現金貸出専用レジスター）ごとに、その処理（CD及びPOS単位での当日の貸付合計金額等の種別ごとのコンピュータ端末への入力登録）を実施している。
　Ａ社の会計システム（コンピュータ）は、上記精算処理に基づき、各店舗ごとの集計結果を会計システム内のデータとして自動的に蓄積、保存している。
　Ａ社の本社経理部は、コンピュータ端末から全店舗分を取りまとめた「全店分集計リスト」を出力（プリントアウト）し、その内容を精査したうえ、これを会計データ「現金出納帳」として確定させている。
　Ａ社の会計システム（コンピュータ）は、集計リストを自動作成するほか、集計リストに基づく月間単位での集計も自動的に行い、月末時の総貸付残高（貸付債権の総額）を明示した「貸付残高リスト」を自動的に作成する仕組みとなっている。
　上記残高表には、当然のことながら、前月末の総貸付残高から当月末の総貸付残高が算出されるに至った根拠の金額（月間新規貸付総額、返済入金総額、貸倒総額）も記載されているが、個々の顧客との個別の取引データは、一切記載されていない。
　(c)　個々の取引データの不記載
　Ａ社は、営業貸付金（キャッシング）に関する会計帳簿として次の4種の帳簿類を作成、保存（ただし、商法36条所定の10年間分のみ）しているが、そのいずれにも、個々の顧客との個別の貸金取引のデータは、何ら記載されていない。
　①　総勘定元帳
　②　補助元帳

③　貸付残高リスト
④　現金出納帳
　なお、Ａ社は、過去の税務調査において、クレジット取引（キャッシング）の会計処理に関し、上記①～④以外の帳簿ないし帳票類の作成や保存を指導されたり、その他特段の問題点を指摘されたことは一度もない。
(3) **商法の「商業帳簿」と貸金業法の「業務帳簿」の関係**
(a)　「貸金業者」と「商人」
(ｲ)　「登録を受けて貸金業を営む貸金業者」（貸金業法２条２項）となり得るのは、次の者である。
①　会社その他の「法人」（貸金業法４条１項２号）
②　「未成年者」を含む「個人」（貸金業法４条３・４号）
(ﾛ)　「金融業者であるというだけでは商人であるとはいえない」（昭和44年５月２日最高裁第２小法廷判決（金融商事判例163号９頁））が、「資本金額50万円未満」（商法７条・商法施行規則３条）で貸金業を営むということは現実にはおよそあり得ないことから、上記(ｲ)の「貸金業者」であって商法上の「商人」に該当する者は、小商人（商法８条）ではなく、完全商人ということになる。
(ﾊ)　商法上の完全商人としての貸金業者は、貸金業法及び商法に基づき、次の帳簿類の作成義務を負っている。
①　貸金業法19条・貸金業法施行規則17条に基づく、「業務帳簿」の作成保存義務。その保存期間は、制定当初から「３年間」。
②　商法（平成17年改正前）32条・36条に基づく、「商業（会計）帳簿」の作成・保存義務。その保存期間は、「10年間」。
(b)　貸金業者（商人）の多様性
　ひと口に貸金業者といっても、その中には個人もいれば法人もおり、また法人には株式会社だけでなく有限会社も含まれ、さらにまた株式会社といっても、その中には中小零細企業から巨大な上場会社までが含まれている。
　個人や中小零細企業の貸金業者の場合、顧客数や取引回数の多寡が知れているため、書類作成の便宜上、貸金業法の業務帳簿と商法上の商業帳簿がオーバーラップし、ある範囲内で相互に一体化していることも、会計処理の実

務上、容易に起こり得ることである。

(c) 前記(b)に反し、A社を含む上場企業の場合、日々、膨大な数の顧客を相手に膨大な数の取引をこなしているところ、当該個別の貸金取引を記帳処理する貸金業法上の業務帳簿と会計年度ごとの企業会計の適正性を裏付ける商業（会計）帳簿の記載事項は、自ずと乖離している。

(d) A社の会計帳簿には、膨大な数の顧客との間の、膨大な件数の個々の貸金取引に係る個別の情報は何ら含まれていないが、このことは、A社の主たる業務たる百貨店小売業としての物品販売を見れば一目瞭然のことである。

すなわち、会計帳簿に記載すべきは、取引総体（マス）としての1日、1週間、1ヵ月、半期又は1年（1期）ごとの商品売上の総額であり、「顧客の誰（例えば『佐藤太郎』又は『鈴木花子』）に何を、いつ、いくらで売ったか」などということは、およそ会計帳簿の記帳対象外であり、当然、何も記載されていない。

上記の理は、個別の顧客との個々の貸金取引に係る業務帳簿と、企業の会計処理を明確にすべき会計（商業）帳簿の記載事項の関係にも、そのままあてはまることである。

(4) 「保存期間」の相違

「貸金業規制法上の業務帳簿が、即、商法上の商業（会計）帳簿に該当する」との論法に従えば、そもそも保存期間についての定めは商法36条だけで事足り、貸金業法19条及び改正前の施行規則17条に基づく「3年の定め」は不要だったはずである。

あくまでも両者は同じとする論法を貫徹しようとすれば、制定当初の貸金規制法は、商業帳簿の性格を有する業務帳簿についてだけ商法の「10年」の保存期間をわざわざ「3年」に短縮したもの、と解釈せざるを得ないこととなるが、そのような解釈論はまず聞いたことがない。

(5) 業務帳簿と会計帳簿についての結論

「貸金業法上の業務帳簿＝商法上の商業（会計）帳簿」という解釈論は、両者の作成目的、その基本的性格、貸金業者の多様性等をまったく無視したも

第4節　取引履歴（業務帳簿）　Ⅳ　貸金業法の業務帳簿と商業帳簿（会計帳簿）

のであり、貸金業者（商人）のうち、商法上の商業帳簿と貸金業法上の業務帳簿が実際に重複することがあり得る個人や中小零細業者にあてはまる場合があるものの、A社を含む上場企業には何ら妥当しない。

(6)　A社判決の判示

下記のA社判決では、業務帳簿と会計帳簿等の相違に関する前記解釈論に基づき、A社による業務帳簿の破棄は何ら不法行為には該当しない旨、明確に判示されている。

［1］　判決№8②（東京高裁／10・11頁）

「なお、控訴人は、被控訴人がおおむね平成9年4月より前の取引経過に関する記録を破棄した行為は、商法36条1項（商業帳簿と営業に関する重要資料の10年間の保存）及び法人税法126条、同法施行規則59条（青色申告法人の帳簿書類の7年間の保存）の規定に違反しているとも主張する。

しかし、これらの規定による帳簿等の保存義務は、商人自身又はその財産の状況に利害関係を有する第三者のために商人の営業上の財産及び損益の状況を明らかにする資料として、あるいは、法人税の課税上の資料として、帳簿等を一定期間保存することを要求するものであって、その商人又は法人が貸金業者の場合でも、貸金業者から貸付けを受ける個々の債務者の利益の保護を図ることを目的とするものではないから、仮に貸金業者がこれらの規定により保存すべき帳簿等を破棄したとしても、そのことが債務者との関係において違法となり、不法行為を構成するものではない。」

［2］　判決№14（東京地裁／13頁）

「ところで、貸金業法19条に定める業務帳簿は、債務者ごとの貸付けの契約について契約年月日、貸付金額、受領金額等を記載するものであり、商人が営業上の財産及び損益の状況を明らかにするために法律上作成が要求されている商業帳簿とは必ずしも同じものとは解されず、また、被告において、商業帳簿が業務帳簿に該当することを認めるに足りる証拠はない。」

［3］　判決№20②（東京高裁／9頁）

「なお、被控訴人は、商人であるから、商業帳簿について、帳簿閉鎖の時から10年間保存する義務を負っており（商法19条3項、平成17年法律87号による

改正前の商法36条2項)、業務帳簿も商業帳簿の一つと解すると、被控訴人による平成8年8月27日より前の取引に係る帳簿の破棄は、商業帳簿についての保存義務に違反したということになるが、仮にそうであるとしても、商業帳簿の保存義務の規定は、商人自身又はその株主等の利害関係を有する者のために商人の営業上の財産及び損益の状況を明らかにすることを目的としたものであって、同規定に違反したからといって、そのことが債務者に対する不法行為を構成するものとは解されない。」

V　実施してきた推定計算

(1)　「支払金の二面性」と「主張立証責任」

(a)　A社の主業は百貨店小売業で、同社の「キャッシング」は顧客サービスの一環として開始されたものであるが、顧客からA社に対する支払金は、必ずしもそのすべてが、かつその全額が「貸金の返済」というわけではなく、一般的にいえば「商品割賦購入（いわゆる「月賦」）代金の返済」の可能性が極めて高い。

(b)　このため、A社に対する過払金返還請求訴訟では、その請求者たる原告は、「支払金が借入金に対する返済であることを主張・立証する責任」を負っているが、当該立証は、領収書や請求書を持参していれば容易であるが、次の場合には極めて困難となる。

・原告が上記の客観的計算資料をまったく所持していなかったり、その一部だけしか残されていなかったとき。
・支払金額は明らかであるが、その支払対象が貸金返済と商品代金支払のいずれかが明らかでない銀行通帳のみが証拠として提出されたとき。

(2)　推定計算に基づく和解

A社訴訟は、そのほとんどが裁判上の和解により終了しているところ、前記(1)(b)の原告の立証が困難な場合、原告が前記資料をまったく保持していないときを除き、何らかの断片的な資料が開示されたときには、A社は可能な限り「推定計算」を行い、推定上の過払金を算出し、当該金額による和解に

第4節 取引履歴（業務帳簿） Ⅴ 実施してきた推定計算

努めてきた。
(3) 推定計算の基本的性格
(a) Ａ社の推定計算は、基本的に、次の二つを目的とするものである。

1つは、「和解金額」の提示（ただし、実際の和解は、推定金額の端数切り上げ）であり、2つは、反証としての「推定上の過払額の上限」の提示である。

(b) Ａ社に対する支払金には前記(1)(a)の二面性があるため、顧客からＡ社に対する支払金については、論理的に次の3つのケースが想定される。

① 全額が「商品割賦購入代金」の支払分
② 全額が「貸金」の返済分
③ その一部が①・その残りが②

(c) 上記(b)①〜③のいずれであるかについては、本来は原告に立証責任があるが、Ａ社は、推定計算の実施に際し、前記(a)の2つの基本目的を達成する観点から、原則として通帳等に記載された「支払金額の全額が貸金の返済分」であった（上記(b)②）と仮定してシミュレーションを実施し、どうしても推定上の各金額が合致しない場合には、推定過払金額が最大となるよう、極力、①の可能性を排除し、②の割合がより多くを占めるよう努めている。

(d) Ａ社の推定計算は、要するに、推定上の過払金額を極力最大化することにより、かつての顧客（原告）との訴訟の早期解決を目指し、また仮に和解が不調となった場合には、証拠として提出された「通帳その他の客観的な裏付け資料を最大限有効に見積もった際の過払金の上限額を提示」することにより、原告の記憶等に基づき一方的に主張された「過大な過払金があり得ないことを裏付ける反証」とするためのものである。

(e) したがってそれは、客観的真実としての過払金額を算出するものでもなければ、まして推定上の過払金が算出されるに至った取引経過そのものの真実性を担保する性格のものでもない。

(4) Ａ社の推定計算の合理性
以下のＡ社判決は、前記(3)の推定計算の意味合いを正確に理解した上、それぞれ明確にその合理性を肯定している。

［1］ 判決№11（東京地裁／7頁）

第4章　貸金兼業者に対する過払金訴訟の判決例

「前記認定及び判断のとおり、原告計算書①に基づく請求及び原告計算書②に基づく請求をいずれも認めることはできないが、原告の請求原因は、要するに、被告との間の継続的な金銭消費貸借取引において、利息制限法所定の制限利率を超える金員を支払った結果過払金等が生じたということに尽きるのであるから、被告が原告とは異なる推定計算に基づき一定の金額の過払金があることを認めている場合に、この金額について被告に支払を命じることは、決して弁論主義に反しないというべきである。」

　［2］　判決No.18（東京地裁／9・10頁）

「これに対し、被告は、原告＊＊から開示された預金通帳に基づき、原則として、通帳等に記載された支払金額の全額が貸金の返済分であったと仮定して行い、推定上の各金額が一致しない場合には、推定過払金額が最大となるように原告＊＊に配慮して行っているものであり、合理的であり、採用に値する。」

　［3］　判決No.24①（東京地裁／4頁）

「他方、被告は、別紙計算書2記載の取引を推定するが、この推定計算は、その手法に照らして合理的であると認めることができる（乙6、9の1）から、原告と被告との取引は、別紙計算書2記載の『年月日』、『借入金額』及び『弁済額』各記載のとおりであると認めるのが相当である。」

　［4］　判決No.38（東京地裁／8頁）

「一方、被告らの主張する取引経過のうち被告らにおいて推定した部分は、預金取引明細表（甲A2の1・2）ないし預金通帳（甲B2、C2）に基づいて推定された合理的なものであると認められる（乙11の3、乙12の3、乙13の3）。」

　［5］　判決No.41（東京地裁／4頁）

「一方、証拠（乙2の2、9）及び弁論の全趣旨によれば、上記認定事実を前提とした被告の推定計算は合理的であると認められる。」

　［6］　判決No.42（東京地裁／6・7頁）

「一方、被告は、平成12年6月4日より前の取引内容について、別紙計算書2のとおりと推定するのが合理的である旨主張する。

第4節　取引履歴（業務帳簿）　Ⅴ　実施してきた推定計算

証拠（……略……）及び弁論の全趣旨によれば、原告は被告に対し、昭和58年4月4日から平成6年1月4日までの間、原告の銀行預金口座から支払をしていること、被告においてキャッシング事業にリボルビング払いを導入したのは平成12年10月であり、それまでは個別に独立した貸付契約（元利均等返済方式）であったこと、原告が被告との取引に用いたカードは貸金取引専用のカードではなく、ショッピング機能が付与されていたこと、上記原告から被告への支払にはショッピングの返済が含まれていることが認められ、これらの事実に、本件における原告の返済金額、返済金額の推移、支払総額における貸金返済と商品割賦販売の返済の割合等の諸事情を併せ考えると、被告の主張は、合理性を有すると認められるから、原告と被告との間の平成12年6月4日より前の取引内容については、別紙計算書2のとおりであると認めるのが相当である。」

［7］　判決№55②（東京高裁／8頁）

「これに対し、控訴人は、Ａ社が採用していた分割払方式の内容（前記(1)ア(ｱ)参照）、控訴人が保有する平成8年7月19日から平成14年10月13日までの貸付けに関する記録（前記(1)イ(ｳ)参照）、本件通帳、本件領収証等を基礎として、平成3年10月から平成8年7月19日までの取引経過を推定した上、当該取引経過に基づき制限超過部分を元本に充当し、同日の3万円の貸付け後の残元本合計額を12万3457円と推計しており（原判決別紙『＊＊＊＊＊様の「甲号証」に基づく推定計算書』の番号1から190まで参照）、その推定及び推計には一定の合理性が認められる（乙5の1及び3、6、弁論の全趣旨）。

［8］　判決№59②（東京高裁／5頁）

「そして、被控訴人が法律上の原因なく利益を受け、そのために他人に損失を及ぼしたことの立証責任は控訴人にあるので、上記の点が明らかでない以上、平成4年3月の支払につき、これを同年1月の借入れの弁済金として推定計算をした被控訴人の手法には合理性があるとして被控訴人が自認する限度で本件取引の内容を認めるほかはない。」

第4章　貸金兼業者に対する過払金訴訟の判決例

第5節　不当利得(1)（民法703条）

I　過払金の主張立証責任

(1)　責任の負担――「過払金の請求者にあり」

(a)　「不当利得返還請求権の主張立証責任は、その要件事実のいずれかを問わず、その請求者たる原告にある。」との民事訴訟の根底をなす当然の理(解釈)は、法実務上、確定した解釈論である。

(b)　「最高裁第二小法廷昭和59年12月21日判決」（裁判集民事143号503頁／以下「昭和59年最判」という）は、次のとおり判示し、上記(a)の根拠として、A社判決その他の判決例の中で、幾度となく引用されている。

「民法第703条の規定に基づき不当利得の返還を請求する者は、利得者が『法律上ノ原因ナクシテ』当該利得をしたとの事実を主張・立証すべき責任を負っている」。

(c)　A社判決の中で上記(a)・(b)の解釈論を明示したのが、次の判決例である。

［1］　判決№3①（東京地裁八王子支部／14頁）
控訴審の判決№3②（東京高裁／14頁）も同旨である。
「原告の過払金請求は、不当利得に基づくものであり、法律上の原因なくして原告の財産により被告らが利益を受けこのため原告に損失を与えたことについては、請求原因として、原告に主張立証責任があるというべきである。そして、原告と被告らの間の取引経過は、被告らに利得があり原告に損失があることを基礎付ける事実であるから、原告において主張立証すべきであるところ、原告主張の推定によっては、主張立証責任を尽くしたということはできない。」

［2］　判決№4①（東京地裁／4頁――下記a）／控訴審の判決№4②（東京高裁／6頁――下記b）

a　「本件において、原告は、被告に対して、被告との消費貸借取引にお

第5節　不当利得(1)（民法703条）　　Ⅰ　過払金の主張立証責任

ける過払金を不当利得として返還請求しているのであるから、原告において被告が当該金員を受領すべき法律上の原因がないことを主張、立証する必要があるものと解される。原告は、貸付債権の存在は給付保持権限の発生根拠事実であると主張するが、採用できない。」

　b　「民法第703条の規定に基づき不当利得の返還を請求する者は、利得者が『法律上の原因なく』当該利得をしたとの事実を主張・立証すべき責任を負っているものと解される（著者注：昭和59年最判を掲記）から、控訴人において、被控訴人が上記金員を受領すべき法律上の原因がないことを主張・立証する必要があることになる。控訴人は、貸付債権の存在は被控訴人の給付保持権限の発生根拠事実であると主張するが、採用できない。」

　[３]　判決№25①（東京地裁／20頁）

　「確かに、証拠（……略……）によれば、上記各原告らの銀行預金口座から被告に対する支払として引落しがされていることが認められる。しかしながら、不当利得返還請求においては、利得の存在及びその額、損失の存在及びその額、それらの間の因果関係の存在並びに法律上の原因がないことの立証責任は、すべて不当利得の返還を請求する者にあり、これは、本件のような、過払金の返還においても何ら異なるところはないものというべきである。」

　[４]　判決№32（静岡地裁沼津支部／11頁）

　「この点、原告らは、被告に対し、不当利得返還請求権に基づいて過払金相当額（及び利息）の支払を求めているのであるから、原告らが被告に弁済した金員の一部について、被告がこれを受領すべき法律上の原因がないことを主張、立証する必要があるというべきである。」

　[５]　判決№45（東京地裁／5・6頁）

　「原告は、取引履歴の開示初日の冒頭残高の立証責任は被告にあるとし、冒頭残高を０円として請求するところ、原告は、被告に対し、過払金について不当利得返還請求をしているのであるから、自ら、取引経過を主張、立証することにより、過払金が発生したことを根拠づける必要がある。そして冒頭残高を０円として計算するためには、取引履歴の開示初日の残高が０円又

第4章　貸金兼業者に対する過払金訴訟の判決例

は過払であることを推認するに足りる合理的な事実関係があることが必要というべきである。しかしながら、原告は、本件訴訟提起当初、原告の陳述書（甲5）等に基づき、取引履歴の開示初日以前の取引を再現した上（甲7）、本件取引につき、制限利率を適用して計算すると、別紙計算書2のとおりであるとして、過払金の支払を請求していたところ、別紙計算書2によれば、取引履歴の開示初日である平成7年10月28日時点では貸付残高があることとなっている。そうすると、取引履歴の開示初日の残高が0円又は過払であることを推認することは到底できない。」

　［6］　判決No.47（東京地裁／5頁）

「なお、原告は、過払金に係る不当利得返還請求権につき、貸金業者である被告が貸付金額の主張・立証責任を負っている旨主張するが、民法703条の規定に基づき不当利得の返還を請求する者は、利得者が『法律上の原因なく』当該利得をしたとの事実を主張・立証すべき責任を負っているものと解すべきである（著者注：昭和59年最判を掲記）から、借主である原告が弁済に対応する貸付金額について主張・立証すべき責任を負っているものと解するのが相当であり、原告の上記主張は採用することができない。」

　［7］　判決No.54（東京地裁／4頁）

「一般に、不当利得返還請求訴訟においては、同請求をする者が相手方の利得の存在及びこれが法律上の原因に基づかないことを主張立証する責任を負っているものと解されるところ、このことは、不当利得に基づく過払金返還請求訴訟であっても同様であり、本件についても、本件取引による過払金の発生及びその金額を主張立証する責任は、原則として原告にあるものと解される。」

　［8］　判決No.59①（東京地裁／5頁）

「(2)　ところで、民法703条の規定に基づく不当利得返還請求においては、その返還を請求する者において、受益者が法律上の原因なく利益を受け、そのために他人に損失を及ぼしたことを立証しなければならず、このことは継続的金銭消費貸借取引における過払金返還請求においても変わらない。」

(2)　立証の程度──「相当の合理性」

第5節　不当利得⑴（民法703条）　Ⅰ　過払金の主張立証責任

この論点は、前記⑴とも重なるが、下記のＡ社判決により、それぞれ次のとおり判示されている。

　［１］　判決№26（東京地裁／11・12頁）

「確かに、貸付けと弁済とが繰り返される金銭消費貸借取引において、約定利率による弁済を継続してきた借主が、その取引を利息制限法所定の利率によって引直し計算すると過払が生じているとして不当利得に基づく返還請求をする場合には、貸主である貸金業者から取引履歴が開示されない限り、貸付け及び弁済の経過を正確に再現することは極めて困難であって、貸金業者から取引履歴が開示されなかった期間の取引経過については、一定の推測に基づいて請求することになることはやむを得ないと考えられるが、不当利得返還請求権を行使しようとする者は、不当利得の成立要件である『被告の利得』、『原告の損失』、『利得と損失との間の因果関係』及び『利得が法律上の原因に基づかないこと』の４つの事実について主張立証責任を負っているのであるから、少なくとも原告らが主張する（推定された）取引履歴に相当の合理性があることを立証する必要がある」。

　［２］　判決№28（東京地裁／４頁）

「確かに一般消費者が、貸金業者に対して過払金返還請求を行う場合、貸金業者から取引履歴を開示されなかった期間の取引経過については、一定の推測に基づいて請求することとなるとしても、やむを得ない場合もある。

　しかしながら、不当利得返還請求権を行使する者は、その成立要件について主張立証責任を負っているものと解されるのであるから、原告の主張する取引履歴については、相当の合理性があることを立証する必要がある」。

　［３］　判決№47（東京地裁／５・６頁）

「なお、原告は、過払金に係る不当利得返還請求権につき、貸金業者である被告が貸付金額の主張・立証責任を負っている旨主張するが、民法703条の規定に基づき不当利得の返還を請求する者は、利得者が『法律上の原因なく』当該利得をしたとの事実を主張・立証すべき責任を負っているものと解すべきである（著者注：昭和59年最判を掲記）から、借主である原告が弁済に対応する貸付金額について主張・立証すべき責任を負っているものと解するの

第4章　貸金兼業者に対する過払金訴訟の判決例

が相当であり、原告の上記主張は採用することができない。」

　[4]　判決No.57（東京地裁／4頁）

「一般に、不当利得返還請求訴訟においては、同請求をする者が相手方の利得の存在及びこれが法律上の原因に基づかないことを主張立証する責任を負っているものと解されるところ、このことは、不当利得に基づく過払金返還請求訴訟であっても同様であり、本件取引についても、過払金の発生及びその金額を主張立証する責任は、原則として原告にあるというべきである。すなわち、原告は、取引履歴のない部分を含め、本件取引の経過が本件各計算書記載のとおりであると主張するのであれば、これについて相当の合理性を有する程度に立証する責任を負っているというべきである。」

　[5]　判決No.59①（東京地裁／5～7頁）

「(2)　ところで、民法703条の規定に基づく不当利得返還請求においては、その返還を請求する者において、受益者が法律上の原因なく利益を受け、そのために他人に損失を及ぼしたことを立証しなければならず、このことは継続的金銭消費貸借取引における過払金返還請求においても変わらない。もっとも、明らかでない取引履歴部分については、相当の合理性がある推定によることも認められる。」

「(5)　ところが、原告は、原告預金口座から被告への弁済の大半について貸金の弁済に当てられ、また、被告からの借入れについては平成4年12月31日以降、1年に1回ずつであると推定されるべきと主張するものであって、上記(4)の事実等に照らすと、この原告の主張は合理性があるといい難く、採用することができず、結局、平成9年2月17日より前の本件取引の履歴について、原告が主張するとおりであることにつき、相当の合理性を有する程度に立証がされたと認めることはできない。」

　(3)　開示履歴より以前の取引部分の主張立証についての「顕著な事実」

　これについては、下記のA社判決により、次のとおり指摘されている。

■判決No.4①（東京地裁／4頁）

　控訴審の判決No.4②（東京高裁／6・7頁）も同旨である。

「ただ、本件においては、被告は平成8年4月30日前にも原告に対する貸

第5節 不当利得(1)（民法703条）　Ⅰ　過払金の主張立証責任

金債権が存在した旨の主張をしているものの、それに該当する具体的な貸付けの事実を主張していない。しかし、この点については、後述のとおり、これらの取引に関する資料が既に破棄されているため、被告において当該事実関係を主張し得ないものと認められるから、このことから直ちに、被告に上記法律上の原因がないものと推認することはできない。したがって、原告としても、上記の主張、立証が困難となっていることは否定し難いが、それでも、取引開始時点、取引額、取引頻度、継続期間、支払利率等の関連諸事情を総合的に立証することにより、上記法律上の原因がないことの立証が可能なことは顕著な事実であ」る。

(4)　「立証責任の転換・軽減」という主張

過払金返還請求訴訟では、A社に限らず他の貸金業者に対しても、原告側が前記(1)の確定した解釈論をまったく無視し、何ら納得し得る合理的な理由ないし根拠を示すことなく軽々に、上記主張がなされることが多い。

しかしながら、かかる主張は、下記のA社判決の判示からも明らかなとおり、少なくともA社に対する限り、悉く排斥されている。

[1]　判決№8②（東京高裁／7頁）

「この点に関し、控訴人は、過払金返還請求訴訟は証拠偏在訴訟の典型であり、借主は証拠となる契約書や領収書を保管していないのが通常であるから、当事者間の公平の観点から、取引経過に関する記録を開示しない貸金業者、とりわけ、これを違法に破棄して全取引経過を開示しない貸金業者を相手方とする場合には、法律上の原因のないこと等の立証責任は転換又は軽減されなければならないと主張する。

しかし、借主が領収書等の一部を紛失することがあり得るとしても、これらを保管していないのが通常であるいうことはできず、借主が貸主に弁済した金員の一部について法律上の原因がないことを主張してその返還を請求するときは、法律上の原因がないとの要件事実を証明する必要があるというべきである。しかも、本件においては、被控訴人が控訴人との取引履歴の記録を一部廃棄して開示していないことが、控訴人との関係において違法といえないことは後記3のとおりであり、控訴人の主張は採用できない。」

第4章　貸金兼業者に対する過払金訴訟の判決例

［2］　判決No.17（東京地裁／4・5頁）

「原告は、被告に取引履歴の開示請求をしたが、被告は平成8年8月8日以降の取引履歴を開示するだけで、それ以前の取引履歴を開示しないことを指摘して、借主の保護を図るべきであると主張する。原告の上記主張の趣旨はあいまいであるが、利得が法律上の原因がないとの事実について利得者が負う立証責任を転換ないし軽減すべきであるというものとも考えられる。

しかしながら、不当利得の返還請求をする者は、利得者が法律上の原因がないのに当該利得をしたとの事実を主張立証すべき責任を負っているものと解すべきである（著者注：昭和59年最判を掲記）。しかも、証拠（乙1、2）及び弁論の全趣旨によれば、被告は、平成8年8月7日以前の取引については、取引履歴を適法に廃棄していることが認められ、これらの事情をも併せ考慮すると、原告が主張するように上記事実についての立証責任の転換ないし軽減をすべきであるということもできない。」

［3］　判決No.32（静岡地裁沼津支部／11・12頁）

「原告らは、これらの貸付は、それ以前に行われた貸金取引を引直計算すれば、少なくともこれらの貸付額と同額の過払金が発生していることを前提に、いわゆるゼロ計算を行っている。

この点、原告らは、被告に対し、不当利得返還請求権に基づいて過払金相当額（及び利息）の支払を求めているのであるから、原告らが被告に弁済した金員の一部について、被告がこれを受領すべき法律上の原因がないことを主張、立証する必要があるというべきである。被告は、原告らの取引履歴の一部を廃棄しており、上記原告ら4名についても取引履歴の一部が開示されていないが、後述するように、それは原告らとの関係で違法とはいえないから、法律上の原因のないことについての原告らの立証責任を転換もしくは軽減すべき事情はない。」

(5)　「証明妨害」という主張

上記主張も、A社訴訟にて幾度か提起されたが、下記の判決により明確に否定されている。

［1］　判決No.13（東京地裁／12頁）

第5節　不当利得(1)（民法703条）　Ⅰ　過払金の主張立証責任

「なお、原告は、被告は保持しながらこれを隠匿しているのであるから、原告主張の推定取引が存在したものと認められるべきであり、仮に、取引履歴が真に廃棄されていたとしても、被告が上記期間の取引履歴を廃棄したことが故意の証明妨害に当たるから、上記取引がなかったことを被告において主張立証すべきものであるなどと種々主張する（前記第2の2(1)ア(ウ)）。

しかしながら、被告における取引履歴の管理・保存状況は後記3のとおりであって、被告が取引履歴を隠匿しているものとは認められず、また、その廃棄が証明妨害に当たるものと認めることもできないから、原告の上記主張はいずれも採用することができない。」

[2]　判決№20②（東京高裁／7頁）

「(3)　控訴人は、被控訴人による帳簿の破棄の事実が証明妨害というべき違法行為であるから、信義則上、被控訴人は控訴人の主張を否定することができない旨主張するが、後記のとおり被控訴人による帳簿の破棄の事実を違法なものということはできず、これをもって証明妨害と断ずることもできない。」

[3]　判決№58（さいたま地裁越谷支部／10頁）

「(イ)　この点に関し、原告は、原告が具体的に貸付け及び返済の事実を主張立証することができないのは、被告が以前の取引履歴を保持しながらこれを隠匿して原告の開示請求に応じないからであり、仮に以前の取引履歴が真に廃棄されたというのであれば被告が当該取引履歴を廃棄したことは故意の証明妨害に当たるとして、いずれにしても民訴法223条2項3項に基づき、本件取引の取引履歴の冒頭である平成7年10月21日の時点における原告の借入金をゼロ円と推定すべきであると主張する。

しかしながら、証拠（乙1の1ないし5、乙2の1ないし4）及び弁論の全趣旨により認めることができるA社及び被告における取引履歴の管理・保存状況及び取引履歴の保有状況に関する調査結果等によれば、原告とA社との間の平成7年10月20日以前の取引履歴については、A社の業務帳簿の作成・保存システムにおいて、既に消去・廃棄されているものと認めることができ、これを覆すに足りる証拠はない。被告が当該取引履歴を隠匿しているものと

認めるに足りる証拠はなく、ましてや、殊更に被告が原告に対して証明妨害をしたという事実を認めるに足りる証拠はない。」

Ⅱ 根拠のない過払金の算出手法

　A社訴訟では、不当利得返還請求権の主張立証責任に関する前記Ⅰ(1)・(2)の実務的解釈論が確定しているにもかかわらず、これをまったく無視した独善的かつ独自の主張がなされ、かつ、これに基づくまったく根拠のない過大な過払金請求が罷り通っていたが、そのいずれも、貸金業者に対する訴訟ではさておき、少なくともA社訴訟に関する限り、悉く排斥されている。

(1) 「記憶（陳述書）」のみに基づく請求

　過払金の請求者が常用する何ら根拠のない次の計算手法の代表格が、客観的な裏付資料を伴わず、単に「原告の記憶」（陳述書）のみに基づく「推測や推定」により架空の貸金取引を再現し、これに基づきおよそあり得ない過大な過払金の支払を請求する方式であるが、次のA社判決により、悉く排斥されている。

　［1］　判決№2（東京地裁／2・3頁）

　「請求原因について検討するに、確かに原告名義の預金通帳（甲1ないし7（いずれも枝番含む。））の記載によれば、原告が被告にA社計算書のとおりの支払をしている事実は認められるが、それがすべて被告からの借入金に対する返済であるかどうかを明らかにする客観的な証拠は皆無である。原告は、原告作成の陳述書（甲ニ1）の中で、自己の主張に沿う事実を記載しているが、本件では、原告は、被告を含め、信販業者や物品販売業者合計7社に対して、原告代理人自身がとりあえずの主張にすぎない旨自認したように、何ら裏付けのない借入金の存在とそれに対する返済経過なるものを作出して各社それぞれに莫大な額の不当利得に基づく返還請求をし、被告を含む各社からそのような原告の主張は何らの裏付けのないものであることを各社保有の根拠をもって指摘されると、あるいは本件のように被告から提出された資料に基づいて請求を減縮し、あるいは取り下げたものであり、このような本件

第5節　不当利得(1)（民法703条）　　Ⅱ　根拠のない過払金の算出手法

の経過、原告の訴訟態度などに鑑みると、原告の記憶なるものはおよそ信頼するに値しないものであるといわざるを得ず、ほかに原告主張の法律上の原因に基づかない利得が被告にあることを認めるに足りる証拠はない。もとより、原告から入金を受けた金員が貸金に対する弁済であったのか、物品販売の（割賦）代金の支払であったのかについて、被告の分析によっても完全には明らかにならないとしても、原告において立証責任を果たしていない以上、上記認定が左右されるものではない。」

　［2］　判決№3②（東京高裁／14・15頁）

「控訴人は、……（控訴人の）推定計算は合理的であると主張する。

　しかしながら、その根拠となる甲33（控訴人本人の陳述書）及び控訴人本人尋問の結果の内容は、抽象的かつあいまいなものであって、これのみを根拠として控訴人主張の推計計算に基づく推定額の過払金が存在することを証明し得るものとはいえず、他に、控訴人の主張する過払金額を証明するに足りる客観的な証拠は一切存しない。」

「そうすると、控訴人の推定に基づく不当利得の主張については、本件において、その推定による過払金の額の証明し得ないものというほかないから、被控訴人らに対する不当利得返還請求に係る主位的請求は、いずれも理由がない。」

　［3］　判決№5（横浜地裁川崎支部／4頁）

「ア　原告は、被告との間の取引経過について、別紙計算書（甲10と同じ）のとおりである旨主張し、これに沿う供述をしている（甲9の陳述書も同旨）。そして、これは原告の記憶に基づく旨供述する（原告本人尋問速記録3頁、11頁、17頁等）。

　しかしながら、仮に昭和59年（今から約21年前）以降の原告の記憶が真に正確無比であれば、原告が訴状では被告に対し金327万7065円の返還を請求していたのに、平成17年4月1日付け訴え変更の申立書では、その3割にも満たない金93万0141円（弁護士費用を除く。）になったことは不可解というほかない。

　イ　原告は、被告から昭和59年1月10日に初回の借受金として10万円を借

第4章　貸金兼業者に対する過払金訴訟の判決例

り入れたことを前提にして取引履歴を再現しているが、被告からの初回の借入から10万円を借り受けることができたか否か疑わしく（当時、初回の借入限度額は5万円であった可能性もある。原告本人尋問速記録38頁）、また、仮に被告から初回に10万円を借り受けることができたとしても、それが原告主張の昭和59年1月10日であることを裏付ける何らの証拠もなく、この点に関する原告供述部分を採用することができない。」

　［4］　判決№6（東京地裁／3・4頁）

「この点に関し、原告は、自己の主張を立証するための証拠として甲2（原告本人の陳述書）を提出する。しかし、原告の主張は、昭和64年1月5日から平成8年11月5日までの間借入が全くないのに弁済だけが継続しているという点でそれ自体不合理であるばかりか、上記甲2記載の原告本人の陳述によっても、原告自身が、別紙1のとおりの借入及び返済をしたか否かについては明確には肯定していないから、甲2によっても原告の主張は立証されていないというべきである。」

　［5］　判決№7（東京地裁／3頁）

「同(2)の事実につき、原告は、証拠として＊＊からの電話聴取報告書（甲3）を提出するが、これは＊＊の記憶に基づくものにすぎず、弁論の全趣旨により被告が保有するデータに基づくものと認められる別紙調査票の内容及び同じく弁論の全趣旨により被告が保有するマイクロフィルムデータ中に存在すると認められる＊＊のカード申込書（乙B3）の記載に照らすと、にわかに甲3号証を採用することはできない。」

　［6］　判決№9（東京地裁／4・5頁）

「計算書のうち、『1』番（昭和56年2月25日）以降『182』番（平成8年6月25日）までの間の借入れ及び弁済の事実について検討するに、原告は、主としてその記憶に基づき、その借入れ及び弁済の事実を主張しているところ、これを客観的に裏付ける的確な証拠はなく（原告は、遅くとも昭和57年10月22日時点において、被告との間で取引があったとして、領収書（甲3）を提出するが、その記載内容に照らし、これが被告からの借受け（キャッシング）を示すものであるとは認められない。）、原告の陳述書（甲5）及びその本人尋問の結果によっても、計算書に

第5節　不当利得(1)（民法703条）　　Ⅱ　根拠のない過払金の算出手法

おける弁済額が定額かつ規則的であること及び訴状計算書と計算書の記載内容の変更について合理的な理由があるとは認められず、上記借入れ及び弁済の事実に関する原告の記憶が正確であるとは到底認めるに足りない。以上の他、上記の原告主張事実を認めるに足りる証拠はない。」

　［7］　判決№11（東京地裁／6・7頁）
「そこで、原告の請求の当否は、原告計算書②のその余の記載が認められるか否かにかかってくるところ、同計算書の番号2ないし282の『借入金』欄記載の金額及び番号1ないし300の『弁済金額』欄記載の金額は、すべて原告自身の記憶に基づくものであり、これを裏付ける客観的証拠は見当たらないばかりか、原告本人の主尋問における供述は、被告代理人の反対尋問及び裁判所の補充尋問によって大きく崩れており、その信用性は低いといわざるを得ない。」

　［8］　判決№12（東京地裁／6・7頁）
「原告は、平成4年6月10日から平成7年12月5日の間の取引により原告が被告A社に返済した金員のうち、利息制限法所定の利率を超える部分を元本等に充当すると、平成7年12月5日の時点ですでに6万0251円の過払残元金が生じていたと主張する。しかし、この期間の取引の根拠は原告の陳述書（甲6）のみであるところ、原告は、被告A社との取引の開始時期、借入金額、支払金額、支払回数、支払方法などについてはっきりと覚えておらず（原告本人）、同人の陳述書によって、原告が主張する平成4年6月10日から平成7年12月5日までの取引があったと認めることはできない。」

　［9］　判決№13（東京地裁／10・11頁）
「まず、原告は、原告と被告との間の貸金取引は昭和56年1月1日に開始されたものであると主張する。
　この点につき、＊＊＊の陳述書（甲20）には、原告からの聞取りと同人の調査結果から昭和56年には原告は被告との取引を開始したはずであるとの原告の上記主張に沿う記載がある。しかしながら、弁論の全趣旨によれば、被告が金銭の貸付業務を開始したのは昭和56年2月のことであると認められ、また、他に、原告が上記主張の時期において被告との間で金銭の借入れを開

始したことを裏付ける客観的証拠は見当たらない。」

　[10]　判決No.14（東京地裁／9・10頁）

「原告＊＊の陳述書（甲14）には、昭和56年ころ、被告で最初の借入をしたとの記載があるが、……原告＊＊が昭和56年1月1日に20万円を借りたとする原告＊＊の前記陳述書部分をそのまま信用することはできない。」

「原告＊＊の陳述書（甲15）には、昭和58年ころ、被告から借入れを始めたとの記載があるが、……原告＊＊が昭和58年1月1日に20万円を借りたという原告＊＊の前記陳述書部分をそのまま信用することはできない。」

　[11]　判決No.16（東京地裁／4・5頁）

「原告が主張する平成9年3月4日以前の借入・返済の状況が、初回借入額を除き、別紙(1)の平成9年3月30日から平成12年12月4日までの間の取引のうち、『年』欄の記載を変更したにすぎないものであることは、主張自体から明らかである。甲イ1には、原告の上記主張に沿った記述があるが、同時期の取引が10年以上前のできごとであり、その再現に当たって記憶があいまいな部分があることはやむを得ないとしても、約4年間にわたる取引がその後の期間の取引と同一であったとすることは不自然、不合理であるといわざるを得ない。そうすると、甲イ1は直ちに信用することができない。」

　[12]　判決No.17（東京地裁／3頁）

「原告は、被告との間で昭和56年に消費貸借契約を締結し、平成8年7月までの間、別紙1計算書記載のとおり被告から金員を借り受け、また、被告に対して、借入金の返済名目で金員を交付したと主張する。

　しかしながら、原告の上記主張事実は、原告の記憶に基づくものにすぎず、これを裏付けるに足りる的確な証拠はない。むしろ、原告は、本訴提起当初、被告との消費貸借契約を締結したのは昭和52年ころであると主張していたが、被告から貸金業を開始したのは昭和56年2月ころであるとの指摘を受けて、契約締結時を昭和56年と変更するに至ったものであり、この点からみても原告の記憶はあいまいというほかない。」

　[13]　判決No.23（東京地裁／8頁）

「原告＊＊の陳述書については、同人の記憶によるものであるところ、客

第5節　不当利得(1)（民法703条）　Ⅱ　根拠のない過払金の算出手法

観的な裏付けを欠いた相当過去の出来事に関するもので正確性に疑問があることはもちろん、その供述内容も曖昧で到底事実認定の基礎に用いることができるものとはいえない。」

［14］　判決№25①（東京地裁／20頁）

「上記各原告らは、銀行預金口座からの引落しは、記憶に基づきすべて貸金の返済であると主張するが、相当以前の取引に関するものであり、上記各原告らの記憶のみでは、それらがすべて貸金の返済であると認めることはできない。また、そもそも、原告らにおいて、被告からの借入額を明確にはできないのであるから、利得と損失の存在及びそれらの額を把握することもできない。」

［15］　判決№25②（東京高裁／15頁）

「（著者注：控訴人ら作成の書証）の記載はある程度具体的であるものの、主として記憶に基づくものであり、断片的であって、裏付けとなる客観的な証拠がなく、証拠の証明力に限界があることは否定できない。」

［16］　判決№28（東京地裁／4頁）

「確かに、一般消費者が、貸金業者に対して過払金返還請求を行う場合、貸金業者から取引履歴を開示されなかった期間の取引経過については、一定の推測に基づいて請求することとなるとしても、やむを得ない場合もある。

しかしながら、不当利得返還請求を行使する者は、その成立要件について主張立証責任を負っているものと解されるのであるから、原告の主張する取引履歴については、相当の合理性があることを立証する必要があるところ、原告（昭和36年6月5日生（乙1の1））は、昭和60年に初めて旧A社とカード取引を開始したとする簡単な陳述書（甲3）を提出するのみであり、その具体的な貸付及び返済の状況、金額は、明らかでない。

こうした不確かな記憶に基づく取引開始時期の陳述のほかには、原告において、被告との貸金取引が平成9年2月1日以前から開始されていたことを窺わせる証拠はない。」

［17］　判決№33（静岡地裁浜松支部／5頁）

「また、原告は、陳述書（甲A28）において、原告の実感として、被告の推

定計算よりも、もっと長い期間にわたり借入れをし返済をしていた旨述べているが、客観的な裏付けのあるものではない。」

［18］　判決№36（東京地裁／3・4頁）

「原告は、被告と消費貸借取引を開始した時期について、昭和56年1月27日であると主張し、これに沿う陳述書を提出する（甲ヘ1）。

しかしながら、原告が上記の時期に取引を開始したとする根拠は、『成人して間もなくのことですので、』という曖昧なもので、しかも、その開始時期は、本件訴訟の相被告とされていた各貸金業者のそれと比較しても相当に早い時期となっている。また、原告は、被告との取引はキャッシングのみでショッピングを利用したことは一度もない旨供述するが、最初の借入の際には、池袋にあったＡ社の店舗（百貨店の趣旨であると解される。）でカードを作ったというのであって、ショッピングの利用は一度もないとする点も若干不自然な感が否めず、これを直ちに信用することはできない。

このように、被告との取引開始時期に関する原告の供述は曖昧なものであって、その内容にもいくつかの疑問点が存することに加え、昭和年代から原告と被告との間で取引が存在したことを窺わせる客観的資料が存在しないこと等を併せ考慮すると、上記陳述書（甲ヘ1）のみで、原告主張の取引履歴が存在したものと認定することはできないものというべきである。」

［19］　判決№38（東京地裁／8頁）

「原告らは、被告らとの間の取引の経過について前記のとおり主張するが、それらの取引経過のうち被告ら主張の取引経過と食い違う部分については、証拠が陳述書（甲Ａ3、Ｂ3、Ｃ3、Ｅ2）以外に存しないところ、何らの客観的裏付けを伴わないこれらの陳述書のみをもって原告ら主張の取引経過を認めることはできない。」

［20］　判決№40（東京地裁／4・5頁）

「請求原因(1)のうち、昭和60年10月1日から平成8年6月3日までの取引内容は、これを認めるに足りる証拠はない。

この点、原告は、被告との間で、昭和60年ころから消費貸借取引をしていたと主張し、これに沿う証拠として、甲2（原告の陳述書）が存在する。しか

第5節　不当利得(1)（民法703条）　　Ⅱ　根拠のない過払金の算出手法

し、これを裏付ける客観的な証拠はなく、乙イ1（枝番を含む。）によっても、原告が、A社に対し、平成4年10月12日、平成5年3月23日及び同年6月15日、＊＊＊＊カードの発行を申し込み、平成7年9月1日、平成11年6月12日、平成12年10月6日及び平成18年12月2日、＊＊カードの発行を申し込んだことが認められるにとどまる。そして、貸付けと弁済の内容についても、原告は、取引開始を昭和60年10月1日、初回借入金額を5万円、2回目の借入金額を20万円、その後20万円を限度に、常に限度額一杯の借入れと返済を繰り返し、返済日を毎月5日、借入日をその翌日等として推測しているが、いずれも客観的な裏付け証拠はないから、このような推測による事実を認定することはできない。」

[21]　判決№44（東京地裁／2～4頁）

「（著者注：原告の主位的主張は）平成8年5月25日以降の取引については、被告が開示した取引履歴によるものだが、それ以前の取引については、原告の記憶（甲9、原告本人尋問の結果）に基づいて、推定によって計算したものである。」

「原告は、取引当初の昭和57年1月15日に1万円を借り、その翌日に9万円を借りて、その後は返済を一度も怠ることなく、借入と返済（毎回3万円）を限度額一杯のあたりを水準として繰り返してきたと主張し、原告本人はこれに沿う供述をし、甲9を援用する。」

「上記供述は客観的事実に反することを総合すると、甲9及び原告本人の供述を採用することはできない。」

[22]　判決№48（さいたま地裁川越支部／3頁）

「原告は、昭和60年ころからA社との間で継続的に金銭消費貸借取引を行っていたこと等から、平成9年4月3日に2万0260円を返済するまでにすでに借入金を完済していた旨主張し、原告の陳述書（甲8）において、昭和50年代ころにA社で買い物をする際に月賦払いをするために『＊＊カード』を作ったこと、昭和50年代の終わりから昭和60年代ころにキャッシングをするようになったこと等を述べる。

しかしながら、上記の原告の陳述には、客観的な裏付けはない。」

[23]　判決No.53（東京地裁／5頁）
「ア　本件取引の経過について、別紙『計算書2』記載の限度では、当事者間に争いはない。
　イ　原告は、本件取引の経過について、前記アに加えて、別紙『計算書1』記載のとおりであると主張し、原告作成の陳述書（甲4）にはこれに沿う記載がある。
　しかしながら、被告が原告に対し開示した取引履歴（乙ロ4、乙ロ5）によれば、別紙『計算書2』記載の限度で本件取引の経過が認められるにすぎない。そして、別紙『計算書1』のうち原被告間で争いのある取引部分、及び原告作成の陳述書（甲4）については、原告の記憶に基づいて作成されたものであり、本件訴え提起時からみても、およそ28年前から16年前までの間の取引経過であって、日付、借入額、支払額の詳細について、他にこれを裏付ける証拠がないことからして、本件取引の経過が別紙『計算書1』記載のとおりであったと認めるには足りず、他にこの事実を認めるに足りる証拠はない。」

[24]　判決No.54（東京地裁／5頁）
「しかし、原告による前記推計は、主に原告本人の記憶に基づくものであり、本件取引の開始日並びに借入額及び弁済額について客観的な裏付けを欠くばかりか、原告の預金取引明細等（甲4・5・7・8。以下、これらを併せて『本件預金取引明細』という。）から判明している分割金の弁済額とも合致しないものであり、合理性があるとはいえない。」

[25]　判決No.55②（東京高裁／7・8頁）
「被控訴人は、昭和57年10月頃にA社との間で基本契約を締結し、借入れと返済とを繰り返したと主張し、①同月頃、失業のため生活資金に窮し、3万2260円を借り入れ、その後借入れと返済とを繰り返し、現在に至った（甲1）、②昭和57年頃、遅くとも昭和59年頃には控訴人（A社）とカード契約を締結して、借入れを開始し、『翌月には、借入額とほぼ同額の金員を捻出し、返済しておりました』（甲16）、③控訴人（A社）から受領した書面を厳重に保管していたが、領収書は『忘れた頃に送付されてきたり、送付がなかっ

第5節　不当利得(1)（民法703条）　　Ⅱ　根拠のない過払金の算出手法

たりという状況』であり、受領した領収証は、本件領収証のみであったと（甲7）等と陳述する。

　しかし、上記①は、最小貸付け単位1万円未満の端数を含む金額を挙げる点（本件通帳に記録された最初の支払額3万2260円を合理的な根拠なく最初の借入額として挙げたものと推認される。甲5）において、上記②は、A社が平成12年10月まで採用していた分割払方式に反する点において、上記③は、陳述内容それ自体が不合理である上、A社における領収証交付の実態（前記(1)ア(エ)参照）にも反する点において、いずれも信用性に欠けるというべきであり、被控訴人の上記陳述を採用することはできない。」

　［26］　判決№56（千葉地裁／5頁）

　「さらに、被控訴人らの主張に沿った証拠は亡＊＊の陳述書（甲2）しかなく、他に被控訴人らの主張事実を認めるに足りる的確な証拠がないことを考え併せると、本争点に係る被控訴人らの主張を採用することは困難というほかはない。」

　［27］　判決№58（さいたま地裁越谷支部／8頁）

　「しかしながら、原告は、昭和58年ないし昭和59年以降平成7年10月20日までの間の金銭消費貸借取引に関しては、包括的な金銭消費貸借基本契約が締結された事実並びに具体的な個々の貸付け及び返済の事実を主張立証せず、わずかに、上記主張に沿う原告の陳述書（甲1）を提出するほかには、平成4年10月4日よりも前に、A社から原告に対してクレジットカードが発行されていた事実を示す（甲2）を証拠として提出するのみである。

　そして、甲第1号証では、昭和58年ないし昭和59年に原告とA社との間で金銭消費貸借基本契約が締結された事実やそのころ以降平成7年10月21日までの間に反復継続して金銭消費貸借取引が行われた事実を認めるに足りる証拠とはいい難い。甲第2号証も、A社が原告に対してクレジットカードを発行した事実を裏付けるだけであり、平成4年10月4日よりも前にショッピング又はキャッシングといった何らかの取引が存在した可能性があることが認められるとしても、金銭消費貸借取引の存在を推認させる事実とはいい難い。そして、これらに加えて本件全証拠を考慮に入れても、原告の主張する

191

上記事実を認めるに足りる証拠はないというべきである。」

(2) 「冒頭０計算」による請求

(a) 上記計算手法は、「貸金業者が開示した取引履歴より以前に長期ないし多数回の貸金取引が繰り返されていたため、開示履歴の冒頭の貸付金より高額の過払金が発生していたことを根拠に、開示された取引履歴の冒頭ないし当初の数件の貸付金を「０」として過払金の計算をするもの」である。

(b) 「東京地裁民事26部平成16年３月31日判決」（以下「GE判決」という）

GE判決は、サラ金大手６社であった旧「レイク」からその事業を引き継いだ「GEコンシューマー・ファイナンス㈱」（以下「GE」）を被告とする判決であるが、上記冒頭０計算という手法が肯定されたリーディング・ケースといわれている。

その内容等は、次のとおりである。

(イ) GE判決の論理

不当利得返還請求の主張立証責任は原告（請求者）にあることは当然の前提としつつ、あるサラ金業者に対する「詳細な事実認定」に基づく「推論及び推認」の積重ねにより、冒頭０計算を肯定する結論を導出したもの。

ただし、最高裁「判例」のごとく「あらゆる貸金業者に対する過払金請求訴訟に遍く適用される一般論」を提示したものではない。

(ロ) GE判決が認定した事実関係

GE判決の被告たる「新レイク」は、外資が旧レイクを買収するに際し、その債務の承継を巧みに回避すべく極めて複雑な会社統合手続を経て創出された会社である。

原告と旧レイクとの取引は、「返済方法を残高スライドリボルビング方式、実質年率を39.785パーセント」とする「継続的消費貸借取引に関する基本契約を締結」し、「極度額の範囲で借入れをし、毎月一定額を返済した結果、借入残高が少なくなるとまた借入れをするということを繰り返してきた」もの。

「旧レイク及び新レイクは、原告に対する貸付けを個別貸付けごとに分別して管理をしているわけではなく、既存の貸付けの残高がある段階で新たな

第5節　不当利得(1)（民法703条）　Ⅱ　根拠のない過払金の算出手法

貸付けが生じた場合は、元本にこれを合算して利息計算をし、その後借主から内入れ弁済があった場合も、個別貸付けごとに弁済充当をするということをせずに、上記合算した元本、利息にこれを単純に充当するという扱いをしている」。

「旧レイク及び新レイクは、帳簿上は、個別の貸付けが複数あってもこれを一連の貸付けとして扱っている」。

(ハ)　GE判決の認定ではない単なる推論

「原告と旧レイクとの平成4年9月18日以前の取引経過は、平成4年9月18日以降とほぼ同様の経過をたどっていたと推認することができる。」

原告の「平成4年9月18日以前」の「借入金額は、……ほぼ借入限度額に近いものであったと推認することができる。」

「遅くとも昭和62年3月2日に旧レイクと取引を開始して以来」の「利息は、実質年率39.785パーセントと利息制限法所定の利率を超えるものであったことを推認することができる。」

「原告が平成4年9月18日の時点で」、旧レイクに対し、「過払金返還請求権が生じていたことは推認することができる。」

(ニ)　業務帳簿の保存義務の解釈

「旧レイク及び新レイクのような形態の貸付けは、一連の貸付けとして当初の取引から一体的に保管することを要請されているものとみるべきであり、一連の貸付けが終了しない以上は保管期間を経過したということはできないというべきである。」

業務帳簿を保管していない「被告の取扱いは、貸金業法施行規則17条1項に違反している疑いがある。」

「被告が（業務帳簿）を存在しないと主張していることは、……貸金業法施行規則に違反している疑いがあることと相まって訴訟上の信義側に反すると評価せざるを得ない。」

(ホ)　GE判決の結論

「冒頭0方式」には「合理的な根拠があると考えられる」。

「本訴において、原告に対し」、主張立証責任の一般的解釈論に基づき、

第4章　貸金兼業者に対する過払金訴訟の判決例

「貸付けと弁済についての具体的主張、立証を求めることは相当でなく」、「冒頭０方式」という特別な取扱いも「許されるというべきである。」

　(c)　貸金業務の内容についての大幅な相違

　(イ)　Ａ社のキャッシングの内容は、貸金開始以降、「個々の貸付けごとに独立した個別の貸金取引」（インストールメント方式）であり、その後、包括的かつ継続的な貸金取引の典型である「リボ払い方式」を採用したのは平成12年10月以降のことである。

　(ロ)　よって、平成12年10月以前のＡ社のキャッシングは、前記(a)のＧＥの実態（＝その取扱いが「貸金業法施行規則17条１項に違反している疑いがある」「一連の貸付」）とは、大幅に相違している。

　(ハ)　したがって、「冒頭０方式」を含め、ＧＥ判決に固有かつ独自の解釈論を単に「貸金業者である」との一事をもってそのままＡ社にあてはめようとすることは、ＧＥ判決によるレイクないしＧＥについて独特かつ固有な諸事実を一切捨象し、原告側に都合のよい結論のみを錦の御旗として振りかざすものに他ならず、それはまさに牽強付会以外の何物でもない。

　(ニ)　冒頭の貸付金を「０」とする「冒頭０方式」は、「出資法の上限金利」（109.5％→73％→54.75％→40.004％）ぎりぎりの利息を徴収し続けてきたＧＥその他の「サラ金業者」には妥当しても、貸金業開始当初から一貫して年利「27％」で、かつ「債権の個別管理方式」を採用していたＡ社には、何ら妥当するものではない。

　(d)　Ａ社判決による冒頭０計算の否定

　下記判決例は、前記(b)の点を正確に認識した上、前記(a)のＧＥ判決とは異なり、Ａ社に関する限り、冒頭０計算の適用を悉く排斥している。

　［１］　判決№３①（東京地裁八王子支部／16頁）

　控訴審の判決３②（東京高裁／24頁）も同旨である。

「原告は、別紙『原告作成・被告Ａ社関係計算書』(2)のとおり、開示された取引経過のうち、初回貸付（平成８年12月30日の10万円）及び２回目の貸付（平成９年２月２日の10万円）を無視すべきである旨主張する。これは、平成８年12月30日以前の弁済額を利息制限法所定の制限利率に引き直して計算すれ

第5節　不当利得⑴（民法703条）　Ⅱ　根拠のない過払金の算出手法

ば、上記２回の貸付金額合計20万円を上回る過払いが生じているので、これら２回の貸付金額をいずれも０円と見るべきであるとの趣旨と解される。しかし、証拠（丙３）及び弁論の全趣旨によれば、被告Ａ社は原告に対し、平成８年12月30日及び平成９年２月２日に各10万円を貸し付けたことを推認することができるところ、原告において、平成８年12月30日以前に生じていた過払金額を立証することができない以上、原告の上記主張を採用することはできない。」

　［２］　判決№４①（東京地裁／２・４頁）
　控訴審の判決４②（東京高裁／６頁）も同旨である。
　「被告は、別紙貸借一覧表の冒頭（番号１）における平成４年１月６日時点での借入金額が『０』円となっている点を争っているが、これが事実と異なるというのであれば、本件において貸付債権の存在は給付保持権限の発生根拠事実であるから、被告において主張、立証する必要がある。」との「原告の主張」は、「本件において、原告は、被告に対して、被告との消費貸借取引における過払金を不当利得として返還請求しているのであるから、原告において被告が当該金員を受領すべき法律上の原因がないことを主張、立証する必要があるものと解される。原告は、貸付債権の存在は給付保持権限の発生根拠であると主張するが、採用できない。」

　［３］　判決№20②（東京高裁／６頁）
　「控訴人は、本件取引が昭和56年ころから継続しており、平成８年８月27日の時点で取引開始から15年以上が経過していたとの事実を推認することができるから、同日の時点で少なくとも10万円相当の過払金が発生しているということができ、そうすると、仮に同日10万円の貸付けが行われたとしても、同日における貸付金残高は存在しないものとして計算するのが相当である旨主張する。」
　「しかし、本件取引の開始時期及び同開始から平成８年８月27日までの間の貸付額や弁済額を明らかにすべき証拠は全く存在せず、本件取引により平成８年８月27日の時点で少なくともどの程度の過払金が発生していたのかについては不明というほかない。」

第4章　貸金兼業者に対する過払金訴訟の判決例

［4］　判決№25①（東京地裁／21頁）

「次に、原告＊＊は、自己名義の銀行預金口座から被告に対する支払として引落としがある平成6年10月4日の時点において残債務が0円であると推定すべきであり、それ以前の取引によって残債務が存在することの立証責任は被告にあると主張する。証拠（乙Ａ5の2）によれば、原告＊＊について、平成6年10月4日以前にも被告との間で取引が存在したことは窺われるものの、その取引内容が全く判明しない以上、平成6年10月4日の時点で残債務が0円であったと推認することはできないものというべきである（原告＊＊は、残債務が存在することの立証責任は被告にあると主張するが、前記のとおり、利得及び損失の存在並びにそれらの額についての立証責任は不当利得返還請求をする者にある。）。」

［5］　判決№26（東京地裁／12・13頁）

「原告らは……被告が開示した取引履歴の最初の日……の時点で相当額の過払金が生じていたことは明らかであ」るため、「それぞれ被告の各原告に対する貸付残高は零円であったと推定することが合理的である」と主張したが、「しかしながら、上記(1)で認定したとおり、被告の顧客に対する金銭の貸付けは、平成12年10月までは『個々の貸付けごとに独立した個別の貸金契約』であり、また、その金利は、年27％にすぎなかったのである。加えて、被告は、主として百貨店小売業を営んでいるのである（弁論の全趣旨）から、原告らの被告に対する支払の事実は、直ちに金銭消費貸借契約による借入れと弁済とを意味するものでもない。これらの事情を併せ考えると、被告が開示した取引履歴の最初の日より前から原告らが被告との間で取引をしていたとしても、当該最初の日の時点で相当額の過払金が発生していたと推定することに合理性を認めることはできないといわざるを得ない。」

［6］　判決№31（東京地裁／4・5頁）

「証拠（甲1、甲3の1、2）によれば、原被告間でされた平成8年1月22日以降の取引履歴を開示したこと、同履歴には、同日、被告が原告に10万円を貸し付けたとの記載があることが認められる。

この点について、原告は、遅くとも昭和59年から被告との間で取引をして

第5節　不当利得⑴（民法703条）　Ⅱ　根拠のない過払金の算出手法

いると主張し、甲7（原告の陳述書）にも、遅くとも昭和60年には被告との間で取引を始めていたとの記載があるほか、証拠（乙1の1）によれば、原告は、平成6年12月4日には被告との間で金銭消費貸借契約を締結していたことが認められる。

しかし、仮に原告と被告との取引が昭和59年ないし60年ころには始まっていたとしても、その後の経過は不明であり、平成6年12月4日以降の取引と連続した1個のものであるかどうかも不明である上、上記甲7によっても、原告が被告との間でした借入れ及び弁済の実態は何ら具体的にされていないから、平成8年1月22日の時点で、原告のした弁済を制限利率に引き直して債務に充当した結果、原告の債務が消滅していたと認めるには足りない。」

　[7]　判決№32（静岡地裁沼津支部／11・12頁）

「原告らは、（著者注：原告らに対する開示履歴冒頭）の貸付は、それ以前に行われた貸金取引を引直計算すれば、少なくともこれらの貸付額と同額の過払金が発生していることを前提に、いわゆるゼロ計算を行っている。

この点、原告らは、被告に対し、不当利得返還請求権に基づいて過払金相当額（及び利息）の支払を求めているのであるから、原告らが被告に弁済した金員の一部について、被告がこれを受領すべき法律上の原因がないことを主張、立証する必要があるというべきである。被告は、原告らの取引履歴の一部を破棄しており、上記原告ら4名についても取引履歴の一部が開示されていないが、後述するように、それは原告らとの間で違法とはいえないから、法律上の原因のないことについての原告らの立証責任を転換もしくは軽減すべき事情はない。」

「旧A社は割賦販売を主な営業としており（著者注：カードの）申込後すぐにキャッシングを行っている可能性は高くはないこと、旧A社の貸金は、個別独立した契約として扱われ、かつ、その利息は年27パーセントとされていたこと（乙24）などの事実を総合すると、前記(1)の貸付以前に上記原告ら4名と被告との間で金銭貸借取引が行われていたとしても、その間の取引経過について利息制限法に基づく引直計算を行った場合に、前記(1)の各貸付の時点で、少なくとも貸付額と同額の過払金が生じている可能性は少ないといえ、

第4章　貸金兼業者に対する過払金訴訟の判決例

このような推認を覆し、上記原告ら4名の冒頭0計算の合理性を認めるに足りる証拠はない。

したがって、上記原告ら4名について、当初取引残高を0円として過払金の計算をすることはできない。」

[8]　判決No.33（静岡地裁浜松支部／5頁）

「原告は、請求原因1(2)のとおり、平成7年9月16日時点で30万円以上の過払金が生じていた旨主張し、原告の通帳（甲A8）や陳述書（甲A28）を提出したり、被告の推定計算の不合理性の主張立証を試みるなど、種々の証拠を提出している。」

「また、原告は、陳述書（甲A28）において、原告の実感として、被告の推定計算よりも、もっと長い期間にわたり借入れをし返済をしていた旨述べているが、客観的な裏付けのあるものではない。

そして、平成7年9月16日の貸付けより前に過払金が生じていたことについては、原告に証明責任があると解されるところ、原告が縷々主張立証する点を考慮しても、被告が発生を認めている過払金（過払金元金が8万6590円、過払利息が3905円）を超える過払金が生じていると認めるに足りる証拠はない。」

[9]　判決No.37（東京地裁／4・5頁）

「以上認定の事実によれば、原告と被告との間の取引は、被告が開示した平成8年5月21日より以前から、平成3年12月ころに更新としてカードの発行を受けるなどの取引が存在することは認められるが、その取引の詳細については必ずしも明らかではない。この点、原告の陳述書には、昭和62年ころから被告との取引を開始し、遅くとも平成3年12月には30万円の限度額一杯で借り入れ、その後も残高は変わらないまま取引を継続してきた旨が記載されているが（甲A1、甲A4）、原告が被告との間にカードの発行を継続的に受けてきたことは認められるものの、限度額一杯に借入れを継続してきたことについては、これに沿う客観的な証拠（引落口座の履歴等）はなく、これに原告と被告との間の取引の利率が当初は年27パーセントであったこと（弁論の全趣旨）も考慮すると、平成9年4月27日時点において残高がゼロ円となっていると推認するには及ばない。」

第5節　不当利得⑴（民法703条）　Ⅱ　根拠のない過払金の算出手法

「2　以上のとおり、原告が主張する冒頭ゼロ方式は採用でき」ない。

[10]　判決No.44（東京地裁／4・5頁）

「平成8年5月25日の取引残高は10万円ちょうどであって、その日から取引を開始したものとみても不自然でない残高であるのに対し、甲9及び原告本人の供述を信用できないのであるから、取引開始時が平成8年5月25日よりどれほど前であったかについて、これを的確に認めるに足りる証拠はないというほかない。

そうすると、冒頭残高ゼロ計算もできないというほかなく、原告の予備的な主張も理由がない。」

[11]　判決No.45（東京地裁／5・6頁）

「原告は、取引履歴の開示初日の冒頭残高の立証責任は被告にあるとし、冒頭残高を0円として請求するところ、原告は、被告に対し、過払金について不当利得返還請求をしているのであるから、自ら、取引経過を主張、立証することにより、過払金が発生したことを根拠づける必要がある。

そして、冒頭残高を0円として計算するためには、取引履歴の開示初日の残高が0円又は過払であることを推認するに足りる合理的な事実関係があることが必要というべきである。しかしながら、……取引履歴の開示初日の残高が0円又は過払であることを推認することは到底できない。」

[12]　判決No.54（東京地裁／4～6頁）

「一般に、不当利得返還請求訴訟においては、同請求をする者が相手方の利得の存在及びこれが法律上の原因に基づかないことを主張立証する責任を負っているものと解されるところ、このことは、不当利得に基づく過払金返還請求訴訟であっても同様であり、本件についても、本件取引による過払金の発生及びその金額を主張立証する責任は、原則として原告にあるものと解される。」

「以上のことからすれば、本件取引について原告が主張する冒頭ゼロ計算を採用するのは相当でないというべきである。」

[13]　判決No.55①（東京地裁／6・7頁）

1部敗訴（GE判決と同旨で冒頭0計算を肯定）したが、二審（下記[15]の判決

第4章　貸金兼業者に対する過払金訴訟の判決例

No.55②）で取消し。

「(イ)　被告は、平成3年10月20日における取引開始前の残高をゼロ円とし、平成4年8月4日の前の取引日である同年7月10日の取引後の貸金残高を14万5331円として以後の取引を推計する。本件取引が昭和57年10月頃開始されたとする原告の主張に沿う証拠としては、原告の陳述書（甲1）があるのみであり、他に、原告と被告間の本件取引がいつ開始されたかを示す客観的証拠はないが、上記証拠には、原告が本件取引を開始した理由及びその後の取引状況につき、具体的に記載されているものであること、本件取引が平成4年8月4日より前から継続していたことは、証拠（甲5）から明らかであること、同日以前の取引履歴は保存されていないことを併せて考慮すれば、昭和57年10月頃あるいはそれに近い頃から本件取引が開始されたと認めるのが相当であり、そうであれば、昭和57年10月から約9年10か月が経過した平成4年8月4日の時点においては、既に貸金残高はゼロになっていたと推認するのが合理的（被告の推計によっても平成3年10月から7年経過した平成10年10月の時点で過払金が発生している。）であるから、平成4年8月4日における返済前の貸金残高をゼロ円として以後の取引を推計するのが合理的であり、この点に関する被告の主張は採用できない。」

[14]　判決No.55②（東京高裁／8頁）

「ところで、被控訴人とＡ社との間の金銭消費貸借取引が遅くとも平成3年10月頃までに開始されていたと認められることは前記(2)に説示するとおりであるが、平成8年7月19日の貸付けより前の取引については、本件通帳及び本件領収書以外に客観的な証拠が存在しないところ、被控訴人は、同日までの取引経過を推定し、当該取引経過に基づき同日時点における過払金元本額を推計する（原判決『別紙利息制限法に基づく法定金利計算書』の番号1から63まで、甲11の1、甲12の1、甲13の1）。しかし、被控訴人による推計は、平成4年8月4日の弁済直前には既に元本が存在しないことを前提とするものであるが、同日より前の借入れと弁済の時期及び金額が全く明らかでなく、このような前提を採用することについての合理性が認められないから、被控訴人による推計過払金元本額を採用することはできない。」

第5節　不当利得⑴（民法703条）　Ⅱ　根拠のない過払金の算出手法

[15]　判決№58（さいたま地裁越谷支部／9・10頁）

「原告は、Ａ社との間で遅くとも昭和58年ないし昭和59年から平成7年10月20日までに金銭消費貸借契約が反復継続して貸付けと返済が繰り返されたから、翌21日の時点においては過払金が発生したことは明らかであり、どんなに多くみても同日の時点におけるＡ社からの借入元金の残高はゼロ円を上回ることはないと主張する。

しかしながら、請求原因⑴アでみたとおり、平成7年10月21日から平成19年8月4日までの間には本件取引履歴の内容のとおりの本件取引が存在したことは当事者間に争いがないものの、平成7年10月21日より前に原告とＡ社との間で原告の主張内容に合致する金銭消費貸借取引が存在したと認めるに足りる証拠はない。

平成7年10月21日から始める本件取引の前に、昭和58年ないし昭和59年から原告とＡ社との間で金銭消費貸借取引がされたこと自体当事者間に争いがあり、本件取引の冒頭である平成7年10月21日の時点における貸付残高が多くともゼロ円を超えないとする以上は、原告が同日の時点における具体的に過払金の発生の事実ないし貸付残高が多くともゼロ円を超えない事実を主張立証しなければならないが、これを認めるに足りる証拠はない。」

⑶　「弁済のみ列挙」による請求

上記計算手法は、過払金請求者が多用するものの一つであるが、貸金取引の具体的内容を明らかにするものが手元になく、貸金業者への支払金額と支払時期だけが判明する「銀行通帳」等が残存していた場合に、「貸付（借入）は一切無視」し、単に通帳等に記載された「支払額だけを計算書の冒頭に弁済として列挙」し、結果的に巨額の過払金を算出するための計算手法である。

当該手法には何ら法的根拠がないため、次のＡ社判決によれば、前記⑴の不当利得に関する確定した実務解釈論に基づき、悉く否定されている。

[1]　判決№4①（東京地裁／5頁）

控訴審の判決№4②（東京高裁／7頁）も同旨である。

「（著者注：原告主張の）別紙貸借一覧表においては、平成4年1月6日から

平成8年4月30日までの間には一切借入れはなく、この間の金銭の交付はすべて法律上の原因がないことを前提としているが、そのような事実は認められないというほかはない。」

［２］　判決№6（東京地裁／3頁）

「原告の主張は、昭和64年1月5日から平成8年11月5日までの間借入が全くないのに弁済だけが継続しているという点でそれ自体不合理である」。

［３］　判決№10（東京地裁／4頁）

事案は、「開示された取引履歴の前に計29回、合計金627,620円の支払（弁済）だけを列挙し、借入は皆無という事例」（8頁）である。

「これに付け加えると、前記預金口座通帳だけでは、原告の被告に対する返済が明らかになるだけであって、これに対応する貸付けが明らかではなく、返済だけでは貸付けの取引内容を特定することは困難であるというべきである。」

［４］　判決№18（東京地裁／9頁）

「原告＊＊の主張する計算書（甲8）は、平成4年1月27日から平成8年7月29日までの間の貸付が一切ないこと、他方、この間、31回合計80万8170円の弁済のみが記載されていることからすると、実際の取引とはかけ離れていると言わざるを得ないことに照らすと、到底採用できない。」

［５］　判決№27（東京地裁／4頁）

「請求原因(1)のうち、平成5年6月27日から平成8年4月27日までの間の計35件の取引については、原告がその主張する金額を旧A社に弁済したことを裏付ける証拠は一切提出されていないから、上記期間における原告の弁済（支払）を認めることができない。」

［６］　判決№57（東京地裁／5頁）

「原告は、判明している取引履歴（甲2の1ないし3）のほか、株式会社みずほ銀行が作成した原告名義の普通預金口座の取引明細証明書（以下『本件取引明細書』という。甲1）に基づき、取引履歴のない平成7年6月21日より前の部分を含め、本件取引の経過は原告各計算書記載のとおりである旨主張する。確かに、本件取引明細書には、平成2年10月29日から平成7年4月27日

第5節　不当利得(1)（民法703条）　Ⅱ　根拠のない過払金の算出手法

までの間、原告がA社に対して原告各計算書記載のとおりの弁済を行っていた旨の記載がある。しかし、これらの弁済については、それより前に弁済に対応する借入れが存在するのが当然であるところ、原告計算書1は、その借入れの記載が全くなく、原告計算書2についても、単に平成2年2月15日に3万円の借入れがあるとするのみで、その後の弁済額（同年10月29日から平成7年4月27日までの弁済額の合計は48万7850円となる。）に対応する借入額の記載がないのであるから、この点について、原告各計算書は、実際の取引経過と相当程度異なるものと考えざるを得ない。そうすると、本件取引の経過が原告各計算書記載のとおりであることについて、相当の合理性を有する程度に立証が尽くされているとはいえない。」

(4)　「架空取引」（非常識な取引内容）による請求

　法律実務家としては信じ難いことであるが、過払金請求訴訟では、何の証拠もなく、主張すべき何らの根拠がないにもかかわらず、ただ漠然と「金いくらの過払金が発生している。よって、当該金額を訴求する。」という請求例が数多く存在してきた。

　A社では、当該請求を「架空請求」と命名し、そのいずれにも応じようとはしなかったが、裁判所も、次のA社判決にて、悉く排斥してきた。

　なお、前記(1)の「記憶（陳述書）」に基づく根拠のない過払金の算出手法は、「推測ないし推定による架空取引」に他ならず、この範疇に属するものである。

　以下、A社の貸金取引ではあり得ない例や、およそ世間常識に照らし到底理解できない信じがたい事例に係るA社判決を掲記する。

［1］　判決№16（東京地裁／4・5頁）

　A社が開示した取引履歴の一部を「年」だけ変更し、そのまま「移記」した事例である。

「原告が主張する平成9年3月4日以前の借入れ・返済の状況が、初回借入額を除き、別紙(1)の平成9年3月30日から平成12年12月4日までの間の取引のうち、『年』欄の記載を変更したにすぎないものであることは、主張自体から明らかである。甲イ1には、原告の上記主張に沿った記述があるが、

第4章　貸金兼業者に対する過払金訴訟の判決例

同時期の取引が10年以上前のできごとであり、その再現に当たって記憶があいまいな部分があることはやむを得ないとしても、約4年間にわたる取引がその後の期間の取引と同一であったとすることは不自然、不合理であるといわざるを得ない。そうすると、甲イ1は直ちに信用することができない。」

　［2］　判決№22（東京地裁／2頁）

　A社が開示した取引履歴の前に、「金10万円」（※註）の借入れに対し足掛け11年間に毎月連続して「計124回×金1万円＝合計金124万円」の返済というバカげた取引履歴を付加して請求してきたものであるが、これに対する判示は、ただ次の「判断」のみであった。

　※註：A社の貸金実務ではあり得ない借入れである。

　「1　原告の請求原因(1)についてみるに、被告は、平成8年6月18日以降、原告と被告との間に取引があったことを認めるものの、それ以前の取引についてはこれを争うところである。そして、原告と被告が平成8年6月18日以前から取引していたことやその具体的数額について、原告の主張を支えるべき証拠は本件においては、提出されていない。

　してみると、平成8年6月18日以前についての原告の主張は、これを認めることはできないといわざるを得ない。そうすると、被告の自認する平成8年6月18日以降の取引によっては過払いは発生していないから、原告の主張は、理由がないというほかはない。

　2　よって、原告の本訴請求は理由がない。」

　［3］　判決№30（東京地裁／7頁）

　「原告は、本件取引においては、別紙1記載の1番から169番までの取引履歴に係る取引も行われた旨主張するが、その主張を認めるに足りる証拠はなく、採用の限りでない。」

　［4］　判決№34②（東京高裁／8頁）

　A社が開示した取引履歴の前に、「金10万円」（※註）の借入れに対し、足掛け9年間に毎月連続して「計88回×各金10万円＝合計金903万3,365円」も返済したというバカげた取引履歴を記載（東京地裁（判決№34①）／7・8頁）したものであるが、これに対する控訴審の判示は、次のとおりであった。

第5節　不当利得⑴（民法703条）　Ⅱ　根拠のない過払金の算出手法

※註：M社の貸金実務ではあり得ない借入れである。

「被控訴人は本件において、10万円の借入れをした後、7年以上にわたり毎月10万2880円ないし10万2440円の支払を繰り返したとの荒唐無稽な主張に基づき過払金請求をしているのであり、そのような被控訴人が慰謝料の支払を受けなければ癒されない精神的損害を受けたとは認め難い。」

［5］　判決№41（東京地裁／2～4・6～13頁）

A社が開示した取引履歴より以前の「昭和58年10月20日」から「平成8年10月4日」までの間の「取引内容については推定計算をせざるを得ない」と言いながら、「利率は年40パーセント（※註）を前提とするのが合理的である。」と主張されたが、判示は次のとおりであった。

※註：M社の貸金実務ではあり得ない年利である。

「しかし、原告と被告との間の平成8年10月5日以前の取引内容については、上記以外に客観的証拠は全くなく、原告の主張するような取引があったと認めることはできない。」

［6］　判決№47（東京地裁／4・5頁）

A社が開示した取引履歴より以前の取引につき、「未成年」（※註）のときから貸金取引を受け、「貸付限度額を50万円として、限度額いっぱい借り入れていたことを前提とする推定計算を行った。」旨主張されたが、判示は次のとおりであった。

※註：M社の貸金実務ではあり得ないことである。

「証拠（乙1の3）によれば、旧A社は、未成年者に対する貸付けは行っていなかったことが認められるから、原告が満20歳になった平成3年9月27日より前の時点において、貸付取引が行われたことはあり得ないこと、……旧A社の貸付限度額が最高30万円であったことが認められるから、旧A社が原告に対し、平成2年2月25日に50万円を、平成3年11月25日に35万円を、平成5年3月19日及び平成6年5月10日にいずれも残債務がありながら30万円をそれぞれ貸し付けたものとは認め難い」。

第4章　貸金兼業者に対する過払金訴訟の判決例

Ⅲ　過払金の物販債務への非充当

(1)　**最高裁判例**（前記第3章第1節Ⅶ参照）

　最高裁判所は、「別個の貸金取引」や「異なる基本契約に基づく貸金取引」の一方に生じた過払金を他の貸金へ充当できるかという問題については、事案ないし契約類型ごとに慎重に検討し、一定の事実関係を前提に充当を認めているが、当該最高裁判例は、あくまでも「貸金同士の債務」を基本前提としており、これまでのところ、貸金取引に基づく過払金を、貸金とは法的性格の異なる商品売買や請負契約の代金支払債務にそのまま充当できるとする例は、皆無である。

　勿論、貸金取引に基づき発生した過払金を、その旨の明確な意思表示に基づき商品代金等の他の債務と「相殺」したり、当該過払金を独自に支払請求したり訴求するのは何ら問題がないことはいうまでもない。

(2)　**「一連計算・横飛ばし計算」という特異な主張**

(a)　A社及び他の貸金業者に対しては、前記(1)の最高裁判例が使用している一定の表現を換骨奪胎して勝手に借用し、もっともらしい名称を付した次のような主張がなされ、これに基づく過払金が請求された事例があるが、下記(b)及び(c)のとおり、悉く排斥されている。

(イ)　貸金取引と物販取引が同一の基本契約に基づき、同一のカードを利用しているから、「一連計算すべき」である。

(ロ)　仮に一連計算が認められないとしても、計算上、過払金が生じた場合、当該過払金は、その発生当時に存在する物販債務に「当然に充当されるべき」である。

(b)　A社判決

〔その1〕

［1］　判決№43①（東京地裁／2～4頁）

「一連計算・適時相殺」の原告主張とこれに対する判示

「(1)　原告と被告との間の金銭消費貸借取引（キャッシング取引）、商品購入

第5節　不当利得(1)（民法703条）　Ⅲ　過払金の物販債務への非充当

取引（ショッピング取引）、加盟店利用による立替払取引（クレジット取引）は、単一の契約書によって締結された契約に基づき、単一のカードを利用して行われたものであり、要するに単一の基本契約に基づくものである。このような基本契約に基づく取引においては、複数の権利関係が発生することは望まないのが通常と考えられることから、キャッシング取引に係る過払金が発生した場合、特段の事情のない限り、弁済当時存在する他の債務に対する弁済充当を指定したと推認することができる。

　また、弁済充当の合意又は指定がなかったとしても、本件における原告から被告への金員の交付は、金銭債務の弁済に充てる趣旨のものである以上、民法489条又は490条の規定に従い、過払金はクレジット取引に係る債務に充当されることになる。

　したがって、上記の取引全体を通じて、一連計算を行うことができる。

　(2)　仮に、上記(1)の一連計算が認められないとしても、キャッシング取引に係る過払金を、その発生時に遡って、その当時存在したショッピング取引及びクレジット取引に係る債務と対当額で相殺（適時相殺）する（平成22年12月3日の第2回口頭弁論期日における相殺の意思表示）。その結果は一連計算と同様の結論となる。」

「2　原告は、本件キャッシング取引、本件ショッピング取引及び本件クレジット取引を通じて一連充当計算をすべきであるとして、その根拠として、弁済充当の合意又は指定、民法489条、490条の適用を主張する。

　しかし、本件キャッシング取引、本件ショッピング取引及び本件クレジット取引が、一つの基本契約に基づいて同じカードを利用して行われる取引である（乙3）としても、キャッシング取引と、ショッピング取引及びクレジット取引が、社会通念上、異なる類型の取引と認識されていることは否定できず、また、本件キャッシング取引については貸金業法が適用され、その弁済につき貸金業者はいわゆる18条書面の交付を義務づけられるなどの規制が生ずるのに対し、本件ショッピング取引及び本件クレジット取引についてはそのような規制はない一方、割賦販売法等の適用を受ける可能性があるなど、法制上も異なる規制に服するものである。このような各取引類型ごとの

第4章　貸金兼業者に対する過払金訴訟の判決例

相違を踏まえると、キャッシング取引について過払が生じたからといって、これをショッピング取引又はクレジット取引に充当するという取扱いが当事者の合理的な意思であるということはできず、少なくとも、原告のした弁済が貸金業法18条の適用されるキャッシング取引に関するものか否かということは、一義的に明確であることが要請されていると解される。

　こうした点を踏まえて考えると、本件キャッシング取引から生じた過払金を、本件ショッピング取引及び本件クレジット取引に係る債務に充当する旨の合意又は指定があったと認めることはできず、また、民法489条、490条の適用を肯定することもできないというべきである。」

　［2］　判決№43②（東京高裁／3・4頁）──上記［1］に対する「控訴審判決」

　「控訴人は、本件キャッシング取引及び本件ショッピング取引を通じて一連充当計算をすべきであるとして、その根拠として、弁済充当の合意又は指定、民法489条、490条の適用を主張する。

　しかし、給付が特定の債務の弁済としての効力を生ずるためには、給付がその特定の債務についてなされることを要するところであり（給付と債権との結合関係）、そもそも特定の債務についての弁済により生じた過払金が他の債務へ当然に充当されることはないことは原則であるところ（（著者注：最判№23を掲記）参照）、たとえ本件キャッシングと本件ショッピング取引が一つの基本契約に基づいて同じカードを利用して行われる取引であるとしても、キャッシング取引については貸金業法が適用され、その弁済につき貸金業者はいわゆる18条書面の交付を義務づけるなどの規制が生じるのに対し、本件ショッピング取引についてはそのような規制はない一方、割賦販売法等の適用を受けるなど、法制上も異なる規制に服するものであり、両者は全く異なる取引類型であるから、本件キャッシング取引により生じた過払金が生じたからといって、これを本件ショッピング取引に充当するという取扱いが当事者の合理的な意思であるということはできない。

　甲第9号証及び弁論の全趣旨によれば、被控訴人が控訴人に毎月送付する『ご利用代金明細書』には、キャッシング取引による債務とショッピング

取引による債務の内訳、金額等が同一書面に記載され、『今回のお支払合計金額』として両者の合計額が記載されていること、上記合計金額が毎月銀行口座から引き落とされ、控訴人の預金口座の残高が当該合計額に足りなかった場合は、たとえ当該残高がキャッシング取引による債務総額あるいはショッピング取引による債務総額のどちらかに対応する支払額には足りていたとしても、一方のみが引き落とされることはなく、合計額全体について引き落しがされなかったことが認められるが、他方、上記『ご利用代金明細書』には、『ショッピングご利用分』と『キャッシングご利用分』と明確に項目を分けた上、個別の内訳、利用額、今回の支払額、キャッシング取引の場合は利息の金額等が記載されているのであるから、控訴人の各取引による各弁済は、ショッピング取引による債務についてのものとキャッシング取引による債務についてのものに明瞭に個別具体的に特定されてなされていたものと認められる。

したがって、本件キャッシング取引から生じた過払金を、本件ショッピング取引及び本件クレジット取引に係る債務に充当する旨の合意又は指定があったと認めることはできず、また、民法489条、490条の適用を肯定することもできないというべきである。」

〔その2〕

［3］　判決№46①（東京地裁／2・3・4～6頁）

「一連計算・適時相殺」の争点・主張・判示

《事案の要旨と争点》

「本件は、貸金業者である被告と継続的金銭消費貸借取引及び継続的割賦購入取引を行っていた原告が、継続的金銭消費貸借取引により生じた過払金は継続的割賦購入取引に基づく債務に当然に充当される、仮に当然には充当されないとしても過払金が割賦債務発生時に割賦債務と相殺されることを前提として、利息制限法にしたがって引き直し計算した過払金が発生していると主張して、被告に対し、過払金の返還及び過払金に対する民法704条に基づく利息の支払を求めた事案である。

これに対し、被告は、継続的金銭消費貸借取引と継続的割賦購入取引は別

第4章　貸金兼業者に対する過払金訴訟の判決例

個の取引であり、継続的金銭消費貸借取引により生じた過払金は継続的割賦購入取引に基づく債務には充当されず、割賦債務発生時に相殺されることもないと主張し、継続的割賦購入取引に基づく債務を過払金債務と相殺する旨主張してこれを争う。

したがって、本件の主要な争点は、継続的金銭消費貸借取引により生じた過払金は継続的割賦購入取引に基づく債務に当然に充当されるか、継続的割賦購入取引に基づく債務発生時に過払金と相殺されるか、である。」

《原告の主張》

「本件取引において過払金が発生した場合、支払時に別口の債務が存在した場合は、当然に原告の被告に対する残債務に充当される。

また、過払金の発生時には別口債務が存在しない場合も、本件取引は単一の基本契約に基づくものであるから、当該過払金は後に発生した原告の債務の弁済に充当される。

なお、仮に上記の充当計算が認められないと解する場合であっても、原告は、被告に対する割賦債務を、その発生時期において原告の有する過払金と対当額において相殺するから、計算結果は異ならない。」

《判　示》

「1　本件貸金取引により生じた過払金は本件割賦取引に基づく債務に当然に充当されるか

(1)　証拠（甲1、2、乙2、3）及び弁論の全趣旨によれば、以下の事実が認められる。

被告は、本件基本契約の締結により、原告に対して、カードによる商品の割賦購入及びキャッシングのサービスを提供しているところ、本件貸金基本契約と本件割賦購入基本契約は、単一の契約書で締結され、単一の会員番号で管理され、金銭消費貸借取引及び割賦購入取引のいずれも同一のカードを用いることとされている。

本件割賦取引の分割手数料は年率13.2パーセント又は年率15パーセントである一方、本件貸金取引の利息の約定利率は年率27パーセントである。

本件貸金取引について支払を遅延した場合には、被告からの通知・請求に

第5節　不当利得⑴（民法703条）　Ⅲ　過払金の物販債務への非充当

より、期限の利益を喪失するとされている一方、本件割賦取引について支払を遅延した場合には、20日以上の期間を定めて書面で催告したにもかかわらずその期間内に支払がなかったときに期限の利益を喪失するとされている。

　(2)　同一の貸主と借主との間で基本契約に基づき継続的に貸付けとその返済が繰り返される金銭消費貸借取引においては、借主は、借入れ総額の減少を望み、複数の権利関係が発生するような事態が生じることは望まないのが通常と考えられることから、弁済金のうち制限超過部分を元本に充当した結果当該借入金債務が完済され、これに対する弁済の指定が無意味となる場合には、特段の事情がない限り、弁済当時存在する他の借入金債務に対する弁済を指定したものと推認することができる。

　しかしながら、本件貸金基本契約は、継続的金銭消費貸借取引であり、本件割賦購入基本契約は、継続的割賦購入取引（商品購入代金の立替払い及びこれによる求償債務の履行）に関する契約であり、契約内容は異なっている。また、本件貸金取引には貸金業法が適用され、本件割賦取引には割賦販売法が適用されるもので、法制上も異なる規制に服する。

　さらに、本件貸金取引の利息の約定利率が利息制限法所定の制限利率を超過する一方本件割賦取引の分割手数料はこれを超過していないため民法136条2項ただし書きの適用の有無が異なると解される。また、期限の利益喪失の条件も異なっている。そうすると、本件基本契約に基づき債務を負う者は、本件貸金基本契約に基づく債務については期限の利益を喪失しないよう約定弁済期限に弁済しようとする一方、本件割賦購入基本契約に基づく債務については、書面による催告があってから20日以内に弁済すれば足りると考えることも不合理ではない。

　これらの事情からすると、本件貸金取引の借主は、本件貸金取引の弁済金を本件割賦取引の弁済に充当するよう望むのが通常であるとは考えがたい。

　したがって、本件においては、本件貸金取引に基づき発生した過払金を、本件割賦取引に基づく債務に充当するとの意思が契約当事者に存在したものと解することはできず、むしろ、これを充当しない旨の意思が契約当事者に存在したものと認めるのが相当である。

211

(3) 上記のとおりの契約当事者の意思からすれば、法定充当の規定が適用される余地はない。原告の指摘する判例（最高裁昭和55年（オ）第396号同56年7月2日第一小法廷判決）は、当事者が特定の複数の自働債権及び受働債権を相殺することを明示したものの相殺の順序を指定しなかった事案についての判断であるから、本件と事案を異にし、適切ではない。

(4) 原告は、本件基本契約が単一の契約書で締結され、単一の会員番号で管理され、金銭消費貸借取引又は割賦購入取引の片方に関してのみ締結することはできず、さらに金銭消費貸借取引及び割賦購入取引のどちらかについても単一のカードを用いることとされたものである旨指摘するが、かかる事実は上記契約当事者の意思と矛盾するものではないから、上記認定を左右する事情ではない。

(5) さらに、原告は、過払金が発生した際に別口の金銭債務が存在しない場合にも、これを充当する旨の合意があったと主張するが、前記認定の契約当事者の意思からすれば、かかる合意が存在したものとは認められない。

(6) 原告の主張は理由がない。」

［4］　判決№46②（東京高裁／2・3頁）——上記［3］に対する「控訴審判決」

「当裁判所も、控訴人の請求は、原判決が認容した限度で理由があると判断する。その理由は、次のとおり補正するほかは、原判決の『事実及び理由』中の『第3　当裁判所の判断』に説示するとおりであるから、これを引用する。

なお、控訴人は、控訴理由においても、継続的金銭消費貸借取引により生じた過払金は、継続的割賦購入取引に基づく債務に当然に充当され、仮に、当然には充当されないとしても、継続的割賦購入取引に基づく割賦債権発生時に、過払金債権が割賦債権と相殺されるとして、るる主張するが、いずれも上記説示に反するか、当裁判所が採用しない独自の見解に基づくものであるから、採用することができない。」

〔その3〕

［5］　判決№51①（東京地裁／5・6頁）

第5節　不当利得(1)（民法703条）　　Ⅲ　過払金の物販債務への非充当

「当然充当」主張への判示
「1　主位的請求について
　まず、主位的請求原因(3)について検討する。
　原告は、原告と被告との間の本件キャッシング取引及び本件ショッピング取引を、過払が生じる都度、支払債務に相互に充当して計算すべきであると主張する。
　たしかに、本件において、原告と被告は、1つの基本契約書に基づいて同じカードを利用してキャッシング取引及びショッピング取引を継続し（乙2）、さらに、ETCカードに関する特約により、原告は、ETCカードを利用して通行料を支払った際の立替金債務を、上記カードの利用代金と合算して支払うことができる（乙3）。しかしながら、給付が特定の債務の弁済として効力を生ずるためには、給付がその特定の債務についてなされることを要するところであり、そもそも特定の債務についての弁済により生じた過払金が他の債務へ当然充当されることはないことは原則であるところ、原告と被告との間のキャッシング取引は、金銭消費貸借契約であり、貸金業法が適用され、その弁済につき貸金業者はいわゆる18条書面の交付を義務づけられるなどの規制を受けるのに対し、ショッピング取引は、立替払契約であり、貸金業法のような規制はない一方、割賦販売法等の適用を受けるなど、契約の法的性質が異なり、法制上も異なる規制に服するものであり、両者は全く異なる取引であるから、原告と被告との間で継続してされたキャッシング取引による弁済を引き直し計算した場合に過払金が生じたからといって、これを本件ショッピング取引の支払債務に都度充当するという扱いが当事者の合理的な意思であるということはできない。
　よって、原告の主位的請求は、理由がない。」
　［6］　判決№51②（東京高裁／3頁）――上記［5］に対する「控訴審判決」
「1　当裁判所も、控訴人の本件主位的請求には理由がないと判断する。その理由は、後記2に当審における控訴人の主張に対する補足的判断を加えるほかは、原判決の『事実及び理由』欄の第3の1（原判決5頁23行目から同6頁19行目まで）に記載の通りであるから、これを引用する。

第4章　貸金兼業者に対する過払金訴訟の判決例

　2　当審における控訴人の主張については、前記引用に係る原判決説示のとおり、本件各取引は異なる取引類型のものであり、法制上も異なる規制に服しているほか、本件各取引において被控訴人が控訴人に送付した『ご利用代金明細書』においても、ショッピング取引（ETCカードを利用した取引を含む。）とキャッシング取引による控訴人による利用や支払額等について、明確に区別して記載している（乙8）のであって、これらの事情に照らせば、本件各取引について、全体が1個の契約であるとも、相互に充当する合意や指定があったとも認めることはできないし、民法489条による充当も認められない。控訴人の指摘する諸事情も前記判断を左右しない。」

〔その4〕

　［7］　判決№60①（横浜地裁／6・7頁）──1審の横須賀簡裁判決（被告のA社勝訴）に対する「控訴審判決」

　「横飛ばし計算」主張への判示

　「(2)　上記認定事実を前提に、控訴人による本件取引に係る貸金債務の弁済が過払いとなった場合に、この過払金が弁済当時存在する本件ショッピング取引に係る立替金債務に充当されるか否かを検討する。

　ア　前提事実のとおり、本件取引は金銭消費貸借取引であり、本件ショッピング取引は信用購入あっせん取引であるところ、前者には貸金業法が適用され、その弁済につき貸金業者はいわゆる18条書面の交付を義務づけられる等の規制を受けるのに対し、後者にはそのような規制がない一方で、割賦販売法の適用を受けるなど、両者は法的性質が異なり、異なる規制に服する取引であるから、これらを当然に同一の取引又は一連一体の取引とみることはできない。

　イ　しかしながら、上記(1)アのとおり、本件各取引にはこれらを包括するカードの貸与に関する契約である本件契約が存在し、本件各取引は同一のカードを利用して行われたと認められること、上記(1)ウのとおり、本件各取引の弁済方法は、口座引落し及び持参払いの場合は両取引に係る債務を同一の日に同一の方法で一括して支払うことが予定され、銀行振込の場合は両取引間での弁済の充当順序があらかじめ規定されていたこと、上記(1)エのとお

り、現に、控訴人が銀行振込の方法により支払った1万円を（控訴人がその充当の内訳を明示に指定したことはうかがわれない。）、会員規約に定める順序に従い本件各取引に振り分け充当していることからすると、本件各取引は密接に関連していたということができ、借主である控訴人は、本件取引の弁済の際、債務総額の減少を望み、過払金と本件ショッピング取引に係る立替金債務が併存するような事態が発生することを望まなかったと考えられる。

　そうすると、控訴人による本件取引に係る貸金債務の弁済の際、制限超過部分を元本に充当した結果既に本件取引に係る貸金債務が完済されて存在しないか、又は債務が存在する額を超えて弁済することとなった場合には、存在しない債務に対して弁済した額について、弁済当時存在する本件ショッピング取引に係る立替金債務への充当を指定したものと認めるのがその合理的意思解釈に合致するというべきである。

　ウ　したがって、控訴人による本件取引に係る貸金債務の弁済が過払いとなった場合には、この過払金を弁済当時存在する本件ショッピング取引に係る立替金債務に充当して再計算するのが相当であり、その限度において控訴人の主張には理由がある。」

　［8］　判決№60②（東京高裁／3～5頁）──上記［7］に対する「上告審判決」（上記［7］の破棄・差戻し）

「3　原審は、上記事実関係の下において、次のとおり判断し、過払金7万9906円及び平成27年6月16日までの法定利息2万2071円並びに上記過払金に対する同月17日から支払済みまでの法定利息の支払を求める限度で、被上告人の請求を認容した。

　⑴　本件キャッシング取引は金銭消費貸借取引であり、本件ショッピング取引は信用購入あっせん取引であるところ、前者については貸金業法が適用されるのに対し、後者については割賦販売法の適用を受けるなど、両者は法的性質が異なり、異なる規制に服する取引であるから、これらを当然に同一の取引又は一連一体の取引とみることはできない。

　⑵　しかしながら、本件各取引にはこれらを包括するカードの貸与に関する契約である本件契約が存在し、本件各取引は同一のカードを利用して行わ

れたこと、本件各取引の弁済方法は、口座引落し及び持参払の場合は、本件キャッシング取引に係る債務と本件ショッピング取引に係る債務を同一日に同一の方法で一括して支払うことが予定され、銀行振込の場合は両取引間での弁済の充当順序があらかじめ規定されており、上記2(6)のとおり被上告人が銀行振込の方法により支払った1万円を本件規約に定める順序に従い本件キャッシング取引分と本件ショッピング取引分とに振り分けて充当していることからすると、本件キャッシング取引と本件ショッピング取引とは密接に関連していたということができ、借主である被上告人は、本件キャッシング取引の弁済の際、債務総額の減少を望み、過払金と本件ショッピング取引に係る立替金債務とが併存するような事態が発生することを望まなかったと考えられる。

そうすると、本件キャッシング取引についての各弁済金について、利息制限法1条所定の利息の制限額を超えて利息として支払われた部分（以下『制限超過部分』という。）を元本に充当した結果、既に同取引に係る債務が完済されて存在しないか、又は債務が存在する額を超えて弁済することとなった場合には、被上告人は、存在しない債務に対して弁済した額について、弁済当時存在する本件ショッピング取引についての立替金債務への充当を指定したものと認めるのが、その合理的意思解釈に合致するというべきである。」

「4　しかしながら、原審の上記3(2)及び同(4)の判断は是認することができない。その理由は、次のとおりである。

本件キャッシング取引は金銭消費貸借取引であり、本件ショッピング取引は信用購入あっせん取引であって、前者については利息制限法や貸金業法が適用されるのに対し、後者についてはこれらの適用ではない一方で割賦販売法が適用されるなど、両者は法的性質を異にする取引であり、異なる法的規制に服している。また、前記2(5)のとおり、本件各取引に係る被上告人の弁済について、口座引落しの場合に上告人が被上告人に対して発行していた利用明細書には取引種別ごとに請求金額の明細が記載されており、持参払の場合も取引種別ごとの請求額の内訳が端末に表示され、この表示された金額を被上告人が端末に入金していたというのであるから、本件キャッシング取引

に対する弁済分と本件ショッピング取引に対する弁済分とは明確に区別されていたものといえる。そうすると、本件各取引を包括する会員規約として本件契約が締結されており、本件各取引が同一のカードを使用して行われ、本件契約において前記2⑵のとおり支払金の充当順序が定められていたとしても、本件キャッシング取引の弁済金のうち制限超過部分を元本に充当した結果、借入金債務が完済されて過払金が発生する場合に、この過払金について、弁済当時存在する本件ショッピング取引に係る債務に対する弁済を指定するのが借主である被上告人の合理的な意思であると認めることはできないし、被上告人と上告人との間に本件ショッピング取引に係る債務に充当する旨の合意が存すると認めることもできないというべきである。

　しかるに、原審は、これと異なり、前記3⑵のとおり判断しているのであるから、この原審の判断には、判決に影響を及ぼすことが明らかな法令の違反がある。論旨は理由があり、原判決中、上告人敗訴部分は破棄を免れない。」

　［9］　判決№60③（横浜地裁／5・6頁）――上記［8］（上告審判決）に基づく差戻審の「控訴審判決」（1審原告の控訴棄却）

「第3　当裁判所の判断
　1　争点1（一連計算又は横飛ばし計算の可否）について
　本件キャッシング取引は金銭消費貸借取引であり、本件ショッピング取引は信用購入あっせん取引であって、両者は法的性質を異にし、異なる法的規制に服するから、両取引を同一の取引又は一連一体の取引とみることはできない。加えて、本件キャッシング取引に対する弁済分と本件ショッピング取引に対する弁済分とは明確に区分されていたのであるから（前記第2の前提事実1⑷）、本件キャッシング取引の弁済金のうち制限超過部分を元本に充当した結果、借入金債務が完済されて過払金が発生する場合に、この過払金について弁済当時存在する本件ショッピング取引に係る債務に対する弁済を指定するのが借主である控訴人の合理的な意思であると認めることはできず、控訴人と被控訴人との間に本件ショッピング取引に係る債務に充当する旨の合意が存すると認めることもできない。

第4章　貸金兼業者に対する過払金訴訟の判決例

　上記によれば、両取引は、一連のものとして計算されるべきものではなく、また、本件キャッシング取引に係る貸金債務を法律上完済した後に控訴人がした弁済は、弁済当時本件ショッピング取引に係る立替金債務が存在する場合は同債務に充当されるべきものともいえないから、この点に関する控訴人の主張には理由がない。」

　(c)　アコム㈱に対する判決例

　次の判決から明らかなとおり、A社に対する前記(b)の［7］［8］と同じ結果になっている。

　[10]　宮崎地方裁判所都城支部平成25年6月4日判決（平成24年（ワ）第58号）（7・8頁／被告アコム㈱）

「1　本件カードローン取引①と本件クレジット取引の充当関係（争点1）

　(1)　上記前提となる事実(2)ア及びイによれば、原告＊＊の主張する事情を考慮しても、本件クレジット取引の基本契約は本件クレジット契約であると解するのが相当であるから、本件カードローン取引①と本件クレジット取引は別個の基本契約に基づくものと認められ、これに反する原告＊＊の主張は採用できない。

　(2)　ところで、同一の貸主と借主との間で基本契約に基づき継続的に貸付けが繰り返される金銭消費貸借取引において、借主がそのうちの一つの借入金債務につき法所定の制限を超える利息を任意に支払い、この制限超過部分を元本に充当してもなお過払金が存する場合、この過払金は、当事者間に充当に関する特約が存在するなど特段の事情のない限り、民法489条及び491条の規定に従って、弁済当時存在する他の借入金債務に充当され、当該他の借入金債務の利率が法所定の制限を超える場合には、貸主は充当されるべき元本に対する約定の期限までの利息を取得することができないと解するのが相当である（著者注：最判№11を掲記）ところ、一般に、同一の債権者に対し数個の債務を負担する債務者は、借入れ総額の減少を望み、複数の権利関係が発生するような事態が生じることは望まないのが通常と考えられることなどに照らせば、上記趣旨は、借主が、同一の貸主に対し、基本契約に基づき、継続的に借入れとその返済を繰り返す内容の金銭消費貸借取引において、数個

第5節　不当利得(1)（民法703条）　Ⅲ　過払金の物販債務への非充当

の債務を負担する場合であれば、当該数個の債務が別個の基本契約から生じたものであったとしても、同様に妥当するというべきである。

　これを本件についてみると、本件カードローン取引①と本件クレジット取引は、いずれも、基本契約に基づき、継続的に借入れとその返済が繰り返される内容の金銭消費貸借取引である。そうすると、本件カードローン取引①に係る債務が完済された場合には、充当に関する特約が存在するなど特段の事情のない限り、それ以後の弁済はその当時存在する本件クレジット取引に係る債務に充当されるものと解される。本件では、原告＊＊と被告との間に充当に関する特約は存在せず（被告が、充当に関する特約が存在したことの根拠として指摘する本件会員規約の条項は、複数の債務が完済されずに存在する場合の充当について定めたものであると認めるのが相当であり、利息制限法所定の制限利率に引き直した計算を行うと一部の債務が完済され過払金が発生している場合に、その過払金の充当について定めたものであるとは解されない。）、ほかに上記特段の事情を認めるに足りる証拠はない。

　したがって、本件では、本件カードローン取引①に係る債務が完済された場合、それ以後の弁済はその当時存在する本件クレジット取引に係る債務に充当されると解するのが相当である。

　2　相殺（争点2）

　上記1のとおり、本件カードローン取引①につき発生した過払金は、その発生当時存在した本件クレジット取引に係る債務に充当されると解するのが相当であるから、これが充当されないことを前提とする被告の主張は採用できない。」

　[11]　福岡高等裁判所宮崎支部平成25年12月27日判決（平成25年（ネ）第156号）（8～11頁）──上記［10］に対する「控訴審判決」（1審原告の控訴棄却／1審被告アコム㈱の控訴認容・原判決変更）

「1　争点(1)（本件カードローン取引①と本件クレジットカード取引の充当関係）について

　(1)　前提事項(2)(3)によれば、1審原告の主張する事情を考慮しても、本件クレジット取引の基本契約は本件クレジット契約であると解するのが相当で

第4章　貸金兼業者に対する過払金訴訟の判決例

あるから、本件カードローン取引①と本件クレジット取引とは別個の基本契約に基づくものと認められ、これに反する1審原告の主張は採用し難い。

(2)　そこで、本件カードローン取引①により発生した過払金が、その発生当時存在する本件クレジット取引上の債務に充当されるかどうかについて検討する。

　ア　同一の貸主と借主との間で継続的に貸付けとその弁済が繰り返されることを予定した基本契約（以下、『第1の基本契約』という。）が締結され、第1の基本契約に基づく取引に係る債務の各弁済金のうち制限超過部分を元本に充当すると過払金が発生するに至ったが、その後、同一の貸主と借主との間に金銭消費貸借に係る別の基本契約（以下、『第2の基本契約』という。）が締結され、第2の基本契約に基づく取引に係る借入金債務が発生した場合には、第1の基本契約に基づく取引に係る過払金は、過払金を発生させる各弁済が第2の基本契約に係る貸付けの前にされたものであるか否かにかかわらず、第2の基本契約に基づく取引に係る借入金債務に充当されることはない、ただし、第1の基本契約に基づく取引と第2の基本契約に基づく取引とを事実上1個の連続した貸付取引であると評価することができることから第1の基本契約に基づく取引により発生した過払金を第2の基本契約に基づく取引に係る借入金債務に充当する旨の合意が存在すると解されるなどの特段の事情がある場合はこの限りでないというべきである（最高裁平成18年（受）第2268号同20年1月18日第二小法廷判決・民集62巻1号28頁、最高裁平成21年（受）第717号同22年7月20日第三小法廷判決・判時2115号24頁参照）。

　イ　これを本件についてみるに、前提事実(2)(3)のとおり、本件カードローン契約①は金銭消費貸借契約、本件クレジット契約は立替金支払契約であって、契約の性質が全く異なること、極度額と限度額、借入利率と手数料利率について看過し難い相違があることに照らし、発行されたカードが1枚であったことを考慮に入れても、本件カードローン契約①と本件クレジット契約をもって事実上1個の連続した貸付取引と評価することは到底できない。したがって、過払金充当合意の存在を認めることはできず、本件カードローン取引①により発生した過払金が、その発生当時存在する本件クレジット取引

に係る債務に充当されるとみることはできない。そして、他に上記充当を認めるべき根拠も見出し難い。

　ウ　これに対し、1審原告は、判決（最高裁平成13年（受）第1032号同15年7月18日第二小法廷判決・民集57巻7号895頁）を援用し、上記充当が肯定されるべきであると主張する。

　しかし、この判例は、同一の貸主と借主との間で基本契約に基づき継続的に貸付けとその返済が繰り返される金銭消費貸借取引を念頭に置いたものであって、本件とは事案を異にする。

　したがって、1審原告の上記主張は採用し難い。」

「4　争点(2)（相殺の成否）について

（1）　上記説示のとおり、本件カードローン取引①につき発生した過払金は、本件クレジット取引に係る立替金支払債務に充当されないのであるから、それぞれ別個に金額を算出すべきこととなる。

（2）　まず、本件カードローン取引①について発生した過払金については、取引経過が前提事項(2)アのとおりであること、上記3(1)アのとおり7回の履行遅滞があったことに照らし、本判決別紙1記載のとおり、平成22年1月8日当時、過払金115万4088円と確定利息3万9468円が発生していたことが認められる……。

（3）　他方、本件クレジット取引により生じた立替金支払債務をみると、本判決別紙2のとおり、平成22年1月8日当時、立替金の残元本は49万2791円であったことが認められる。

（4）　上記(2)(3)を対等額で相殺すると、過払金元本70万0765円のみが残ることとなる。

　（算式）　1,154,088＋39,468－492,791＝700,765」

第4章　貸金兼業者に対する過払金訴訟の判決例

第6節　不当利得(2)（民法704条）

I　過払利息（前段）

　「悪意の受益者は、その受けた利益に利息を付して返還しなければならない」（民704条前段）。
　上記利息の利率については、最高裁判例（前記第3章第2節Ⅱ(1)）により「民事法定利率の年5％」と確定されているが、A社訴訟では、「商事法定利率の年6％」の主張が再三にわたり繰り返されたが、下記判決により、悉く排斥されている。
　［1］　判決№3②（東京高裁／29頁）
　「イ　なお、控訴人は、被控訴人らが商人であることから、上記法定利息は商事法定利率年6分によるべきであると主張するが、不当利得返還請求権は民法703条の規定に基づいて発生する民事上の債権というべきであるから、その利息の利率は民法所定の年5分（民法404条）によると解するのが相当である。控訴人は、商行為である金銭消費貸借に関し利息制限法所定の制限利率を超えて支払われた利息、損害金についての不当利得返還請求権であっても、消滅時効については債務者保護のために民事債権として10年とされる（著者注：最判№7を掲記）ものの、利息の請求については商事債権として年6分とすべきであると主張するが、そのように解すべき理由はなく、上記主張は採用することができない。」
　［2］　判決№11（東京地裁／8頁）
　「なお、商事法定利率が適用又は類推適用されるべき債務は、商行為によって生じたもの又はこれに準ずるものでなければならないと解されるところ、利息制限法1条1項所定の利息の制限利率を超えた弁済をしたことにより発生する過払金返還債務は、法律の規定によって発生する不当利得返還債務であり、民事上の債務であるから、本件の過払金に付する民法704条所定の利息の利率は民事法定利率の年5分によるべきである（最高裁昭和35年6月

第6節 不当利得(2)（民法704条）　Ⅱ　損害賠償（後段）——「弁護士費用」

30日第一小法廷判決・裁判集民事42号741頁、最高裁昭和55年1月24日第一小法廷判決・民集34巻1号61頁参照）。」

［3］　判決№13（東京地裁／13頁）

「したがって、被告は発生した過払金に利息を付して返還すべきものであるところ、原告は、商行為により生じたものとして商事法定利率年6分によるべきであると主張する。しかしながら、上記過払金に係る不当利得返還請求権は、高利を制限して借主を保護する目的で設けられた利息制限法の規定によって発生する債権であり、営利性を考慮すべき債権ではないので、商行為によって生じたもの又はこれに準ずるものと解することはできない。したがって、その利率は、民法所定の年5分と解するのが相当である。」

［4］　判決№14（東京地裁／17頁）

「(2)　民法704条の法定利息の利率について

本件のように、貸付けに係る債務の弁済金のうち利息制限法所定の制限利率による利息の制限額を超えて利息として支払われた部分を元本に充当することにより発生する過払金につき、不当利得として返還を求める場合、その請求権は、高利を制限して借主を保護する目的で設けられた利息制限法の規定によって発生する債権であり、営利性を考慮すべき債権ではないので、商行為によって生じたもの又はこれに準じるものと解することはできないから、商法514条が適用又は類推適用されるべき債権ということはできない。

したがって、前記不当利得返還請求権が悪意の受益者に対して行使される場合、その者が付すべき民法704条前段所定の利息の利率は、民法所定の年5分と解するのが相当である。」

Ⅱ　損害賠償（後段）——「弁護士費用」

悪意の受益者が利息を返還すべき場合、「損害があるときは、その賠償の責任を負う」こととなっている（民法704条後段）。

過払金の支払請求の際、「弁護士費用」が当該「損害」に当たるかどうかが問題となり、現にA社訴訟では、弁護士費用が損害に当たることを前提

第4章　貸金兼業者に対する過払金訴訟の判決例

に、過払金と併せ、その支払を求める例が多かった。

しかしながら、当該請求は、下記判決例により悉く排斥されている。

　［1］　判決№3②（東京高裁／29頁）

「ウ　また、当審において、控訴人は、被控訴人らが取引履歴を開示しないために要した弁護士費用に係る損害も民法704条に基づく請求の対象とすべきであると主張する。

　しかしながら、その主張内容は、不当利得そのものから生じた損失をいうものではなく、取引履歴の開示要求に対する被控訴人らの対応を問題とするものであって、その実質は不当利得とは別の不法行為を主張するものというべきであるから（現に、後記5の不法行為に基づく主張と異なるものとは認められない。）、これを民法704条の対象とすべきであるとする上記主張は、採用することができない。」

　［2］　判決№18（東京地裁／10頁）

「原告＊＊は、被告Ａ社に対し、弁護士費用を請求するが、不当利得返還債務である以上、相当因果関係がないから、認められない。」

　［3］　判決№25①（東京地裁／22頁）

「なお、原告らは、不当利得返還請求に関する弁護士費用は、民法704条後段の損害に当たると主張するが、その損害の性質を不法行為責任と見ても、公平の見地から認められた不法行為的な責任と見ても、不当利得返還請求訴訟に要した弁護士費用は損害には含まれないというべきである。」

　［4］　判決№25②（東京高裁／20頁）

「しかしながら、民事訴訟法において弁護士強制主義を採用せず、弁護士費用は訴訟費用とされていない以上、不当利得返還請求訴訟において弁護士費用を損害賠償として請求できるのは、債務の発生原因が不法行為に準ずるような高度の違法性を備えている場合に限られるものというべきである。確かに、被控訴人は悪意の受益者ではあるが、出資の受入れ、預り金及び金利等の取締りに関する法律に違反した高金利で貸付を行ったわけではなく、制限利率を超えた約定利率で貸付行為を行ったにとどまるのであって、高度の違法性を有するとまではいえない。

第6節　不当利得(2)（民法704条）　　Ⅱ　損害賠償（後段）──「弁護士費用」

したがって、弁護士費用は民法704条後段の損害には当たらないものというべきである。」

［5］　判決№29①（千葉地裁松戸支部／9頁）

「原告は、本件不当利得（過払金）返還請求訴訟にかかる弁護士費用は民法704条後段の損害に当たると主張する。

しかしながら、わが国の民事訴訟制度においては弁護士強制制度を採用せず、弁護士費用を訴訟費用として償還することを認めていないのであって、そうした場合、一般に、弁護士費用を損害として賠償を求めることができるのは、応訴が不当応訴に当たる等、応訴自体が不法行為を構成する場合に不法行為に基づいて弁護士費用の賠償を求めることができる場合のほかは、不法行為又は不法行為として構成することも可能な債務不履行の場合のように、義務の発生原因性を備えている場合に限られるものと解するのが相当であり、民法704条後段の損害についても妥当するものというべきである。

これを本件についてみると、本件訴訟は、原告が金銭消費貸借契約に基づいて貸金業を営む被告から金銭を借り入れたが、その借入れの約定利率が制限利率を超過するものであり、制限超過部分を含む弁済をしたとして、不当利得に基づき過払金返還請求をするものであり、義務の発生原因となった行為が不法行為に準ずるような高度の違法性を備えているもとのいうことはできない。また、本件請求が応訴自体が不法行為にあたるとして弁護士費用の賠償を求める請求を含むものでないことは、原告の請求の内容及び主張に照らし、明らかである。」

［6］　判決№30（東京地裁／7・8頁）

「原告は、本件訴訟の追行に要した弁護士費用は、民法704条にいう『損害』に当たる旨主張するが、弁護士強制主義を採用せず、弁護士費用を訴訟費用として償還することを認めないわが国の民事訴訟制度の下においては、一般に、弁護士費用を損害としてその賠償を求めることができるのは、応訴が不当応訴ないし不当抗争にあたり、応訴自体が不法行為を構成する場合に不法行為責任に基づいて弁護士費用の賠償を求めることができる場合のほかは、不法行為または不法行為として構成することも可能な債務不履行の場合

第4章　貸金兼業者に対する過払金訴訟の判決例

のように、義務の発生原因となった行為が不法行為に準ずるような高度の違法性を備えている場合に限られるものと解するのが相当であり、この理は、民法704条後段の損害についても妥当するというべきである。

　これは本件についてみると、本件訴訟は、原告が、金銭消費貸借契約に基づき、貸金業者である被告から金銭を借り入れたが、その借入の約定利率が制限利率を超過するものであり、制限超過部分を含む弁済をしたとして、不当利得返還請求権に基づき、過払金の返還を請求するものであり、義務の発生原因となった行為が不法行為に準ずるような高度な違法性を備えていたものということはできない。原告の上記主張は、採用しない。」

　［7］　判決№32（静岡地裁沼津支部／16頁）

「民法704条後段の『損害』は、不法行為にいうところの損害と同義であると解されるところ、不当利得返還請求についての弁護士費用は、同条の損害には該当しない。

　よって、原告らの民法704条後段に基づく弁護士費用の請求には理由がない。」

　［8］　判決№36（東京地裁／6頁）

「原告は、民法704条後段に基づき、本件過払金返還請求に関する弁護士費用を請求するが、本件事案の概要、争点等に照らし、本件過払金返還請求（認容された部分に限る。）をするのに弁護士の関与が必要不可欠であったとまでは認め難いから、同請求は理由がない。」

　［9］　判決№42（東京地裁／7・8頁）

「弁護士費用を訴訟費用として償還することを認めない我が国の民事訴訟制度のもとにおいては、不当利得返還請求訴訟において、弁護士費用を民法704条後段の損害として請求できるのは、不当利得返還債務の発生原因が不法行為に準ずるような高度の違法性を有する場合や応訴自体が不法行為を構成するような場合に限られるものと解するのは相当である。これを本件についてみると、不当利得返還債務の発生原因において、不法行為に準ずるような高度な違法性があるとは認められず、応訴自体が不法行為を構成するとも認められないから、民法704条後段に基づく弁護士費用の請求には理由がな

第7節　不法行為（民法709条）　　Ⅰ　「平成17年7月19日最高裁第三小法廷判決」の意義

［10］　判決№45（東京地裁／7頁）

「原告は、民法704条後段に基づく損害賠償請求として弁護士費用を請求する。

しかしながら、同規定は、悪意の受益者が不法行為の要件を充足する限りにおいて、不法行為責任を負うことを注意的に規定したものにすぎず、悪意の受益者に対して不法行為責任とは異なる特別の責任を負わせたものではない。

そうすると、そもそも、原告が被告のいかなる行為をもって不法行為と主張するのかは明確ではないし、被告が過払金の返還に消極的態度を示したことをもって不法行為と主張するのであれば、不法行為の要件を充足していないというべきである。

よって、原告の請求は理由がない。」

第7節　不法行為（民法709条）

Ⅰ　「平成17年7月19日最高裁第三小法廷判決」の意義

上記最判（以下「№17最判」という）は、貸金業者に対し、一定の条件の下に取引履歴の開示義務を負わせたものであるが、よく誤解されているが、それは何ら、「無制限・無制約の取引履歴の開示義務」を判示したものではない。

№17最判の正確な趣旨については、A社に対する下記判決例が、それぞれ明確に判示している。

［1］　判決№3①（東京地裁八王子支部／17頁）

№17最判が出る前の判決例である。

「⑴　取引経過の開示義務について

原告主張の金融庁のガイドラインの規定の趣旨等に鑑みれば、貸金業者は、債務処理に関する権限を弁護士に依頼した旨の通知、又は、調停その他

第4章　貸金兼業者に対する過払金訴訟の判決例

の裁判手続をとったことの通知を受けた後に、債務者から業務帳簿の記載事項のうち、当該弁済に係る内容について開示を求められたときは、これに協力しなければならず、正当な理由なくしてその内容の開示を拒んだ場合は、不法行為を構成するものと解される。しかし、本件においては、次のとおり、被告らは、正当な理由なくして取引経過の開示を拒んだものとは認められない。」

　［2］　判決№3②（東京高裁／30～32頁）
　上記［1］の控訴審判決であるが、№17最判が出された後の判決である。
「(1)　取引履歴の開示義務について
　ア　貸金業法19条及びその委任を受けた同法施行規則（以下『施行規則』という。）16条は、貸金業者に対して、その営業所又は事務所ごとに、その業務に関する帳簿（以下『業務帳簿』という。）を備え、債務者ごとに、貸付けの契約について、その契約年月日、貸付けの金額、貸付けの利率、弁済金の受領金額、受領年月日等、貸金業法17条1項及び18条1項所定の事項（貸金業者の商号等の業務帳簿に記載する意味のない事項を除く。）を記載し、これを保存すべき義務を負わせている。そして、貸金業者が、貸金業法19条の規定に違反して業務帳簿を保存しなかった場合については、罰則が設けられている（同法49条7号。貸金業法施行時には同条4号）。
　イ　貸金業法は、貸金業者は、貸付けに当たり17条1項所定の事項を記載した書面（以下『17条書面』という。）を債務者に交付し、弁済を受けた都度、直ちに18条1項所定の事項を記載した書面（以下、17条書面と併せて『17条書面等』という。）を弁済者に交付すべき旨を定めている（17条、18条）が、長期間にわたって貸付けと弁済が繰り返される場合には、特に不注意な債務者でなくても、交付を受けた17条書面等の一部を紛失することはあり得るものというべきであり、貸金業法及び施行規則は、このような場合も想定した上で、貸金業者に対し、同法17条1項及び18条1項所定の事項を記載した業務帳簿の備付け義務を負わせたものと解される。
　ウ　また、貸金業法43条1項は、貸金業者が業として行う金銭消費貸借上の利息の契約に基づき、債務者が利息に基づき、債務者が利息として任意に

第7節　不法行為（民法709条）　　Ⅰ　「平成17年7月19日最高裁第三小法廷判決」の意義

支払ったものについては、利息制限法1条1項に定める利息の制限額を超えるものであっても、17条書面等の交付があった場合には有効な利息債務の弁済とみなす旨定めており（いわゆるみなし弁済の規定）、貸金業者が利息制限法所定の制限利率を超える約定利率で貸付けを行うときは、みなし弁済をめぐる紛争が生ずる可能性がある。

　エ　そうすると、貸金業法は、罰則をもって貸金業者に業務帳簿の備付け義務を課することによって、貸金業の適正な運営を確保して貸金業者から貸付けを受ける債務者の利益の保護を図るとともに、債務内容に疑義が生じた場合には、これを業務帳簿によって明らかにし、みなし弁済をめぐる紛争も含めて、貸金業者と債務者との間の貸付けに関する紛争の発生を未然に防止し又は生じた紛争を速やかに解決することを図ったものと解するのが相当である。

　オ　以上のような、貸金業法の趣旨に加えて、一般に、債務者は、債務内容を正確に把握することができない場合には、弁済計画を立てることが困難となったり、過払金があるのにその返還を請求することができないばかりか、更に弁済を求められてこれに応ずることを余儀なくされるなど、大きな不利益を被る可能性があるのに対して、貸金業者が保存している業務帳簿に基づいて債務内容を開示することは容易であり、貸金業者に特段の負担は生じないことにかんがみると、貸金業者は、債務者から取引履歴の開示を求められた場合には、その開示要求が濫用にわたると認められるなど特段の事情のない限り、貸金業法の適用を受ける金銭消費貸借契約の付随義務として、信義則上、保存している業務帳簿に基づいて取引履歴を開示すべき義務を負うものと解され、貸金業者がこの義務に違反して取引履歴の開示を拒絶したときには、その行為は、違法性を有し、不法行為を構成するものというべきである（以上につき、（著者注：No.17最判を掲記）参照）。」

　［3］　判決No.8①（さいたま地裁／8・9頁）

　「一般に、貸金業者は、債務者から取引履歴の開示を求められた場合には、特段の事情のない限り、信義則上これを開示すべき義務を負うものであるが（著者注：No.17最判を掲記）、正当な理由により取引履歴の記載された文書

第4章　貸金兼業者に対する過払金訴訟の判決例

を廃棄し、それが記憶された電磁的記録を消去していた場合には、取引履歴を開示する義務を負わないと解するのが相当である。なぜなら、上記義務は貸金業法の趣旨及び貸金業者と一般の債務者との間の衡平を根拠とするものであるところ、上記のような場合にまで貸金業者が過去の取引を再現した上で開示しなければならないとすることは不可能を強いるものであり、かえって当事者間の衡平を失することになるからである。」

［4］　判決№8②（東京高裁／10頁）

上記［3］の控訴審判決である。

「最高裁平成17年7月19日第三小法廷判決も、保存している業務帳簿に基づいて取引履歴を開示すべき義務を認め、貸金業者がこの義務に違反して取引履歴の開示を拒絶した場合に不法行為が成立することを判示したにとどまるものであり、被控訴人において適法に廃棄して現在所持していない取引履歴の開示を求める本件とは、事案を異にするものである。」

［5］　判決№11（東京地裁／9頁）

「(2)　一般に、貸金業者は、債務者から取引履歴の開示を求められた場合には、その開示請求が濫用にわたると認められるなど特段の事情のない限り、信義則上これを開示すべき義務を負うものであるが（（著者注：№17最判を掲記）参照）、正当な理由により取引履歴の記載された文書を廃棄し、それが記憶された電磁的記録を消去していた場合には、取引履歴を開示する義務を負わないと解するのが相当である。なぜなら、上記のような場合にまで貸金業者が過去の取引を再現した上で開示しなければならないとすることは、貸金業者に不可能を強いるものであり、かえって当事者間の衡平を失することになるからである。」

II　取引履歴

(1)　「非開示」に対する損害賠償請求

A社の業務帳簿の作成保存システムについては、前記第4節I・IIに述べたとおりであるが、A社の業務帳簿は、昭和56年2月の小口消費者ローンの

開始以降のすべての分が残っているわけではない。

このため、借主からの取引履歴の開示請求の際にA社が開示できるのは、現に手元に残っている履歴だけに限られることとなる。

これに対し、過払金の返還請求者側からは、A社が取引履歴の開示をしないこと、あるいは開示し得ない理由の廃棄自体が不法行為を構成するとして損害賠償を請求する旨、再三再四にわたり繰り返されてきた。

しかしながら、下記の判決例（主として「非開示」の点）では、すべてA社の言い分が認められ、原告側の不法行為に基づく損害賠償請求は悉く排斥されている。

［１］　判決３①（東京地裁八王子支部／17頁）

№17最判より以前の判決である。

「(1)　取引経過の開示義務について

原告主張の金融庁のガイドラインの規定の趣旨等に鑑みれば、貸金業者は、債務処理に関する権限を弁護士に依頼した旨の通知、又は、調停その他の裁判手続をとったことの通知を受けた後に、債務者から業務帳簿の記載事項のうち、当該弁済に係る内容について開示を求められたときは、これに協力しなければならず、正当な理由なくしてその内容の開示を拒んだ場合は、不法行為を構成するものと解される。しかし、本件においては、次のとおり、被告らは、正当な理由なくして取引経過の開示を拒んだものとは認められない。」

［２］　判決№4①（東京地裁／7頁）

「原告は、被告が原告との取引開始時からの取引経過を開示しなかったことが不法行為になると主張する。

しかし、弁論の全趣旨によれば、被告は原告代理人の求めに応じて『債権調査票』（乙１）、『完済した取引の概要』（乙２）、『取引の調査票』（乙３）を速やかに送付したことが認められ（原告はこの点を争ってはいない。）、それ以前の取引に係る関係資料を送付しなかったのは上記1(2)で検討したように、そのような資料を所持していなかったためと認められる。

してみれば、被告が原告に対して乙１ないし３に記載された以上の取引経

過を開示しなかったとしても、それ自体はやむを得ないことであって、これをもって不法行為とすることはできない。原告のこの点に関する主張は理由がない。」

［3］ 判決№4②（東京高裁／9頁）

「控訴人は、被控訴人が控訴人との取引開始時からの取引経過を開示しなかったことが不法行為になると主張する。

しかし、弁論の全趣旨によれば、被控訴人は控訴人訴訟代理人の求めに応じて『債権調査票』（乙1）、『完済した取引の概要』（乙2）、『取引の調査票』（乙3）を速やかに送付したことが認められ（控訴人はこの点を争ってはいない。）、それ以前の取引に係る関係資料を送付しなかったのは上記2(2)に説示したように、そのような資料を所持していなかったためである。

それ故、被控訴人が控訴人に対して乙1ないし3に記載された以上の取引経過を開示しなかったとしても、それ自体はやむを得ないことであって、これをもって不法行為になるということはできない。」

［4］ 判決№5（横浜地裁川崎支部／2・5頁）

「オ　一般に、貸金業者は、借主との間で、長期間にわたって、利息制限法所定の制限利率を超過する約定金利で金銭消費貸借取引を行った後、顧客である借主が支払い不能の状態に陥ったときは、少なくても、金融監督庁『事務ガイドライン』の定めに従って、貸付台帳の開示に協力し、これを殊更に隠匿したり、虚偽の債権届出をすることによって、借主の経済的更生を妨害してはならない継続的取引契約上の、或いは条理上の注意義務があるところ、被告は、この注意義務に違反したものである。」

「(1)　請求原因(3)オにおける原告の解釈論は一般論として争いがなく、同イの事実のうち、原告訴訟代理人が被告に対し、原告の当初からの取引履歴の開示を求めてきた事実は争いがない。

(2)　しかし、被告が原告主張の注意義務に違反したことを認めるに足りる証拠はなく、かえって、被告は、現に保持している原告との貸金契約に係る取引資料をすべて開示していることが窺える。」

［5］ 判決№8①（さいたま地裁／8頁）

第7節　不法行為（民法709条）　Ⅱ　取引履歴

「正当な理由により取引履歴の記載された文書を廃棄し、それが記憶された電磁的記録を消去していた場合には、取引履歴を開示する義務を負わないと解するのが相当である。」

[6]　判決№11（東京地裁／10頁）

「(4)　原告が開示を受けていないと主張している取引履歴は、昭和60年ころから平成8年8月4日にかけてのものであるが、上記認定事実によれば、この期間における取引履歴のデータについては、被告において、上記の運用基準に従って、いったんマイクロフィルム化して保存した後、3年が経過したことにより既に廃棄したものと推認される。そして、被告がこの期間における原告との間の取引履歴のデータを廃棄したとしても、それは当時の法規に照らして適法な措置であったということができるから、被告は、平成8年8月4日以前の取引履歴のデータを開示する義務を負わず、したがって、原告の要求にもかかわらず、被告がこれを開示しなかった行為が違法性を有し、原告に対する不法行為を構成するということはできない。」

[7]　判決№20①（さいたま地裁／4頁）

「原告が主張する被告の不法行為の内容及びこれにより原告が受けた損害の内容は必ずしも判然としないが、本件に現れた全証拠をもってしても、被告が保有している原告との取引履歴を故意または過失をもって開示しなかったことを認めるに足りる証拠はない。」

[8]　判決№25①（東京地裁／22・23頁）

「原告らは、被告が原告らに関する取引履歴の一部を開示しなかったり、虚偽の取引履歴を開示したなどとして、不法行為に基づく損害賠償を請求する。しかしながら、被告は、……それぞれ開示済みであり、証拠（乙2の1から4）及び弁論の全趣旨によれば、それ以前の取引履歴は、廃棄して存在しないものと認められるから、被告がその保有する業務帳簿に基づき取引履歴を開示しなかったものとはいえない。」

[9]　判決№26（東京地裁／14頁）

「そうすると、平成9年4月以前に終了し、被告がマイクロフィルムにより保存していた取引の取引履歴については、被告は、既に廃棄しているもの

第4章　貸金兼業者に対する過払金訴訟の判決例

であり、原告らがそれ以前から被告と金銭消費貸借取引をしていたとしても、被告は、その取引履歴を保持していないと認められる。
　そうである以上、被告は、原告らとの取引について、その取引履歴を保持しながら殊更に開示を拒んでいるものではないから、被告が開示を拒否した事実そのものが認めるに足りないというべきである。もとより、被告における顧客との取引履歴の管理・保存システムが違法であるとも認められない。
　よって、被告の開示拒否をもって原告らに対する不法行為であるとする原告らの主張は、その余の点を判断するまでもなく、理由がない。」

　［10］　判決№29①（千葉地裁松戸支部／8頁）
「原告が主張する履歴不開示の不法行為に基づく慰謝料及び弁護士費用の請求は上記1で認定のとおり、被告が平成8年8月8日以前の原告に関する取引履歴を保持していないことが認められ、そうすると、前提を欠くことになるから理由がない。」

　［11］　判決№30（東京地裁／8頁）
「弁論の全趣旨によると、被告は、原告に対し、本件取引について平成8年5月7日以降の取引履歴のみを開示したことが認められるところ、原告は、それが取引履歴の一部不開示であり、不法行為を構成すると主張する。
　しかしながら、そもそも、原告と被告あるいはA社との間で、平成8年5月7日より前に金銭消費貸借取引が行われていたことを窺わせる証拠はない上、仮に同日以前にも原告と被告あるいはA社との間で金銭消費貸借取引が行われたことがあるとしても、前記第2の2⑷記載の被告が説明する事情（なお、その被告の説明は、特段、不審な点はなく、真実であるものと認められる。）に照らせば、被告が現にその取引履歴を保有していないとしても、やむを得ないというべきであり、それを原告に対して開示しないことが不法行為を構成するものと解することはできない。原告の上記主張は採用しない。」

　［12］　判決№31（東京地裁／5頁）
「2　貸金業者は、債務者から取引履歴の開示を求められた場合には、その開示要求が濫用にわたると認められるなど特段の事情がない限り、貸金業法の適用を受ける金銭消費貸借契約の付随義務として、信義則上、保存して

第7節　不法行為（民法709条）　Ⅱ　取引履歴

いる業務帳簿（保存期間を経過して保存しているものを含む。）に基づいて取引履歴を開示すべき義務を負うものと解すべきである。そして、貸金業者がこの義務に違反して取引履歴の開示を拒絶したときは、その行為は、違法性を有し、不法行為を構成するものというべきである（著者注：№17最判を掲記）。

　しかし、本件において、被告が、原告らとの間でした取引に係る業務帳簿について、原告らに開示した部分より前の分を保存していることを認めるに足りる証拠はないから、被告に上記不法行為が成立するとは認められない。」

　[13]　判決№32（静岡地裁沼津支部／15頁）

「したがって、被告がすでに開示したものより前の取引履歴を開示しなかったのは、それらの資料を所持していなかったためであり、かつ、取引情報の破棄についても、保存義務に配慮しつつ当時のコンピュータの情報処理能力やデータ保存の費用などを考慮した一定の合理性を有する扱いに従って行ったものであるから、被告の取引履歴の不開示を違法だということはできない。

　よって、原告らの不法行為に基づく慰謝料請求には理由がない。」

　[14]　判決№33（静岡地裁浜松支部／7頁）

「(3)　そうすると、貸金業者は、債務者から取引履歴の開示を求められた場合には、その開示要求が濫用にわたると認められるなど特段の事情のない限り、信義則上、保存している業務帳簿に基づいて取引履歴を開示すべき義務を負うものと解すべきであり、貸金業者がこの義務に違反して取引履歴の開示を拒絶したときは、その行為は不法行為を構成するものというべきである（著者注：№17最判を掲記）ところ、本件の場合には、被告は、原告に対し、平成7年9月16日以降の取引履歴を開示済みであるとともに、平成7年9月16日より前の取引履歴を被告が保存していると認められるに足りる証拠はないのであるから、被告が平成7年9月16日より前の取引履歴を開示しなかったことを不法行為ということはできない。」

　[15]　判決№34②（東京高裁／6・7頁）

「ア　控訴人は、＊＊弁護士との間で平成16年2月19日付けの準消費貸借契約を締結し、和解契約が成立していたこと、本件取引Aについて、利息制

第4章 貸金兼業者に対する過払金訴訟の判決例

限法による引き直し計算をしても過払金が発生していないことをもって、特段の事情が存在すると主張するので検討する。

　貸金業者に取引履歴の開示義務を認める趣旨は、上記のとおり、貸金業者と債務者との間の貸付けに関する紛争の発生を未然に防止し又は生じた紛争を速やかに解決することを図ったものと解せられる貸金業法の趣旨に加えて、一般に、債務者は、債務内容を正確に把握できない場合には、弁済計画を立てることが困難となったり、過払金があるのにその返還を請求できないばかりか、更に弁済を求められてこれに応ずることを余儀なくされるなど、大きな不利益を被る可能性があることを考慮したものであると考えられる。このような開示義務の認められる趣旨からすると、貸金業者が、債務者から債務整理を受任した弁護士に対して一応の取引履歴を開示した上で、同弁護士との間で債務の有無及び額を確定し、その弁済方法を取り決め、その内容が書面で明確にされたような場合には、それによって当事者での紛争は一応解決したものとみられ（民法695条、696条）、債務者側に特段の不利益は生じないと考えるのが通常であるから、その後に当該債務者から受任した別の弁護士から同一の取引について履歴の開示を求められても、当然にこれを開示すべき義務があるとまではいえないというべきである。

　本件においては、控訴人は、被控訴人から債務整理を受任した＊＊弁護士に対し、本件債権調査票②（甲ニ9）を送付したうえ、被控訴人代理人である同弁護士との間で、被控訴人の債務の額を確認し、分割払いの方法を定めた準消費貸借契約書（乙ニ1）を取り交わしたことが認められるから、その後に、被控訴人から受任した＊＊弁護士に対し、本件債権調査票①（甲ニ1）のみを送付し、本件取引調査票等（乙ニ2、3）を開示しなかったことが、直ちに違法性を帯びるとは断定し難いというべきである。

　このことは、後に＊＊弁護士が非弁提携の疑いで弁護士会の懲戒審査にかかるという事情が生じたことによっても変わるものではない。

　以上によれば、本件においては、控訴人に＊＊弁護士からの本件開示請求を拒んだことにより直ちに違法とならない特段の事情が存在したと認められる。

イ　この点、被控訴人は、準消費貸借契約による和解が成立していたことは取引履歴の開示を拒む根拠とならず、本件においては、＊＊弁護士が締結した和解は無効であるから、尚更特段の事情にならないと主張する。

　しかしながら、債務者と貸金業者との間で和解等が成立し、残債務の確認及びその支払方法について合意が成立すれば、通常それ以上の債務の確認等のために取引履歴の開示を求める必要性が失われるから被控訴人の主張には理由がない。

　また、本件で被控訴人代理人が控訴人に送付した平成16年8月16日付け弁護士受任通知（甲ニ16）には、＊＊弁護士について弁護士会による懲戒手続が開始されており、依頼者との関係でも辞任していることのほか『＊＊弁護士との間でなされた和解契約は弁護士法に違反する無効なものである可能性が高いものですので、和解の成否を問わず上記調査に御協力ください』との記載があることが認められるが、＊＊弁護士に弁護士法違反があったとしてもそれによって当該弁護士自身が依頼者の代理人としてなした合意が当然無効になるか疑問であり、また無効と解すべきであるとしても、上記程度の説明に基づき、控訴人がそのことを前提として行動すべき義務が生じたとは考え難く、これにより、直ちに特段の事情を否定する事由となるとまでは認められない。」

[16]　判決№36（東京地裁／5・6頁）

「被告は、顧客との取引履歴の保管状況について、平成9年3月以前に支払が完了した取引については、マイクロフィルム化した上で、少なくとも3年間は保存し、保存期間経過後に適宜破棄処理をしていたが、同年4月以降に支払が完了した取引については、CD-ROMに保存するようになったこと、平成12年ころに、CD-ROMに保存されたものについては半永久的に保存する取扱いに改めたが、マイクロフィルムに保存していた取引履歴は既に廃棄されていることを主張し、これに沿う従業員陳述書（乙へ4の1・2）を提出するところ、その内容自体に不自然、不合理な点は特に見当たらない。

　そして、前提事実(2)の事実によれば、原告と被告との取引は、平成14年6月11日に原告がそれまでの債務（ただし、利息は約定利率による。）を完済して終

第4章　貸金兼業者に対する過払金訴訟の判決例

了したものと認められるところ、被告が取引履歴の開示請求を受けた時点で、上記取引終了日から既に5年以上が経過し、さらに、原告が取引履歴の不開示を主張する平成9年3月以前の分に至っては、既に10年以上が経過していたことからすれば、被告において、この分の取引履歴を開示することができないとしても、やむを得ないというべきである。

以上のとおり、原告との取引履歴の保管状況に関する被告の主張ないし被告従業員の供述は、相応の合理性を有しているものというべきであり、少なくとも、被告において、原告との取引履歴を把握しているにもかかわらず、これを開示しなかったとの事実を認めるに足りる証拠はない。この点に関する原告の主張は、採用することができない。」

［17］　判決№38（東京地裁／8・9頁）

「そこで検討するに、証拠（甲1ないし2の4、甲4の1ないし甲7、乙5の1ないし4）及び弁論の全趣旨によれば、被告A社グループは、昭和56年に貸金業務を開始し、顧客データをコンピュータで管理していたが、完済後3か月経過した取引に係るデータはホストコンピュータから消去し、オートライブラリの外部記憶体であるカセットMT（CMT）にバックアップして、一時保管した上、これをマイクロフィルムで保存していたこと（COMシステム）、しかし、これらのデータをマイクロフィルム化しても膨大な量に上ることなどから、被告A社グループは、3年間の保存期間が経過した後、マイクロフィルムを順次廃棄処理する取扱いをしていたこと、一方、CMTはもともと長期保存を予定した記憶媒体ではなく、多数回の上書きを繰り返したことによりCMT上のデータも既に消去されていること、被告A社は、その後、増大する開示請求に対応するなどの必要から、保存媒体をCD-ROMに切り替えることとして、平成9年4月以降、CD-ROM検索システム（COROMSシステム）を導入したこと、その結果、現在継続中の取引及び平成9年4月以降に完済となった取引については、過去の取引履歴が全て電磁的記録として保存され照会可能となったが、同年3月以前に完済となった取引については、上記のとおりデータがコンピュータから消去され、保存期間の経過に伴いマイクロフィルムも廃棄されたため、取引履歴データは存在しないことがそれぞ

第7節　不法行為（民法709条）　Ⅱ　取引履歴

れ認められる。

　以上の事実によれば、本訴において提出されているもののほかに、被告らが原告らに関する取引履歴を所持していると認めることはできず、したがって、被告らにおいて所持する取引履歴の開示を拒絶した事実を認めることはできない。」

　[18]　判決№40（東京地裁／7・8頁）

「以上によれば、被告が平成9年4月以降に支払が完了した取引について取引履歴を保存しているとは認められないところ、原告と被告との間の平成8年6月3日以前の取引は、平成9年4月より前に支払が完了している可能性があるから、被告が、平成8年6月3日以前の取引について、取引履歴を保存していると認めるに足りないというべきである。

　したがって、被告は、取引履歴の開示義務に違反したとは認められず、原告の請求のうち、不法行為に基づく損害賠償請求は理由がない。」

　[19]　判決№42（東京地裁／8・9頁）

「被告は、昭和56年2月にキャッシング事業を開始したこと、被告の貸金取引は、平成12年10月までは、包括契約（リボルビング払方式）ではなく、個別に独立した貸付契約（元利均等返済方式）であったこと、完済により取引がすべて終了した『完了取引』の明細は、取引終了後3か月を経過した時点で、順次コンピュータから抹消され、当初は、マイクロフィルムに移して3年間保存され、保存期間経過後に廃棄処理されたこと、平成9年4月以降に支払が終了してコンピュータから抹消された完了取引については、CD-ROMに保存されるようになったこと、被告は、平成12年6月の貸金業法の改正に対応するため、CD-ROMの保存データについては半永久的に保存する取扱いとしたこと、平成16年4月には、従前のコンピュータにディスク搭載のホストコンピュータを追加設置し、現存取引に加えて完了取引もすべてコンピュータにより管理する方式に移行したこと、被告は、現在、平成9年4月以降に支払が完了した取引履歴のみを保有していること、被告は、原告に対し保有する取引履歴（乙3の11）を開示したことが認められる。

　以上によれば、被告は保有している取引履歴のすべてを原告に開示してい

第4章　貸金兼業者に対する過払金訴訟の判決例

ると認められるから、被告が取引履歴のすべてを開示していないことを前提とする原告の請求は理由がない。」

　［20］　判決№45（東京地裁／8頁）

「原告は、取引履歴の全部を開示しない被告の行為は不法行為を構成する旨主張する。

　しかしながら、証拠（丙3の1ないし3の4）及び弁論の全趣旨によれば、被告は、昭和56年に貸金業を開始し、そのころから、完済により取引が全て終了した完了取引の明細は、貸金業の規制等に関する法律（以下『貸金業法』という。）の規制に従い、データ処理の効率化及び経費削減の観点から、取引終了後、マイクロフィルム化して少なくとも3年は保存するも、保存期間経過後に適宜廃棄処理をしてきたこと、マイクロフィルムによる保存方式には保管スペース等の問題点があったため、平成9年4月以降に完済となった完了取引については、CD-ROMに保存する方式に変更したこと、その後、貸金業法の改正に対応すべく、平成9年4月以降に完済となった完了取引につき採用していたCD-ROMによる保存データについては、マイクロフィルム方式の場合とは異なり、CD-ROMへのデータ保存日から3年を経過した後も廃棄せず、半永久的に保存する取り扱いに改めたことが認められる。このような被告における取引履歴の管理・保存方法については、貸金業法に従った上で、コストの問題等にも対応すべく、変更されたものというべきであるから、特段不合理な点は認められない。

　そして、本件取引について、被告は平成7年10月27日以前の取引履歴を開示していないが、同日以前の取引は、平成9年4月より前に完済となった完了取引である可能性がある。

　そうすると、被告は、平成7年10月27日以前の取引について取引履歴を保存しているとは認めるに足りる証拠はなく、被告において保存していない取引履歴についてまで開示義務を負うものではないから、被告の不法行為は認められない。」

　［21］　判決№49①（東京地裁／8頁）

　控訴審の判決№49②（東京高判／6頁）でも是認。

第7節　不法行為（民法709条）　Ⅱ　取引履歴

「原告らは、被告が現に保有している取引履歴の一部を開示していないことを前提として、被告は、原告らに対して、取引履歴不開示に関して不法行為責任を負う旨主張する。

しかしながら、証拠（甲1～6、乙1）及び弁論の全趣旨によれば、被告は、原告ら代理人の要請に応じて、原告＊＊については平成8年10月11日からの、原告＊＊については同年9月9日からの、原告＊＊については同年6月5日からの、原告＊＊については同年10月1日からの、原告＊＊については同年7年20日からの、原告＊＊については平成7年11月12日からの、原告＊＊については平成9年2月12日からの各取引履歴を開示済みであることが認められ、さらに、証拠（乙23の1～5）及び弁論の全趣旨によれば、それ以前の取引履歴は、廃棄して存在しないものと認められる。

以上によれば、被告は保有している取引履歴のすべてを原告らに開示していると認められるから、原告らの前記主張は、前提において失当である。」

［22］　判決№50①（東京地裁／8頁）

控訴審の判決№50②（東京高裁／4・5頁）でも是認。

「(2)　原告は、被告の上記対応について、平成9年4月に完済していた貸付取引に係る取引履歴を有しているにもかかわらず、開示を拒否していることについて不法行為が成立する旨主張するが、証拠（乙10の1～5）によれば、旧A社においては、平成9年4月時点で完済していた貸付取引に係る取引履歴を廃棄していた運用を採用していた事実が認められ、他方、被告が原告と旧A社との間の平成9年4月時点で返済が完了していた貸付取引に係る取引履歴を開示請求時に保有していたと認めるに足りる証拠はない。そうすると、被告が平成9年4月時点で返済が完了していた貸付取引に係る取引履歴を開示しなかったことが不法行為となると認めることはできない。」

［23］　判決№54（東京地裁／8頁）

「貸金業者は、債務者から取引履歴の開示を求められた場合には、その開示要求が濫用にわたると認められるなど特段の事情のない限り、貸金業法の適用を受ける金銭消費貸借契約の付随義務として、信義則上、保存している業務帳簿（保存期間を経過して保存しているものを含む。）に基づいて取引履歴を

第4章　貸金兼業者に対する過払金訴訟の判決例

開示すべき義務を負うものと解するのが相当である（著者注：No.17最判を掲記）から、貸金業者が債務者からの取引履歴の開示要求にもかかわらず保存している業務帳簿に基づいて取引履歴を開示しない場合には、前記義務に違反するものとして、債務者に対する不法行為を構成するというべきである。

　しかるに、本件記録をみても、被告が本件取引に係る平成8年11月10日より前の取引履歴を現に保存していることを認めるに足りる証拠はない。また、証拠（乙2の1ないし5）及び弁論の全趣旨によれば、A社における平成12年9月以前の貸付けは、個別の利用ごとに支払回数や支払金額等が管理され、同利用に係る取引データは、支払が完了した後3年間の保存期間を経て適宜廃棄されるとの運用であったことが認められ、本件取引に係る平成8年11月10日より前の取引履歴も、このような運用の下で破棄されたものと推認することができるところ、業務帳簿の保存期間を貸付けの契約ごとの最終返済期日又は債権消滅日から少なくとも3年間と定める当時の旧貸金業法19条及び同法施行規則17条1項の規定等からすれば、前記取引履歴の廃棄をもってこれが直ちに違法であるということもできない。

　そうすると、被告には本件取引に係る平成8年11月10日より前の取引履歴を開示すべき義務はないから、同義務違反を理由とする被告の不法行為責任は認められない。」

　[24]　判決No.57（東京地裁／7・8頁）
「貸金業者は、債務者から取引履歴の開示を求められた場合には、その開示要求が濫用にわたると認められるなど特段の事情のない限り、貸金業法の適用を受ける金銭消費貸借契約の付随義務として、信義則上、保存している業務帳簿（保存期間を経過して保存しているものを含む。）に基づいて取引履歴を開示すべき義務を負うものと解するのが相当であり（（著者注：No.17最判を掲記）参照）、貸金業者が債務者からの取引履歴の開示要求にもかかわらず保存している業務帳簿に基づいて取引履歴を開示しない場合には、前記義務に違反するものとして、債務者に対する不法行為を構成するというべきである。

　しかるに、本件記録をみても、被告が本件取引に係る平成7年6月21日より前の取引履歴を現に保存していることを認めるに足りる証拠はない。ま

た、証拠（乙4の1ないし5）及び弁論の全趣旨によれば、A社における平成12年9月以前の貸付けは、個別の利用ごとに支払回数や支払金額等が管理され、同利用に係る取引データは、支払が完了した後3年間の保存期間を経て適宜廃棄されるとの運用であったことが認められ、本件取引に係る平成7年6月21日より前の取引履歴も、このような運用の下で廃棄されたものと推認することができるところ、貸金業者は貸付けに関する事項（ただし、弁済については過去3年間のもの）を記載した業務帳簿を貸付けの契約ごとの最終返済期日又は債権消滅日から少なくとも3年間保存しなければならないとする当時の旧貸金業法及び同施行規則の規定等からすれば、前記取引履歴の廃棄をもってこれが直ちに違法であるということもできない。

そうすると、被告には本件取引に係る平成7年6月21日より前の取引履歴を開示すべき義務はないから、同義務違反に基づく被告の不法行為責任は認められない。」

(2) 「廃棄」に対する損害賠償請求

前記(1)の「非開示」と同様、過払金の返還請求者側からは、A社が取引履歴を廃棄したこと自体、不法行為を構成するとして損害賠償を請求する旨、再三にわたり繰り返されてきた。

しかしながら、下記のA社判決（主として「廃棄」の点）では、A社の言い分が認められ、原告側の不法行為に基づく損害賠償請求は悉く排斥されてきた。

［1］　判決№.3②（東京高裁／44・45頁）

「(エ)　そこで、進んで、被控訴人A社が上記業務帳簿を廃棄して保存していないことについて、同被控訴人の過失の有無を検討すると、①同被控訴人が上記業務帳簿を廃棄した経緯は、上記イで認定したとおりであり、それなりの業務上の必要性と合理性があったものと認められ、殊更に控訴人に対する取引履歴の開示を免れるといった不当な目的があったことをうかがわせる証拠はないこと、②施行規則17条は、貸金業者の業務帳簿の保存義務について、貸付けの契約ごとに当該契約に定められた最終の返済期日（当該契約に基づく債権が弁済その他の事由により消滅したときにあっては、当該債権が消滅した日）か

第4章　貸金兼業者に対する過払金訴訟の判決例

ら少なくとも3年間保存しなければならないと定めているのみであること、③貸金業者の取引履歴の開示義務が初めて最高裁判所の判例によって認められたのは、平成17年7月に至ってからであり、まして、この開示義務があることを前提として、債務者との間の業務帳簿の保存義務違反が訴訟の場で争われるようになったのは、比較的最近のことであり、被控訴人A社が控訴人の取引履歴に係る上記業務帳簿を廃棄した当時は、これを肯定するような裁判例も存在しなかったこと（当裁判所に顕著な事実）、以上の各点を総合して判断すると、被控訴人A社が施行規則17条で業務帳簿の保存期間が3年間とされていることを念頭に、それと抵触しない形で、上記のようなそれなりの業務上の必要性と合理性の判断の下に上記業務帳簿を廃棄したことには、過失は存しないものと認定するのが相当である。」

　［2］　判決№10（東京地裁／7頁）
「(2)　これらの事実によれば、被告は、原告に対し、現在所持しているデータをすべて開示し、そのほかのデータについては廃棄をして所持していないと認めることが相当である。」

「(4)　したがって、被告に開示義務違反は認められず、不法行為は成立しない。」

　［3］　判決№13（東京地裁／14・15頁）
「そして、上記認定事実によれば、被告は、取引履歴を保持しながらその開示を拒むものと認めることはできない。また、上記認定の経緯により取引履歴を廃棄したことが、原告に対する不法行為を構成するものと認めることもできない。」

　［4］　判決№14（東京地裁／14～16頁）
「a　そして、貸金業法19条、同法施行規則17条に定める保存期間にかかわらず、貸金業者において業務帳簿を保存することもあり得るところ、証拠（乙6の1から4まで）によれば、被告においては、平成9年3月以前に支払が完了した貸付契約に係る業務帳簿は廃棄処分したことが認められる。

　b　原告らは、上記証拠（乙6の1から4まで）は客観的証拠ではなく信用性がない旨主張するが、貸金業法施行規則が平成12年5月（施行は同年6月1

第7節　不法行為（民法709条）　Ⅱ　取引履歴

日）に改正されるまで、改正前の同規則16条1項3号及び17条の規定に従って弁済完了後3か月経過時点で顧客データをマイクロフィルムに保存し、3年間経過後順次廃棄していたこと、上記処理は、当時、3年以上経過したデータについての必要性がなく、年間契約データの量からして保管スペースの確保が困難であったためであること、その後、データの膨大化及び照会業務の困難さなど、マイクロフィルムによる保管管理方法に問題が生じたことから、平成12年の貸金業法改正に合わせ、CD-ROMによる保存方式に変更されたこと、平成9年4月以降に支払が完了した債権のデータはその方式により半永久的に保存されるようになったこと、平成9年4月から平成12年3月までの支払完了分の支払記録に係るマイクロフィルムを平成12年夏ころ廃棄した後、支払記録に関するマイクロフィルムは存在しないこと等その記載内容に不合理な点は見受けられず、その信用性に疑問を抱かせる証拠はない。」

　［5］　判決№17（東京地裁／4頁）
　「証拠（乙1、2）及び弁論の全趣旨によれば、被告は、平成8年8月7日以前の取引については、取引履歴を適法に廃棄していることが認められ」る。

　［6］　判決№20②（東京高裁／7～9頁）
　「(2)　控訴人は、次に、被控訴人による平成8年8月27日より前の取引に係る帳簿の破棄が不法行為を構成する旨主張するので、以下検討する。
　ア　控訴人は、本件取引を開始するに当たり、一定の貸付上限額を設定して包括的貸付契約が締結されていたから、具体的な貸付けがある時点で完済されたとしても、包括的な貸付契約自体は継続しており、本件取引が安全に終了したということはできないから、被控訴人による平成8年8月27日より前の取引に係る帳簿の破棄は、取引継続中の帳簿の破棄であって、貸金業法等に違反する不法行為である旨主張する。
　確かに、前記1で説示したとおり、本件取引は平成8年8月27日に開始したものではなく、それより前からあったものとの疑いを否定することはできない。しかし、本件取引の開始の時点で控訴人主張の内容の包括的貸付契約が締結されたとの事実を認めるに足りる証拠はない。そして、証拠（甲1、

第4章　貸金兼業者に対する過払金訴訟の判決例

乙4の1〜4）及び弁論の全趣旨によれば、被控訴人は、取引継続中及び弁済完了後3か月間は、コンピュータ内に取引内容が記録されているが、弁済完了後3か月が経過すると、平成9年4月以前に完了していた取引については、コンピュータからデータを削除し、個別の契約ごとに取引内容をマイクロフィルムに記録し、これを弁済完了後3年間保存し、その後適宜廃棄処理をしていたこと、同年4月以降に支払が完了した取引については、マイクロフィルムからCD-ROMに記録媒体を変更し、同記録を半永久的に保存する取扱いにしたことを認めることができる。以上の事実に照らすと、被控訴人が、控訴人との取引継続中にその取引に係る帳簿を破棄したとの事実を認めることができないというべきであり、他にこの判断を覆すに足りる証拠はない。

なお、貸金業法19条及びその委任を受けて定められた貸金業法施行規則16条、17条は、貸金業者に対して、その営業所又は事務所ごとに、その業務に関する帳簿（以下『業務帳簿』という。）を備え、債務者ごとに、貸付けの契約について、契約年月日、貸付けの金額、貸付けの利率、弁済金の受領金額、受領年月日（各回の弁済に係る受領金額、受領年月日については、過去3年間のものに限られていたが、平成12年総理府大蔵省令第25号（同年6月1日施行）による同規則16条の改正により、その期間制限はなくなった。）等、貸金業法17条1項及び18条1項所定の事項（貸金業者の商号等の業務帳簿に記載する意味のない事項を除く。）を記載し、これを当該契約に定められた最終の返済期日（当該契約に基づく債権が弁済その他の事由により消滅したときにあっては、当該債権の消滅した日）から少なくとも3年間保存すべき義務を負わせているが、前記設定のとおり、被控訴人は、少なくとも弁済完了後3年間は取引内容を保存していたのであるから、被控訴人が上記保存期間中に控訴人との取引に係る帳簿を破棄したと認めることはできない。」

［7］　判決№24①（東京地裁／6・7頁）

「ウ　さらに、原告は、被告が現在に至るまで平成8年5月19日より前の取引履歴を開示しないことを理由として不法行為の成立を主張する。

しかし、記録媒体の容量の限界、取引履歴の保存のコスト、当時の法規に

規定されていた業務帳簿の保存期間等に照らすと、被告が別紙準備書面(2)において主張する取引履歴の保存システムが不合理であるとはいい難く、平成8年5月19日より前の取引履歴は被告によって既に廃棄されたものと認められる（乙10の1ないし4）ところ、被告において保存していない取引履歴についてまで開示義務を負うとは解されず、取引履歴を廃棄した被告の行為も当時の法規等に照らして違法とは認められないから、原告の上記主張は理由がない。」

［8］　判決№24②（東京高裁／7〜8頁）
「2　以上の事実によれば、控訴人が、被控訴人に対し、平成8年5月19日以降の取引履歴を開示したが、それより前の取引履歴については、平成18年11月当時において、既に廃棄済みであったことが認められるところ、被控訴人は、当該廃棄行為が違法であるから、控訴人は開示義務違反の責任を免れないと主張する。そこで、控訴人による廃棄行為が違法か、そのために開示義務違反の責任を負うかを検討する。

貸金業の規制等に関する法律施行規則（平成19年内閣府令第79号による改正前のもの）17条は、『貸金業者は、法第19条の帳簿を、貸付けの契約ごとに、当該契約に定められた最終の返済期日（当該契約に基づく債権が弁済その他の事由により消滅したときにあっては、当該債権の消滅した日）から少なくとも3年間保存しなければならない。』と規定し、商法19条3項（平成18年法律第109号による改正前のもの。平成17年法律第87号による改正前は同法36条1項。）は、『商人は、帳簿閉鎖の時から10年間、その商業帳簿及びその営業に関する重要な資料を保存しなければならない。』と規定している。したがって、これらの規定に違反しない限り、控訴人が取引履歴を記載した帳簿類を廃棄したことを違法ということはできない。

そして、本件で廃棄されたのは、平成8年5月19日より前の取引履歴に係る帳簿類であり、前記認定の事実によれば、それらの取引は個々の借入を個別の取引とするインストールメント方式によっていたと推認されるから、平成18年11月当時には取引終了後10年を経過していたと認められる。これによれば、具体的な廃棄行為がいつされたのかについては、証拠上、不明である

第4章　貸金兼業者に対する過払金訴訟の判決例

が、控訴人が被控訴人との平成8年5月19日より前の取引履歴に係る帳簿類を違法に廃棄したと断ずることはできない。
　以上によれば、控訴人が平成8年5月19日より前の取引履歴を被控訴人に開示しなかったことをもって不法行為に当たるということはできない。」
　［9］　判決№25①（東京地裁／23・24頁）
「また、原告らは、被告が取引履歴を廃棄したことは違法であると主張する。
　証拠（乙2の1から4）によれば、被告の貸金は、平成12年9月以前は、包括契約（リボルビング払方式）ではなく、個別の取引（インストールメント方式）であって、完済により終了した取引は、3か月経過した時点でコンピュータから抹消され、マイクロフィルム化された上、3年間は保存された後、適宜廃棄されたものと認められるが、それは、当時の貸金業の規制等に関する法律及び同法施行規則等に反するものではないから、被告による取引履歴の廃棄を違法ということはできない。また、取引履歴が商業帳簿に当たるとしても、それを廃棄したことが債務者である原告らに対する不法行為となるものとはいえない。」
　［10］　判決№25②（東京高裁／23～24頁）
「したがって、上記イの証言及び証拠（甲68、69の2、69の3、乙29の3、29の4）によれば、被控訴人が主張するとおり、支払により取引が終了したもの（完了取引）は、3か月を経過した時点で、コンピューターから抹消され、マイクロフィルムに少なくとも3年間保存されたのち廃棄されていたこと、平成9年4月以降に取引が終了したもの（完了取引）については、マイクロフィルムではなくCD-ROMに保存されるようになり、当該CD-ROMは3年経過後も廃棄せず、半永久的に保存されるようになったことが認められる。」
　「しかしながら、CD-ROMが導入される前においては、貸金業の規制等に関する法律19条及び同法施行規則16条1項3号は、貸金業者が備え付ける帳簿の記載事項のうち各回の弁済については『過去3年間のものに限る。』と規定していたこと（甲63）、CD-ROMが導入されたのち被控訴人は遅くとも平成9年4月以降に取引が終了したもの（完了取引）については、半永久

第7節　不法行為（民法709条）　Ⅱ　取引履歴

的に保存するようになったこと、貸金業者に信義則上取引履歴の開示を義務づけた前記最高裁判所判決が言い渡されたのは平成17年7月19日であり、被控訴人が3年間保存した完了取引を廃棄していた当時の社会情勢から見て、被控訴人が将来の過払金返還請求までに容易に予測し得たとはいえないこと、これらのことから、本件においては取引履歴の廃棄に違法性を認めるのは相当ではないというべきである。」

　[11]　判決№29①（千葉地裁松戸支部／8頁）
「オ　原告は、上記のようなデータの廃棄処分は不自然・不合理であり、被告は原告の平成8年8月8日以前の取引履歴のデータを所持しているにもかかわらず廃棄したと虚偽を述べていると主張するが、上記認定に反し、他にこれを裏付ける証拠もないので、被告が上記データを所持しているという事実は認められない。」

　[12]　判決№29②（東京高裁／3・4頁）
「(2)　原判決が、控訴人の『仮に被控訴人が取引履歴を廃棄したとすれば、廃棄行為は不法行為を構成する』という主張に対する判断を示していないことは控訴人の主張のとおりである。

　そこで、この主張について判断するのに、被控訴人が取引履歴を廃棄した時期は平成12年以前であって、この時期においては現在のように大量の過払金返還訴訟が提起されることは未だ一般に予測されていなかったことを考慮すると、被控訴人の取引履歴の廃棄行為が、取引の相手方である控訴人に対する関係で不法行為に当たるということは困難である。したがって、控訴人の主張は採用できない。」

　[13]　判決№32（静岡地裁沼津支部／15頁）
「したがって、被告がすでに開示したものより前の取引履歴を開示しなかったのは、それらの資料を保持していなかったためであり、かつ、取引情報の廃棄についても、保存義務に配慮しつつ当時のコンピュータの情報処理能力やデータ保存の費用などを考慮した一定の合理性を有する扱いに従って行ったものであるから、被告の取引履歴の不開示を違法だということはできない。

よって、原告らの不法行為に基づく慰謝料請求には理由がない。」

［14］　判決№38（東京地裁／9頁）

「また、取引履歴を廃棄したことについても、上記認定のとおり合理的な理由に基づくものであると認められるから、これが不法行為に当たるということはできない。なお、原告らは、被告らとの取引が平成9年4月以前においても基本契約に基づくものであったことを、取引履歴の廃棄が許されないことの根拠として主張するが、かかる原告ら主張事実を認めるに足りる証拠はない上、同原告ら主張事実を前提としても、そのことをもって直ちに、取引履歴の廃棄が原告らに対する関係において不法行為を構成するということはできない。」

［15］　判決№42（東京地裁／9頁）

「また、被告は、平成12年4月6日より前の原告との取引履歴を廃棄したことが認められるが、被告の行為が、当時の貸金業法を始めとする関係法令に反するものではなく、また、この時期において大量の過払金返還訴訟が提起されることは一般に予測されていなかったことなどを考慮すると、被告による取引履歴の廃棄が、原告に対する不法行為に当たるとはいえない。また、取引履歴が商業帳簿に該当するとしても、それを廃棄したことが債務者である原告に対する不法行為になるとはいえない。」

［16］　判決№49①（東京地裁／8・9頁）

控訴審の判決№49②（東京高裁／6頁）でも是認。

「原告らは、被告が取引履歴の一部を廃棄したことは、法的に正しくない不当な利益を被告にもたらすことに直結するものであるとして、それ自体が不法行為に当たる旨主張する。

しかしながら、被告において、原告らが主張するところの『法的に正しくない不法な利益』を得るために取引履歴の一部を廃棄したと認められるに足りる証拠はなく、被告が取引履歴の一部を廃棄したこと自体が、原告らに対する関係で不法行為に当たるということはできない。他に前記廃棄行為が違法であると認めるに足りる証拠はない。

よって、原告らの前記主張は採用できない。」

第7節　不法行為（民法709条）　Ⅱ　取引履歴

［17］　判決№50①（東京地裁／8頁）
「また、原告は、旧A社が平成9年4月時点で返済が完了していた貸付取引に係る取引履歴を廃棄した場合であっても、旧A社は、遅くとも平成8年頃には、取引履歴の廃棄によって法的に正しくない不法な利益を旧A社が得られるものであると認識していたとして、廃棄自体が不法行為にあたる旨主張するが、被告が、上記認識を有して廃棄したことを認めるに足りる証拠はなく、原告の同主張も採用できない。」

［18］　判決№50②（東京高裁／5頁）
上記［17］の控訴審判決である。
「しかし、上記証拠及び弁論の全趣旨によれば、被控訴人においては平成9年3月までに完済された取引についての履歴を破棄していたことが認められ、また、不法な利益を得る目的があったものと認めることもできないことは原判決説示のとおりである。」

［19］　判決№53（東京地裁／6・7頁）
「(2)　そもそも本件取引の経過については、前記1(2)のとおり、別紙『計算書2』記載の限度で認められるにとどまり、平成8年2月27日より前に取引があったと認めるに足りる証拠がないといわざるを得ず、原告が主張する取引履歴の廃棄や不開示の事実を認めることができない。
　また、本件取引について、平成8年2月27日より前の取引があったとしても、前記(1)の認定事実によれば、被告は、平成11年頃までに、その取引履歴を廃棄し、それが記憶された電磁的記録を消去したものとうかがえるものの、これは当時の貸金業法を始めとする関係法令に反するものではなく、被告において、顧客による過払金返還請求が困難になることを認識しながら、あえて取引履歴を廃棄したといえる状況であったとは認められない。
　これらによると、いずれにしても、被告において、取引履歴を廃棄し、これを開示しなかったとしても、原告に対する不法行為が成立するとは認められない。」

［20］　判決№54（東京地裁／8頁）
「しかるに、本件記録をみても、被告が本件取引に係る平成8年11月10日

より前の取引履歴を現に保存していることを認めるに足る証拠はない。また、証拠（乙2の1ないし5）及び弁論の全趣旨によれば、A社における平成12年9月以前の貸付けは、個別の利用ごとに支払回数や支払金額等が管理され、同利用に係る取引データは、支払が完了した後3年間の保存期間を経て適宜廃棄されるとの運用であったことが認められ、本件取引に係る平成8年11月10日より前の取引履歴も、このような運用の下で廃棄されたものと推認することができるところ、業務帳簿の保存期間を貸付けの契約ごとの最終返済期日又は債権消滅日から少なくとも3年間と定める当時の旧貸金業法19条及び同法施行規則17条1項の規定等からすれば、前記取引履歴の廃棄をもってこれが直ちに違法であるということもできない。」

Ⅲ 「架空請求」——不法行為の主張

過払金返還請求者からは、「A社が利息制限法違反の利率で貸金を行い、その結果、過払金が生じているにもかかわらず借主に支払請求を続け、超過利息分の受領を継続してきたことは架空請求であり、不法行為に該当する。」との主張がなされてきた。

これに対し、下記判決例は、A社の反論をそのとおり採用し、架空請求なる主張に基づく損害賠償請求を悉く排斥してきた。

［1］　判決№25②（東京高裁／24頁）

「控訴人らは、長期間、利息制限法所定の制限を超える利息の支払を請求したことについて不法行為に基づく慰謝料を請求する。たしかに、弁論の全趣旨によれば、被控訴人は控訴人らに対し、利息制限法の制限利率を超える約定利率に基づき利息の支払請求を行ってきたことが認められ、控訴人らはその請求が法的に何ら問題がないものと信じて弁済を続けてきたことが認められる。それゆえ、このような被控訴人の請求は結果的にはいわゆる架空請求としてのそしりを免れない面もある。しかしながら、不法行為責任における行為者の違法は、単なる債務不履行や法令遵守違反をいうのではなく、違法性の程度が社会通念上容認できない程度にまで達していることが必要なも

のと解すべきである。そして、本件においては、被控訴人が、控訴人らに対し、約定利率の内容について虚偽の利率を告げるなど契約内容について欺罔行為を行ったり、取立にあたり暴力、暴言を用いたりした事実が認められない以上、被控訴人に不当利得返還債務以外に不法行為責任が生じるとするのは相当ではない。」

［2］　判決№30（東京地裁／8頁）
「原告の主張は、被告が、本件取引において、原告に対し、制限利率を超える約定利率に従って計算された元利金の支払を求め、原告からの返済を受領したことが不法行為を構成するというに帰するものであるが、貸金業者が、顧客から、制限利率を超える約定利率に従って元利金の返済を求め、これを受領したとしても、その貸金業者の行為は、当該約定利率が出資の受入れ、預り金及び金利等の取締りに関する法律に反する高金利であったとか、元利金の取り立てが社会的相当性を欠く違法な態様で行われたなどの特段の事情がない限り、直ちに不法行為を構成するものではないと解するのが相当である。原告の上記主張は、採用しない。」

［3］　判決№42（東京地裁／9頁）
「原告は、被告が、17条書面を交付せず、みなし弁済が成立する余地がないことを知悉しながら、利息制限法による制限を超過する利息を収受し続けており、このような行為は、架空請求又は詐欺的ないし恐喝的取り立てというべき高度の違法性を有する行為である旨主張する。

しかし、本件において、被告が、利息制限法による制限を超過する利息を収受したことが違法性を有すると認めるに足りる証拠はないし、被告が、約定利率について虚偽の内容を告げたり、取立てにあたり欺罔行為を行ったり、暴力や暴言を用いたなどの事実を認めるに足りる証拠もない。

よって、原告の主張は採用できない。」

Ⅳ　その他の損害賠償請求

A社に対する過払金請求訴訟では、前記Ⅰ～Ⅲに加え、その他の色々な法

第4章　貸金兼業者に対する過払金訴訟の判決例

的構成による損害賠償請求がなされてきたが、下記判決例から明らかなとおり、それらの請求も悉く排斥されている。

(1) 「過払金の不返還等」の主張

■判決№3②（東京高裁／45・46頁）

「控訴人は、利息制限法に違反して過払金を発生させることや進んでこれを返還しないことがそれ自体不法行為に当たり、また、詐欺や遺失物横領等に該当する違法行為であるなどと主張して、不当利得を生じさせた被控訴人らの行為が同時に不法行為を構成するとした上、当該不法行為によって過払金相当額及びその1割の弁護士費用の損害が発生し、損害額の認定が困難である場合には、民事訴訟法248条によって相当な損害額を認定すべきであると主張する。

しかしながら、金銭消費貸借契約において、利息制限法所定の制限利率を超える利息の支払を受けることによって過払金が生じた場合、当該契約に係る給付によって生じた利益は不当利得に係る法律関係として処理されるのであって、これが直ちに不法行為を構成するものということはできず、また、不当利得返還請求権が存在するのにこれと同額の損害が発生するということもできない。

したがって、控訴人の上記不法行為に関する各主張はいずれも採用することができない。」

(2) 「保護義務違反」の主張

■判決№4②（東京高裁／9・10頁）

「控訴人は、消費者金融会社と顧客との間で金銭消費貸借契約が締結された場合には、相互に相手方の財産的利益を不当に侵害しないようにすべき義務を負っており、被控訴人には、みなし弁済の要件となる貸金業の規制等に関する法律17条、18条に関する書面を保持し続けるべき付随債務があり、顧客との取引経過に関する資料を廃棄する場合には、これによって債務者に不当な損害を与えないようにするため、顧客に残債務の残高を告知すべき義務があったのに、控訴人に何ら告知することなく上記書面を廃棄したことが保護義務違反の債務不履行に該当すると主張するが、消費者金融会社が個々

第7節　不法行為（民法709条）　Ⅳ　その他の損害賠償請求

の顧客に対し、当然にそのような保護義務を負っていると解することはできず、控訴人の主張は独自の見解に基づくものであって採用できない。」

(3) 「取引履歴の二段階の開示方法」の主張

■判決№24②（東京高裁／8・9頁）

「被控訴人は、控訴人が平成8年5月19日以降の取引履歴を開示するに当たって、『債権調査票』及び『完済した取引の概要』の送付による二段階の開示方法によったことが、被控訴人を欺罔し、錯誤に陥らせる不法行為に該当すると主張する。

一般に、貸金業者は、債務者から取引履歴の開示を求められた場合には、その開示要求が濫用にわたると認められるなど特段の事情のない限り、貸金業法の適用を受ける金銭消費貸借契約の付随義務として、信義則上、保存している業務帳簿に基づいて取引履歴を開示すべき義務を負うものと解すべきであり、貸金業者がこの義務に違反して取引履歴の開示を拒絶し、それによって、債務者の債務整理が困難となり、または、訴訟を提起せざるを得なくなった場合には、不法行為に基づく損害賠償責任を負うものというべきである（（著者注：№17最判を掲記）参照）。

これを本件についてみるに、1に認定した事実によれば、①＊＊弁護士が受任の通知をした平成18年11月10日から控訴人が保有するすべての取引履歴を記載した『完済した取引の概要』を送付した同月17日までは、わずか7日間であること、②同月13日に送付した『債権調査票』の送付書には、『債権調査票は支払中債権のみで、完済した取引は調査後早急にお送り致します。』と記載されていたこと、③その後、再度の開示要求がないのに、控訴人が『完済した取引の概要』を送付したこと、④『債権調査票』の送付書では、早急に整理を行いたいとしているが、返済計画の回答期限は同月12月25日であり、『完済した取引の概要』は上記回答期限より1か月以上前に送付されたものであること、⑤『債権調査票』を送付した相手方は、受任通知をしてきた専門家である＊＊弁護士であること、⑥被控訴人が取引履歴を調査するには、自らの銀行口座を調査する方法もあったことが認められるのであって、控訴人の本件における二段階の開示方法によって、被控訴人が錯誤に

陥る危険があったとは認め難いし、上記②のとおり、取引履歴の開示の拒絶があったわけでもなく、被控訴人の債務整理に具体的な不利益が生じたとも認められないから、控訴人の上記行為が不法行為に当たるとすることはできない。」

(4) 「長期間の違法な利息の請求」の主張

■判決№.25①（東京地裁／24頁）

「さらに、原告らは、長期間、違法な利息を請求した不法行為に基づく慰謝料を請求するが、被告は、原告らに対し、利息制限法の制限利率を超える年27パーセントの約定利率によって金員を貸し付けていたものの、それらの返済を求めること自体が不法行為になるものではない。

原告らの不法行為に基づく損害賠償請求は理由がない。それらについての弁護士費用の請求も同様に理由がない。」

(5) 「制限超過利息の収受・詐欺」の主張

■判決№.29①（千葉地裁松戸支部／8頁）

「貸金業法においても、制限利率を超える貸付利率での金銭消費貸借契約を締結すること自体は禁止しておらず、当該利息を貸金業者が借主から受領することは禁止されていないのであるから、被告が原告に対して被告が制限超過利息の支払義務はないと告知すべき義務又は制限利息の受領を拒むべき義務を負っていたということはできず、また、特に本件において、原告の無知に乗じて制限超過利息を収受してきたと認めるべき証拠はない。そうすると、被告の行為は詐欺であるという原告の主張は採用できず、不法行為に基づく請求は理由がない。」

(6) 「弁済日の誤記」の主張

■判決№.33（静岡地裁浜松支部／7頁）

「なお、原告は、請求原因2(3)のとおり、被告の開示した取引履歴に、実際の引き落とし日ではなく、約定の弁済日に弁済をしたものとして記載されていた箇所が5箇所あることをもって、虚偽の取引履歴を開示した不法行為に当たると主張し、慰謝料を請求しているが、このようなことによって、慰謝料が発生するほどの精神的苦痛が生じるはずもなく、原告の主張は採用で

きない。」

(7) 「充当計算なしの支払請求」の主張

■判決№45（東京地裁／7頁）

「原告は、既に過払いとなっているのに、充当計算をせずに元利金の支払を請求してきた被告の行為は不法行為を構成する旨主張する。

　しかしながら、一般に、貸金業者が、借主に対し貸金の支払を請求し、借主から弁済を受ける行為それ自体は、当該貸金債権が存在しないと事後的に判断されたことや、長期間にわたり制限超過部分を含む弁済を受けたことにより結果的に過払金が多額となったことのみをもって直ちに不法行為を構成するということはできず、これが不法行為を構成するのは、上記請求ないし受領が暴行、脅迫等を伴うものであったり、貸金業者が当該貸金債権が事実的、法律的根拠を欠くものであることを知りながら、又は通常の貸金業者であれば容易にそのことを知り得たのに、あえてその請求をしたりしたなど、その行為の態様が社会通念に照らして著しく相当性を欠く場合に限られるものと解される。この理は、当該貸金業者が過払金の受領につき、民法704条所定の悪意の受益者であると推定される場合においても異なるところはない。

　そうすると、本件においては、被告に上記のような社会通念に照らして著しく相当性を欠く態様による貸金の請求又は受領があったと認めるに足りる証拠はなく、被告の不法行為は認められない。」

第8節　その他の判示

I　過払金の供託の有効性

訴訟係属中にA社が行った供託の有効性については、次のとおり判示されている。

　［1］　判決№3①（東京地裁八王子支部／17頁）

「(3)　供託

第4章　貸金兼業者に対する過払金訴訟の判決例

　被告A社が、平成14年11月19日の本件第1回口頭弁論期日において、原告に対し、過払金6万6429円の支払い（和解）を申し出たこと、これに対し原告が過払金額を争ったことは、当裁判所に顕著である。
　上記認定事実によれば、被告A社は、平成14年11月19日の口頭弁論期日において、過払金を弁済するつもりでその受領を催告したが、原告が受領に応じなかったことが認められるから、民法494条所定の供託の要件は充足されたものということができる。
　そして、証拠（丙7）によれば、被告A社は、平成15年2月26日、原告のために、東京法務局府中支局平成14年度金第1482号をもって、上記過払金6万6429円及びこれに対する平成13年3月4日から平成15年2月26日まで年5分の割合による遅延損害金8421円の合計7万4850円を供託したことが認められる。
　したがって、原告の被告A社に対する過払いは存在しない。」
　［2］　判決№.3②（東京高裁／26・27頁）
　上記［1］の控訴審判決である。
「(3)　供託について
　ア　証拠（丙7）及び弁論の全趣旨によれば、被控訴人A社は、平成14年11月19日の原審第1回口頭弁論期日において、控訴人に対し、過払金が6万6429円（前記めがね代金2万0220円の控除後のもの）であることを示して、その支払（和解）を申し出たこと、これに対し、控訴人は、被控訴人A社が初回からの取引履歴を開示しないと和解には応じられないとして、その申出を拒否したこと、そこで、被控訴人A社は、平成15年2月26日、東京法務局府中支局平成14年度金第1482号をもって、上記過払金6万6429円及び不当利得金8万6649円に対する平成13年3月4日から平成14年11月19日までの年5分の割合による遅延損害金7419円並びにその合計7万3848円に対する平成14年11月20日から供託日である平成15年2月26日までの年5分の割合による遅延損害金1002円の合計額である7万4850円を供託したことが認められる。
　イ　これに対し、控訴人は、被控訴人A社が認める範囲での過払金の返還をするというのであれば、その受領拒否まで表明した事実はないと主張す

る。

　しかしながら、控訴人の上記対応は、被控訴人Ａ社が容易には応じ難い条件を提示して、上記の申出額の支払を弁済として受領することを拒否したものと認められ、このことは、控訴人が上記供託を知った後もその供託金の還付を受けるなどの対応をしていないことに照らして明らかというべきである。控訴人は、現実の提供がないと主張するが、控訴人の上記対応は、控訴人があらかじめ上記の申出額の受領を拒んだものと認めるのが相当であるから、供託について、民法494条所定の要件は充足されているものと認められる。

　なお、被控訴人Ａ社の申出額及び供託金に係る過払金額は、前記認定の過払金額６万7160円と一致せず、また申出額はこれに対する平成13年９月27日から支払済みまでの年５分の割合による利息を含むものではないが、その申出額は前記認定の過払金額を若干下回るにすぎず、その供託額は上記過払金額及びそれに対する利息の額を上回るものであるから、このことは、上記供託の効力を左右するものではない。

　ウ　以上によれば、上記供託は有効であって、被控訴人Ａ社は、これによって控訴人に対する上記認定の不当利得返還に係る債務を免れたものと認められるから、控訴人の被控訴人Ａ社に対する不当利得返還請求は、結局、理由がないことに帰する。」

Ⅱ　民事調停法17条決定

　Ａ社の債務者が、民事調停法17条決定に基づくＡ社に対する債務をすべて履行した後に、当該決定が無効であったと主張し、逆にＡ社に対し過払金の支払を訴求してきたケースがあるが、かかる無責任な主張は、当然のように、次の判決例により全面的に排斥されている。

■判決№35（横浜地裁川崎支部／５頁）

　「原告とＡ社との間における前記(1)に認定した金銭消費貸借取引に関し、川崎簡易裁判所が、平成16年10月14日に本件決定をし、本件決定が確定し

て、これに基づき原告がA社に対して本件債務の全額を支払ったことは当事者間に争いがない。

　原告は、本件決定が錯誤により無効であると主張する。しかしながら、本件決定は、民事調停法17条に基づく調停に代わる決定であり、当事者者の意思表示を要素とする法律行為ではないから民法95条は適用されず、したがって、当事者の意思表示の錯誤により無効となる余地はない。よって、原告の上記主張は主張自体失当である。」

第9節　文書提出命令申立事件の決定

　A社に対する文書提出命令申立事件の決定は、巻末付録資料Ⅶの一覧表記載のとおりであるが、前記第7節Ⅱ(1)・(2)の判断を前提に、原審（地裁）で「申立却下」、抗告審（東京高裁）で「抗告棄却」に終わっている。

　唯一の例外として、上記一覧表中の「No.12の名古屋地裁の決定」があるが、下記のとおり、抗告審の名古屋高等裁判所の決定により取り消されている。

■名古屋高裁民事第1部平成21年8月14日決定

　ア　「主文」

「1　原決定主文第1項を取り消す。

　2　上記の部分につき、原審申立人の申立てを却下する。」

　イ　理由中の「第3　当裁判所の判断」

「当裁判所は、原決定とは異なり、原審申立人の本件電磁的記録についての文書提出命令の申立ては理由がないと判断するが、その理由は以下のとおりである。

　1　会社法所定の会社分割に伴う所持の喪失の有無について」、A社が疎明した諸事実を詳細に吟味、検討した結果、「抗告人が本件電磁的記録を所持しているとは認められないから、本件電磁的記録が存在するか否か等のその余の点について判断するまでもなく、上記記録の提出を抗告人に対して求める申立ては理由がない。」

ウ 「第4　結論」

「以上によれば、原審申立人の本件電磁的記録についての文書提出命令の申立ては理由がなくこれを却下すべきであるから、これと異なる原決定主文第1項を取り消し、上記の部分について原審申立人の申立てを却下することとして、主文のとおり決定する。」

第10節　訴訟審理上の問題点

Ⅰ　訴訟当事者としての「調査義務」等の不履行

(1)　改正民事訴訟法（平成10年施行）に基づく裁判所と当事者の責務

　この改正法の最大の眼目の一つは「迅速な審理」であり、当該目的を達成すべく、当事者に対して「信義誠実追行義務」が課せられ（民事訴訟法2条）、また、その具体的な措置として、原告として民事訴訟を提起する者には、「主張及び立証を尽くすため、あらかじめ、証人その他の証拠について事実関係を詳細に調査」すべき義務が課せられている（民事訴訟規則85条）。

(2)　誠実追行義務の不履行

　「攻撃又は防御の方法は、訴訟の進行状況に応じ適切な時期に提出しなければならない」（民事訴訟法156条）。

　しかるにA社訴訟では「主張立証は尽くした」ことが確認された後、しかも結審直前の時期に証人尋問の申請や文書提出命令の申立て等がなされる例が見受けられたが、A社は当然、原告側の申出は「故意又は重大な過失により時機に後れて提出された攻撃方法」であり、かつ「これにより訴訟の完結を遅延させる」ことが歴然としているとして、法157条1項に基づき「却下」を申し立て、対抗してきた。

　あまりに穿ちすぎた考え方かもしれないが、銀行の定期預金の金利が1％をはるかに下回っている状況下では、訴訟が長引けば長引くほど「年5％の経過利息」が付加される結果となるため、原告側はどうも、「年5％という超優良金利の享受を企図している」と推察せざるを得ない。

(3) 調査義務の不履行

(a) Ａ社の訴訟では、原告側が前記調査義務を誠実に履行せず、平然と次のような主張をする例も少なくなかった。

(イ) 原告は、「昭和30年代からＡ社と貸金取引」をしていた。
 　＊ Ａ社の貸金業の開始は、昭和56年２月からである。

(ロ) Ａ社の金利は、「年40％」であった。
 　＊ Ａ社の金利は、貸金当初から年27％であった。

(ハ) 原告は、「最初の貸金から金30万円」を借りた。
 　＊ Ａ社の貸付上限（貸金開始当初）は、金５万円であった。

(ニ) 原告は、Ａ社と「基本契約書を締結」していた。
 　＊ Ａ社と顧客間では、契約書の締結はない。

(ホ) 原告とＡ社との貸金は、「リボ払い方式」だった。
 　＊ Ａ社がリボ払い方式を採用したのは平成12年10月以降であり、それ以前の貸金は個別の取引（インストールメント方式）であった。

(b) 上記(a)の事実誤認の主張は、貸金兼業者のＡ社と貸金専業者のサラ金業者の貸金業ないし貸金取引の内容を同じもの、と誤解したためであろうが、原告側が訴訟開始前に調査義務を誠実に履行していれば、容易に回避できたはずのものばかりである。

(4) 自由心証主義の対象（民事訴訟法247条）

前記(1)～(3)の事実は、判決に際しては当然、「口頭弁論の全趣旨」として十二分に「しん酌」されてしかるべきでものであり、現にＡ社訴訟では、そのとおり処理されてきた。

II 釈明権（民事訴訟法149条）の誤解

(1) 正確な意義

釈明権については、次のとおり説明されている（裁判所職員総合研修所監修『民事訴訟法概説〔８訂版〕』71・72頁）。

「口頭弁論における当事者の陳述に不明瞭な箇所がある場合、これについ

て質問し、その趣旨を弁明させてその真意を捉え」るべく、「公平で合理的な範囲を超えない限度で当事者の弁論を善導するために、裁判所は、事実上及び法律上の事項に関し、適当な注意や示唆を含んだ問を発し、<u>陳述の不明瞭、不完全な点を指摘してその補充訂正の機会を与え</u>」るための「権限」。

(2) **単なる質問や依頼**

しかるに、A社に対する過払金請求訴訟では、前記Ⅰ(3)の調査義務の不履行と一体化し、かつその当然の結果として、「求釈明」の名の下にA社に「説明」を求めたり、「書面の提出」を求めたりしてくることが極めて多かった。

それらの求めは、単に原告が「知りたい（入手したい）と考えた（らしい）事項（ないし書面）」につき、A社に「質問や依頼」をしているにすぎず、上記(1)の民事訴訟法149条所定の真っ当な「（求）釈明（権）」とは懸け離れたものばかりである。

(3) **法定の正当な諸手続**

本人訴訟ではなく、少なくとも弁護士が代理人の訴訟においては、求釈明に名を借りた単なる「質問」等ではなく、現行民事訴訟法がそのために用意している「調査嘱託の申立て」、「当事者照会請求」又は「文書提出命令申立て」という妥当な手続によるべきなのが自明の理であろう。

◆

巻末付録

資料Ⅰ　貸金業者数の長期的な推移

資料Ⅱ　貸付上限金利と出資法上限金利の推移

資料Ⅲ　クレジットカード会社収束一覧表

資料Ⅳ　クレジット関係団体の推移
　　　　（㈱シー・アイ・シー作成）

資料Ⅴ　最高裁判決一覧表（No.1〜No.48）

資料Ⅵ　地裁・高裁判決一覧表（No.1〜No.60）

資料Ⅶ　文書提出命令申立事件の決定一覧表

巻末付録　資料Ⅰ

資料Ⅰ　貸金業者数の長期的な推移

年	財務局登録	都道府県登録	計
S59年			19,501
S60年			45,720
S61年			47,504
S62年			44,471
S63年			38,048
H元年			36,935
H2年			37,163
H3年			37,217
H4年			36,146
H5年			36,340
H6年			34,176
H7年			33,799
H8年			32,802
H9年			31,668
H10年			31,414
H11年			30,290
H12年			29,711
H13年			28,986
H14年			27,551
H15年			26,281
H16年			23,708
H17年			18,005
H18年			14,236
H19年			11,832
H20年			9,115
H21年			6,178
H22年			4,057
H23年			2,589
H24年			2,350
H25年			2,217
H26年			2,113
H27年			2,011
H28年			1,926
H28.7			1,910

年度	財務局	都道府県	計
S59年	619	18,882	19,501
S60年	1,113	44,607	45,720
S61年	1,147	46,357	47,504
S62年	1,119	43,352	44,471
S63年	1,150	36,898	38,048
H元年	1,114	35,821	36,935
H2年	1,229	35,934	37,163
H3年	1,338	35,879	37,217
H4年	1,305	34,841	36,146
H5年	1,306	35,034	36,340
H6年	1,276	32,900	34,176
H7年	1,273	32,526	33,799
H8年	1,281	31,521	32,802
H9年	1,268	30,400	31,668
H10年	1,228	30,186	31,414
H11年	1,195	29,095	30,290
H12年	1,168	28,543	29,711
H13年	1,090	27,896	28,986
H14年	1,000	26,551	27,551
H15年	929	25,352	26,281
H16年	839	22,869	23,708
H17年	762	17,243	18,005
H18年	702	13,534	14,236
H19年	664	11,168	11,832
H20年	580	8,535	9,115
H21年	473	5,705	6,178
H22年	409	3,648	4,057
H23年	349	2,240	2,589
H24年	330	2,020	2,350
H25年	315	1,902	2,217
H26年	302	1,811	2,113
H27年	299	1,712	2,011
H28年	292	1,634	1,926
H28.7	290	1,620	1,910

(注) H28年末での業者数は、いずれも3月末の数値。

［出典］金融庁ホームページ

267

巻末付録　資料Ⅱ

資料Ⅱ　貸付上限金利と出資法上限金利の推移

(単位：%)

	武富士		アコム		プロミス		アイフル		三洋信販		出資法上限金利
1982年(S.57年)	41.975		47.450		47.450		65.700	5月	47.450		109.500
1983年(S.58年)	↓	—	↓	—	↓	—	54.750	5月	↓	—	73.000
1984年(S.59年)	39.785	9月	39.420	10月	39.500	10月	↓	—	↓	—	↓
1985年(S.60年)	↓	—	↓	—	↓	—	↓	—	↓	—	
1986年(S.61年)	↓	—	↓	—	↓	—	49.932	11月	↓	—	
1987年(S.62年)	36.500	4月	36.500	4月	36.500	4月	39.931	11月	36.500	3月	54.750
1988年(S.63年)	32.850	7月	32.850	4月	32.000	3月	36.427	12月	29.200	3月	↓
1989年(H元年)	↓	—	29.200	8月	29.200	9月	↓	—	↓	—	↓
1990年(H2年)	29.200	1月	↓	—	↓	—	↓	—	↓	—	
1991年(H3年)	↓	—	↓	—	↓	—	↓	—	↓	—	
1992年(H4年)	↓	—	↓	—	↓	—	↓	—	↓	—	
1993年(H5年)	↓	—	↓	—	↓	—	↓	—	↓	—	40.004
1994年(H6年)	↓	—	↓	—	↓	—	29.200	12月	↓	—	↓
1995年(H7年)	↓	—	28.470	6月	25.550	10月	↓	—	↓	—	↓
1996年(H8年)	27.375	2月	27.375	4月	↓	—	↓	—	↓	—	↓
1997年(H9年)	↓	—	↓	—	↓	—	↓	—	↓	—	↓
1998年(H10年)	↓	—	↓	—	↓	—	↓	—	↓	—	↓
1999年(H11年)	↓	—	↓	—	↓	—	↓	—	↓	—	↓
2000年(H12年)	↓	—	↓	—	↓	—	28.835	6月	↓	—	29.200
2001年(H13年)	↓	—	↓	—	↓	—	↓	—	↓	—	↓
2002年(H14年)	↓	—	↓	—	↓	—	↓	—	↓	—	↓
2003年(H15年)	↓	—	↓	—	↓	—	↓	—	↓	—	↓
2004年(H16年)	↓	—	↓	—	↓	—	↓	—	↓	—	↓
2005年(H17年)	↓	—	↓	—	↓	—	↓	—	↓	—	↓
2006年(H18年)	↓	—	18.000	6月	17.800	12月	18.000	9月	↓	—	↓
2007年(H19年)	18.000	1月	↓	—	↓	—	↓	—	↓	—	↓
2008年(H20年)	↓	—	↓	—	↓	—	↓	—	↓	—	↓

※上記、貸付上限金利は新規顧客等に適用している上限金利であり、既存顧客の中には上記金利を超えるケースもあります。

[出典] 消費者金融連絡会データ集2007

III 資料
巻末付録

資料III　クレジットカード会社収束一覧表

1. 資金事業者			
消費者金融大手6社	三洋信販㈱	1959(S34)	2010→プロミスが吸収合併→　×消滅
	アコム㈱	1960(S35)	2008-MUFGの子会社化　SMBCコンシューマーファイナンス㈱
	プロミス㈱	1963(S38)	2012-SMBCの子会社化、商号変更　×消滅
	㈱レイク	1964(S39)	米国GE→2011-新生銀行が承継　×消滅
	㈱武富士	1966(S41)	2010-会社更生申立て　×消滅
	アイフル㈱	1967(S42)	◎アイフル㈱
2. 商エローン独占2社	㈱日栄	1964(S39)	2002-㈱ロプロ／2009-会社更生　×消滅
	㈱商エファンド	1978(S53)	2002-㈱SFCG／2009-民事再生・破産　×消滅
3. 信販大手7社			
信販専業・貸金兼業者	日本信用販売㈱	1951(S26)	→日本信販㈱・㈱UFJニコス　㈱三菱UFJニコス㈱
	デパート信用販売㈱	1954(S29)	→北日本信用販売㈱／2008-㈱三菱東京UFJ銀行の子会社化　㈱アプラス
	大阪信用販売㈱	1956(S31)	㈱大信販／2004-新生銀行と全面提携
	中部日本信販売㈱	1960(S35)	1983-㈱ダイエーの傘下㈱ダイエー・F・㈱クオーク㈱セントラルファイナンス㈱オーエムシー　×消滅
			2007-会社分割／親会社の㈱丸井G.が㈱エポスC.　㈱エポスカード
	広島信用販売㈱	1961(S36)	→広島信販㈱→オリエントファイナンス→　㈱オリエントコーポレーション
	㈱職域助会	1961(S36)	㈱チケットひろしま→セントラルファイナンス→楽天KCカード㈱→　㈱ジャックス
	信用開発㈱	1963(S38)	鹿児島信販㈱→国内信販㈱→楽天KCカード㈱→　YJカード
4. 4大月賦百貨店	株緑屋	1949(S24)	1975-西武百貨店と資本提携→㈱西武クレジット→
	㈱丸井	1950(S25)	→シティコーポレーションジャパン㈱
	㈱丸興	1950(S25)	
	㈱大丸百貨店	1935(S10)	→㈱セントラルファイナンス㈱クオークと合併
5. 銀行系カード6社	㈱日本ダイナースクラブ	1960(S35)		三井住友トラストクラブ㈱（三井住友信託銀行㈱の子会社化）
	㈱日本クレジットビューロー	1961(S36)	→㈱デイーシーカード→UFJニコス㈱と合併	◎㈱ジェーシービー
	ダイヤモンドクレジット㈱	1967(S42)		×消滅（三菱UFJニコス㈱に残存）
	㈱住友クレジットサービス	1967(S42)	→㈱UFJカード日本信販㈱と合併	◎三井住友カード㈱
	㈱ミリオンカード・サービス	1968(S43)		×消滅（三菱UFJニコス㈱）
	ユニオンクレジット㈱	1967(S42)	→	◎ユーシーカード㈱

269

巻末付録　資料Ⅳ

資料Ⅳ　クレジット関係団体の推移（㈱シー・アイ・シー作成）

年代	クレジットの業界団体	信用情報関係の団体	銀行関係の団体
1958	全国信用販売事業者連合会		
1963	割賦制度協議会		
1965	(社)全国信販協会		
1967	(社)日本割賦協会		
1965		信用情報交換所	
1969		㈱日本信用情報センター	
1969			日本消費者金融協会
1972			㈱シー・エス・エクスチェンジ
1975			㈱シー・データバンク（大阪）
1976		全国信用情報交換所連合会設置	
1979		㈱セントラルコミュニケーションビューロー CCB（東京）	
1980		全国信用情報センター連合会	
1984		㈱日本信用情報センター	日本クレジットカード協会
1984	㈱日本信用情報センター		
1985	(社)日本クレジット産業協会		
1986		㈱日本情報センター	
1988			全銀協が25協会の個人信用情報センター㈱センター
1991	㈱シー・アイ・シー CIC		
1995		㈱アイネス	
2000		㈱テラネット	
2008		日本資金業協会	
2008		㈱日本信用情報機構 JICC	
2008			(社)日本クレジット協会
2011			(一社)全国銀行個人信用情報センター
2012			(一社)日本クレジット協会

【凡例】
□…信用情報機関
□…業界団体

270

巻末付録　資料Ⅴ

資料Ⅴ　最高裁判決一覧表（No.1～No.48）

No	判決日／法廷	事件番号	掲載誌
1	S37・6・13／大法廷	S35(オ)1023	判時299号4頁
2	S39・11・18／大法廷	S35(オ)1151	判時390号8頁
3	S43・7・17／大法廷	S40(オ)959	判時522号3頁
4	S43・10・29／三小	S42(オ)967	判時538号40頁
5	S43・11・13／大法廷	S41(オ)1281	判時535号3頁
6	S44・11・25／三小	S44(オ)280	判時580号54頁
7	S55・1・24／一小	S53(オ)1129	判時955号52頁
8	S63・1・26／三小	S60(オ)122	判時1281号91頁
9	H2・1・22／二小	S62(オ)1531	判時1349号58頁
10	H11・1・21／一小	H8(オ)250	判時1667号68頁
11	H15・7・18／二小	H13(受)1032・1033	判時1834号3頁
12	H15・9・11／一小	H12(受)1000	判時1841号95頁
13	H15・9・16／三小	H14(受)622	判時1841号95頁
14	H16・2・20／二小	H14(受)912	判時1853号28頁
15	H16・2・20／二小	H15(オ)386・(受)390	判時1853号32頁
16	H16・7・9／二小	H16(オ)424・(受)425	判時1870号12頁
17	H17・7・19／三小	H16(受)965	判時1906号3頁
18	H17・12・15／一小	H17(受)560	判時1921号3頁
19	H18・1・13／二小	H16(受)1518	判時1926号17頁
20	H18・1・19／一小	H15(オ)456・(受)467	判時1926号23頁
21	H18・1・24／三小	H15(受)1653	判時1926号28頁
22	H18・1・24／三小	H16(受)424	判時1926号36頁
23	H19・2・13／三小	H18(受)1187	判時1962号67頁
24	H19・6・7／一小	H18(受)1887	判時1977号77頁
25	H19・7・13／二小	H17(受)1970	判時1984号26頁
26	H19・7・13／二小	H18(受)276	判時1984号31頁
27	H19・7・17／三小	H18(受)1666	判時1984号33頁
28	H19・7・19／一小	H18(受)1534	判時1981号15頁
29	H20・1・18／二小	H18(受)2268	判時1998号37頁
30	H21・1・22／一小	H20(受)468	判時2033号12頁
31	H21・3・3／三小	H20(受)543	判時2048号9頁
32	H21・3・6／二小	H20(受)1170	判時2048号12頁
33	H21・7・10／二小	H20(受)1728	判時2069号22頁
34	H21・7・14／三小	H20(受)1729	判時2069号26頁
35	H21・7・17／二小	H20(受)2016	判時2048号14頁
36	H21・9・4／二小	H21(受)47	判時2058号59頁
37	H21・11・9／二小	H21(受)247	判時2064号56頁
38	H22・4・20／三小	H21(受)955	判時2084号6頁
39	H23・3・22／三小	H22(受)1238・(オ)1187	判時2118号34頁
40	H23・7・7／一小	H22(受)1784・(オ)1473	判時2137号43頁
41	H23・7・8／二小	H22(受)1405	判時2137号46頁
42	H23・7・14／一小	H23(受)332	判時2135号46頁
43	H23・9・30／二小	H23(受)516	判時2131号57頁
44	H23・12・1／一小	H23(受)307	判時2139号7頁
45	H24・6・29／二小	H24(受)539	判時2160号20頁
46	H24・9・11／三小	H23(受)122	民集66巻9号3227頁
47	H25・4・11／一小	H22(受)1983	判時2195号16頁
48	H25・7・18／一小	H23(受)1948	判時2201号48頁

271

巻末付録　資料Ⅵ

資料Ⅵ　地裁・高裁判決一覧表（No.1～No.60）

No		判決日	裁判所	事件番号
1	①	H15・4・18	東京地裁民事41部	H14(ワ)21201
	②	H15・8・18	東京高裁15民事部	H15(ネ)3060
2		H15・8・28	東京地裁民事25部	H14(ワ)28474
3	①	H16・12・14	東京地裁八王子支部民事2部	H14(ワ)2312
	②	H18・1・31	東京高裁7民事部	H17(ネ)602
4	①	H17・1・19	東京地裁民事31部	H16(ワ)14939
	②	H17・5・11	東京高裁15民事部	H17(ネ)744
5		H17・5・27	横浜地裁川崎支部	H16(ワ)327
6		H17・5・30	東京地裁民事49部	H16(ワ)17087
7		H17・8・3	東京地裁民事48部	H17(ワ)4787
8	①	H17・10・20	さいたま地裁6民事部	H16(ワ)1229
	②	H18・6・7	東京高裁23民事部	H17(ネ)5618
9		H18・1・27	東京地裁民事37部	H17(ワ)8841
10		H18・9・1	東京地裁民事5部	H16(ワ)24246
11		H18・9・12	東京地裁民事33部	H17(ワ)9654
12		H19・1・26	東京地裁民事12部	H17(ワ)10824
13		H19・4・19	東京地裁民事33部	H18(ワ)15781
14		H19・4・25	東京地裁民事32部	H18(ワ)6262
15		H19・7・26	東京地裁民事28部	H18(ワ)13367
16		H19・8・23	東京地裁民事33部	H19(ワ)3497
17		H19・9・25	東京地裁民事5部	H19(ワ)7427
18		H19・10・18	東京地裁民事28部	H19(ワ)4990
19		H19・11・20	東京地裁民事15部	H18(ワ)26802
20	①	H19・12・6	さいたま地裁6民事部	H18(ワ)2673
	②	H20・4・17	東京高裁2民事部	H20(ネ)310
21		H20・1・18	東京地裁民事5部	H19(ワ)10485
22		H20・2・15	東京地裁民事12部	H17(ワ)26803
23		H20・3・7	東京地裁民事6部	H19(ワ)10486
24	①	H20・8・29	東京地裁民事14部	H19(ワ)25528
	②	H21・2・5	東京高裁2民事部	H20(ネ)4609
25	①	H20・9・30	東京地裁民事15部	H18(ワ)28468
	②	H21・8・5	東京高裁20民事部	H20(ネ)5376
26		H20・9・30	東京地裁民事39部	H19(ワ)17466
27		H20・11・19	東京地裁民事16部	H19(ワ)20799
28		H21・5・13	東京地裁民事14部	H20(ワ)35841
29	①	H21・8・20	千葉地裁松戸支部	H19(ワ)1071
	②	H21・11・27	東京高裁17民事部	H21(ネ)4872
30		H22・2・10	東京地裁民事15部	H21(ワ)2641

巻末付録　資料Ⅵ

31	H22・3・11	東京地裁民事25部	H21(ワ)17425
32	H22・4・16	静岡地裁沼津支部	H20(ワ)707
33	H22・4・28	静岡地裁浜松支部	H20(ワ)1034
34①	H22・6・29	東京地裁民事24部	H20(ワ)25165
②	H22・11・27	東京高裁17民事部	H22(ネ)5027
35	H22・9・29	横浜地裁川崎支部	H21(ワ)1083
36	H22・10・19	東京地裁民事41部	H21(ワ)3877
37	H22・11・30	東京地裁民事10部	H21(ワ)27066
38	H23・1・21	東京地裁民事26部	H22(ワ)6544
39	H23・1・26	東京地裁民事1部	H21(ワ)39373
40	H23・3・4	東京地裁民事18部	H22(ワ)17347
41	H23・4・26	東京地裁民事31部	H22(ワ)32622
42	H23・5・25	東京地裁民事31部	H19(ワ)24453
43①	H23・5・27	東京地裁民事23部	H22(ワ)35618
②	H23・9・29	東京高裁19民事部	H23(ネ)4723
44	H23・7・13	東京地裁民事44部	H22(ワ)33813
45	H23・9・20	東京地裁民事17部	H22(ワ)41885
46①	H23・10・24	東京地裁民事24部	H22(ワ)36338
②	H24・2・22	東京高裁12民事部	H23(ネ)7596
47	H23・11・22	東京地裁民事10部	H23(ワ)24011
48	H24・7・10	さいたま地裁川越支部	H23(ワ)1275
49①	H25・3・5	東京地裁民事7部	H23(ワ)35655
②	H25・10・22	東京高裁16民事部	H25(ネ)2375
50①	H25・4・22	東京地裁民事50部	H23(ワ)41813
②	H25・9・12	東京高裁2民事部	H25(ネ)3234
51①	H25・5・23	東京地裁民事17部	H24(ワ)30888
②	H25・10・30	東京高裁9民事部	H25(ネ)4120
52	H25・5・31	東京地裁民事部10部	H25(レ)82
53	H25・11・7	東京地裁民事部25部	H24(ワ)12382
54	H25・11・7	東京地裁民事部28部	H24(ワ)24962
55	H25・12・13	千葉地裁民事2部(千葉簡裁の控訴審)	H24(レ)507
56	H26・3・3	東京地裁民事28部	H25(ワ)11486
57	H26・3・20	さいたま地裁越谷支部	H24(ワ)751
58①	H25・11・22	東京地裁民事部50部	H25(ワ)6723
②	H26・7・18	東京高裁7民事部	H25(ネ)7085・H26(ネ)642
59①	H27・1・19	東京地裁民事30部	H26(ワ)24503
②	H27・5・21	東京高裁21民事部	H27(ネ)745
60①	H27・9・29	横浜地裁6民事部(横浜簡裁の控訴審)	H26(レ)257・H27(レ)115
②	H28・9・8	東京高裁8民事部(上告審/破棄差戻し)	H27(ツ)161
③	H29・2・28	横浜地裁6民事部(再度の控訴審)	H28(レ)174

資料Ⅶ　文書提出命令申立事件の決定一覧表

No	決定日	裁判所	事件番号
1①	H16・2・27	東京地裁八王子支部民事2部	H15(モ)2739
②	H16・5・19	東京高裁20民事部	H16(ラ)574
2①	H16・11・9	東京地裁民事41部	H16(モ)7249
②	H16・12・24	東京高裁16民事部	H16(ラ)1996
3①	H17・12・7	東京地裁民事5部	H17(モ)10880
②	H18・4・7	東京高裁12民事部	H17(ラ)2002
4①	H18・3・28	東京地裁民事50部	H17(モ)12271
②	H18・7・4	東京高裁2民事部	H18(ラ)626
5①	H19・1・23	東京地裁八王子支部民事2部	H18(モ)919
②	H19・6・1	東京高裁19民事部	H19(ラ)231
6①	H19・8・21	東京地裁民事12部	H18(モ)1022
②	H19・11・27	東京高裁24民事部	H19(ラ)1320
7	H19・10・1	さいたま地裁6民事部	H19(モ)105
8①	H20・3・11	東京地裁民事16部	H19(モ)3355
②	H20・5・14	東京高裁9民事部	H20(ラ)678
9①	H20・3・26	東京地裁民事15部	H19(モ)1721
②	H20・7・17	東京高裁4民事部	H20(ラ)710
10①	H20・7・1	新潟地裁2民事部	H19(モ)53
②	H20・9・30	東京高裁15民事部	H20(ラ)1194
11①	H21・1・6	千葉地裁松戸支部	H20(モ)26
②	H21・2・20	東京高裁15民事部	H21(ラ)120
12①	H21・3・19	名古屋地裁民事10部	H20(モ)260
②	H21・8・14	名古屋高裁民事1部	H21(ラ)125
13	H21・5・13	東京地裁民事14部	H20(モ)3089
14①	H21・6・19	東京地裁民事15部	H21(モ)564
②	H21・8・4	東京高裁16民事部	H21(ラ)1271
15①	H21・9・2	東京地裁民事31部	H20(モ)2016
②	H22・4・5	東京高裁1民事部	H21(ラ)1646
16	H21・11・5	静岡地裁浜松支部	H21(モ)92・H21(モ)117
17①	H21・12・7	東京地裁民事24部	H21(モ)1356
②	H22・2・3	東京高裁12民事部	H22(ラ)106
18	H21・12・28	静岡地裁沼津支部	H20(モ)268
19①	H22・3・12	東京地裁民事41部	H21(モ)1722
②	H22・6・3	東京高裁17民事部	H22(ラ)829
20	H22・4・8	さいたま地裁2民事部	H22(モ)117
21①	H22・8・11	東京地裁民事26部	H22(モ)2571
②	H22・9・29	東京高裁8民事部	H22(ラ)1550
22	H22・8・30	横浜地裁2民事部	H22(モ)241

23	H22・12・8	東京地裁民事18部	H22(モ)3754
24	H23・2・10	東京地裁民事44部	H22(モ)3607
25	H23・11・22	東京地裁民事25部	H23(モ)3191
26	H24・3・1	東京地裁民事23部	H23(モ)4494
27	H24・8・27	東京地裁民事43部	H24(モ)1119
28①	H24・9・12	東京地裁民事25部	H24(モ)2869
②	H24・11・12	東京高裁8民事部	H24(ラ)2224
29①	H25・1・18	千葉地裁佐倉支部	H24(モ)60
②	H25・3・6	東京高裁22民事部	H25(ラ)346
30①	H25・9・2	さいたま地裁越谷支部	H24(モ)109
②	H25・11・1	東京高裁7民事部	H25(ラ)1862

事項索引

あ 行

アイク……………………………10
アイフル…………………………5, 9
悪意の受益者……………………102
アコム……………………………5, 7
アットローン……………………36
アプラス…………………………18
一連計算…………………………206
インストールメント方式………137
大阪信用販売……………………18
大手６社（TAPALS）…5, 6, 13, 14
オリエントコーポレーション……19

か 行

外資系消費者金融……………4, 10
架空請求……………………111, 252
架空取引…………………………203
貸金業………………………4, 14, 32
　――等の取締に関する法律……44
　――の規制等に関する法律…146
貸金業規制法………5, 34, 55, 58, 60
貸金業者…………………………55
　――の自主規制の助長に関する法
　　律……………………………4, 51
　――の長期的な推移……………5
貸金業法…………………………63
貸金契約上の地位（過払金返還債
　務）の移転・承継………………92
貸金兼業者………………………14
貸金専業者………………………4

貸付上限金利……………………6
貸主からの訴訟の提起 ………107
割賦販売（信用販売）…………14
割賦販売法…………………20, 52
カード取扱高……………………29
カード発行と貸金取引の関係…144
過払金
　――の元本の充当の可否………73
　――の供託の有効性 …………257
　――の主張立証責任 …………174
　――の消滅時効 ………………96
　――の他の貸金債務への充当…82
　――の物販債務への非充当 …206
　――の不返還……………………254
　――の返還請求の可否 ………75
過払利息…………………………222
元利均等返済方式………………137
完了取引………………………147, 149
記憶（陳述書）のみに基づく請求
　……………………………………182
キャッシングサービス…………21
旧銀行法…………………………46
旧利息制限法……………………43
業務帳簿……………109, 146, 167
銀　行……………………………32
　――（金融機関）に対する法規制
　　……………………………………32
　――による消費者向け貸付けに係
　　る申し合わせ…………………66
　――の貸金業（消費者金融）への
　　進出……………………………35

事項索引

　　――の消費者ローンへの進出…54
　　――の付随業務の拡張…………54
銀行カードローン ……………37, 64
銀行協会 …………………………37
銀行系カード会社 ……………24, 25
銀行条例……………………………33, 45
銀行等による過剰貸付の防止を求め
　　る意見書 ……………………65
銀行法 ……………………………33, 54
金融機関（銀行等）……………33, 54
　　――のいわゆるサラリーマン金融
　　向け融資について ……………5
金融業者の貸付業務のための社債の
　　発行等に関する法律（ノンバンク
　　社債法） ………………………5
金融庁
　　――の監督指針 ………………38
　　――の立ち入り検査 …………66
クレジットカード ………………29
　　――の取扱高 …………………29
　　――の発行枚数 ………………29
クレジットカード会社 …………23
クレジットカード業 ……………28
グレーゾーン刑罰金利 ………43, 51
　　――の上限
　　　・年109.5％ ………………47
　　　・昭和58年11月1日以降、年73％
　　　　………………………………55
　　　・昭和61年11月1日以降、年
　　　　54.75％ …………………55
　　　・平成3年11月1日以降、年
　　　　40.004％ …………………55
　　　・平成12年6月1日以降、年29.2
　　　　％…………………………58

　　　・平成22年6月1日以降、年20％
　　　　………………………………61
　　――の消滅 ……………………63
月賦販売 …………………………20
月賦百貨店………………………15, 20
現存取引 …………………………147
高金利を定めた金銭消費貸借契約の
　　無効………………………………60
広告時間帯制限 …………………6
高利貸し …………………………4, 67
高利貸金業制度の導入 …………69
高利貸金業の容認 ………………68
国内信販 …………………………20
国立銀行条例 ……………………33
固有業務 …………………………46
根拠のない過払金の算出手法 …182

　　　　　　さ　行

債権買取業務（ショッピングクレジ
　　ット） ………………………16
サラ金………………………………4
サラ金大手6社　→　大手6社
　　（TAPALS）
サラ金業者に対する銀行融資の自粛
　　………………………………55
サラ金3悪 ………………………138
サラ金倒産 ………………………5
サラ金2法 ………………………55
サラ金「冬の時代」……………5
サラ金問題………………………47, 55
サラリーマン金融 ………………4
3メガバンク ……………………38
三洋信販 …………………………6
シー・アイ・シー（CIC）……20, 64

質　屋……………………………34
指定信用情報機関………………64
指定紛争解決機関………………64
支払金の二面性…………………170
釈明権……………………………262
ジャックス…………………17, 18
充当計算なしの支払請求………257
周辺業務の規制…………………24
出資の受入れ、預り金及び金利等の
　取締りに関する法律　→　出資法
出資法…5, 33, 47, 48, 57, 59, 60, 63
主要行等向けの総合的な監督指針
　……………………………………38
商業帳簿（会計帳簿）………164, 167
商工ファンド……………………12
商工ローン………………………11
　──寡占２社…………………14
　──問題………………………58
消費者金融………………………4
消費者金融連絡会………………6
証明妨害…………………………180
職域互助会………………………19
庶民金融…………………………4, 43
庶民金融業協会…………………4, 52
信義誠実追行義務………………261
信販大手７社………………16, 17
信販会社…………………………15
信販業者…………………………52
信用開発…………………………19
新利息制限法……………………47
推定計算…………………………170
　──に基づく和解……………170
　──の基本的性格……………171
　──の合理性…………………171

住友クレジットカード………25, 27
制限超過利息の収受・詐欺……256
施行規則…………………………146
セディナ…………………………18
全国銀行協会……………………37
全国地方銀行協会………………37
セントラルコミュニケーションビュ
　ーロー（CCB）………………10
専門店会…………………………15
相当の合理性……………………176
総量規制…………………………37

た　行

ダイナースクラブ……………23, 25
第二地方銀行協会………………37
大　丸……………………………23
武富士……………………………5, 8
多重債務問題…………………61, 64
団地金融…………………………4
遅延損害金の利率………………77
中小・地域金融機関向けの総合的な
　監督指針………………………38
中部日本信販……………………18
長期間の違法な利息の請求……256
調査義務…………………………261
　──の不履行…………………262
デパート信用販売………………17
登録制……………………………56
取引履歴……………………146, 230
　──の開示義務………………109
　──の二段階の開示方法……255
　──の非開示…………………109
　──廃棄に対する損害賠償請求
　……………………………………243

――非開示に対する損害賠償請求
　……………………………………230

な 行

日　栄 …………………………………12
日本貸金業協会 ………………………64
日本クレジットカード協会（JCCA）
　……………………………………24
日本信用情報機構（JICC）………64
日本信用販売 …………………………17
日本信販 ………………………………17
日本ダイナースクラブ ………………24
「任意に支払った」の意味 ………115
年収証明 ………………………………37

は 行

発行カードの意義 ……………………142
百貨店業者の割賦販売の自粛について
　……………………………………15
広島信用販売 …………………………18
付随業務 ………………………………46
普通預金貸越 …………………………35
不当利得 ………………………………96
不法行為 ……………………………107, 227
プロミス ……………………………5, 7
文書提出命令申立事件 ……………260
平成17年7月19日最高裁第三小法廷
　判決 ……………………………227
弁護士費用 …………………………223
弁済のみ列挙 ………………………201
弁済日の誤記 ………………………256
法17条書面 …………………………117
法18条書面 …………………………121
冒頭0計算 …………………………192

保護義務違反 ………………………254
ホストコンピュータ管理方式 …150
保全経済会事件 ……………45, 49

ま 行

マイクロフィルム（COM／マイク
　ロフィッシュ）………………147
丸　井 …………………………………22
丸　興 …………………………………22
緑　屋 …………………………………21
みなし弁済 …………………57, 63, 112
みなし利息 ……………………………81
ミリオンカード ………………25, 27
民事調停法17条決定 ………………259
民法704条後段の損害賠償責任の法
　的性格 …………………………101
民法704条前段の利息の利率 ……99
モビット ………………………………36

や 行

ヤミ金 …………………………………68
――問題 …………………………59, 60
ヤミ金融 ………………………………68
ヤミ金融対策法 ………………………60
横飛ばし計算 ………………………206
4大月賦百貨店 ………………………21

ら 行

ライフ …………………………………19
楽天ＫＣカード ………………………20
利息制限法 ……………33, 43, 59, 62
――の解釈論 ……………………73
立証責任の転換・軽減 ……………179
リボ払い方式 ………………………137

利率等の表示の年利建てに関する法
　律 ……………………………………*51*
臨時金利調整法 ………………*46*
レイク …………………………………*8*
ロプロ …………………………………*12*

A－Z

CD-ROM ………………*147, 150*
CFJ …………………………………*10*
DC カード ………………*25, 26*
DC キャッシュワン ………………*36*
GE コンシューマー・ファイナンス
　………………………………*192*
GE 判決 ……………………*192*
JCB カード ……………………*26*
SFCG ………………………………*12*
TAPALS（タパルス）博士 ………*6*
TV 広告（CM）等の規制 ………*37*
UC カード ………………*25, 28*
YJ カード ……………………*20*

281

■著者紹介

阿部　芳久（弁護士／第一東京弁護士会所属）
　　福島県出身
　　東京大学法学部卒業
　　阿部東京法律事務所（1975年（昭和50年）開設）代表
　　専門：独占禁止法／貸金業法
　　著書：「審決独占禁止法Ⅰ」（法学書院）
　　　　　特別法コンメンタール「独占禁止法」（第一法規）

阿部　高明（弁護士／第一東京弁護士会所属）
　　東京都出身
　　慶應義塾大学法学部／同大学法科大学院卒業
　　阿部東京法律事務所共同代表
　　専門：クレジットカード法（割賦販売法・貸金業法）

貸金業と過払金の半世紀

2018年1月11日　初版第1刷印刷
2018年1月25日　初版第1刷発行

著　者　阿　部　芳　久
　　　　阿　部　高　明

発行者　逸　見　慎　一

発行所　東京都文京区　株式会社　青林書院
　　　　本郷6丁目4-7
　　　　振替口座　00110-9-16920／電話03（3815）5897～8／郵便番号113-0033
　　　　ホームページ☞ http://www.seirin.co.jp

印刷／星野精版印刷　落丁・乱丁本はお取り替え致します。
ⓒ2018　阿部芳久・阿部高明
Printed in Japan

ISBN 978-4-417-01731-8

〈JCOPY〉〈(社)出版者著作権管理機構　委託出版物〉
本書の無断複写は著作権法上での例外を除き禁じられています。複写される場合は、そのつど事前に、(社)出版者著作権管理機構（電話03-3513-6969、FAX 03-3513-6979、e-mail: info@jcopy.or.jp）の許諾を得てください。